A Testemunha Participante

Coleção Estudos
Dirigida por J. Guinsburg

Produção — Plinio Martins Filho

Evaldo Coutinho

A TESTEMUNHA
PARTICIPANTE

EDITORA PERSPECTIVA

Direitos reservados à
EDITORA PERSPECTIVA S.A.
Av. Brigadeiro Luís Antônio, 3025
01401 - São Paulo - Brasil
Telefone: 288-8388
1983

Dedicado a Hélio Bezerra Coutinho

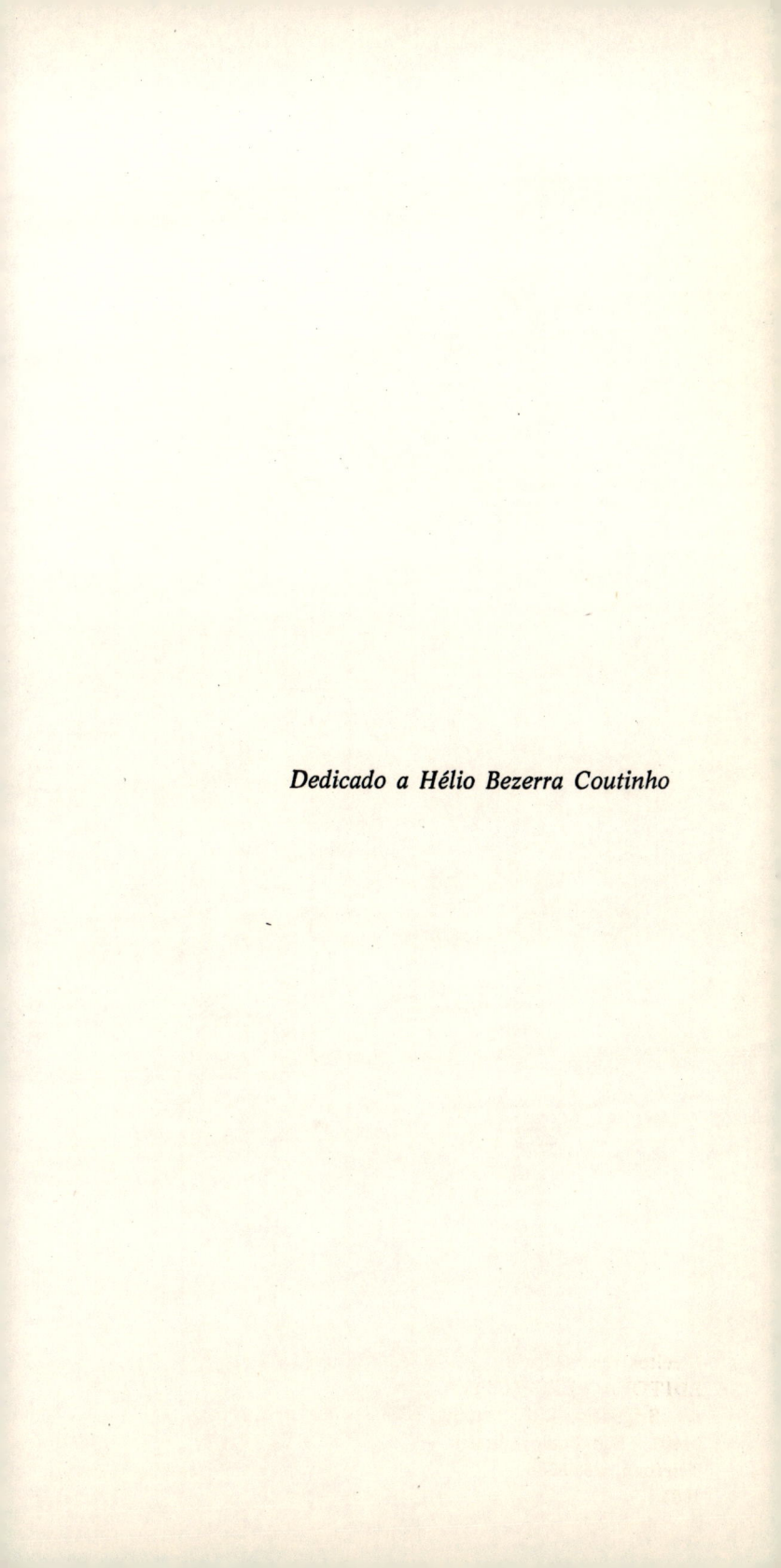

Sumário

Prefácio XI

Capítulo 1 1

1 — O isolamento litúrgico. 2 — A assimilação de obra alheia. 3 — Ciência e insciência da morte. 4 — Exceções do coro. 5 — A cena do prazer malévolo. 6 — O desempenho por fatalidade de aspecto. 7 — Os desempenhos que escapam à nossa vigília. 8 — A prática da outorga. 9 — As mortes de C....

Capítulo 2 19

1 — A intenção de bem permanecer em outrem. 2 — As efígies sob a instância absoluta de nosso miradouro. 3 — A apreensão da virtualidade. 4 — O privilégio do devaneio. 5 — A experiência da saudade. 6 — A nave. 7 — A posse fisionômica. 8 — O privilégio de nosso miradouro.

Capítulo 3 39

1 — A disponibilidade de nosso vulto em outrem. 2 — A reabilitação. 3 — A ocultação do desempenho. 4 — A suposição de uma contigüidade primeira. 5 — A ilustração de uma idealidade.

Capítulo 4 53

1 — A aspiração de nosso belvedere. 2 — A indiferença. 3 — O miradouro prevenido. 4 — As suposições admissíveis. 5 — A liturgia do funeral. 6 — As existências subordinadas à de nosso miradouro. 7 — A nossa morte em outrem. 8 — Os ciclos fisionômicos — O repertório da senectude. 9 — A discordância entre o ator e o espectador.

Capítulo 5 75

1 — A presença ofuscadora. 2 — Os obscurecimentos da face. 3 — A criação por testemunho — A tautologia. 4 — O nome tristeza — As testemunhas. 5 — A unidade imposta pelo ator. 6 — A morte mental e fisionômica. 7 — O cultivo de cenas passadas.

Capítulo 6 93

1 — A existência única em nós. 2 — A surpresa real. 3 — Os desempenhos originais. 4 — As contribuições figurativas.

Capítulo 7 105

1 — Os entrechos surgidos para determinados olhos. 2 — Conhecermos o nosso vulto em outrem. 3 — A imitação dos gestos. 4 — A luz criadora.

Capítulo 8 115

1 — O preenchimento dos contornos. 2 — A matização das aparências. 3 — A contemplação — A efígie esculturada à nossa maneira. 4 — Os atores similares. 5 — A similitude facial. 6 — A substituitividade fisionômica — A presença alegórica.

Capítulo 9 129

1 — As nominalidades — O painel do Julgamento Último. 2 — A morte aliciante. 3 — A liturgia fúnebre — A indiferença. 4 — A imanência do nós. 5 — A identificação incompleta. 6 — O recolhimento dos passos. 7 — Os recintos selecionados — A abstração do ambiente.

Capítulo 10 145

1 — A face alegórica de E.... 2 — A coparticipação na morte. 3 — A efemeridade de nosso vulto continente. 4 — A escolha de um nome. 5 — A alegoria em outorga.

Capítulo 11 157

1 — O recinto habitual. 2 — O arquiteto. 3 — A repetição da presença. 4 — A ambiência despersonalizadora. 5 — O contágio da morte.

Capítulo 12 169

1 — O substabelecimento fisionômico. 2 — A extinção do lugar. 3 — A acepção que retroage. 4 — A subordinação ao nosso existir. 5 — O retardatário. 6 — Sem efígie e sem nome — A indiferença. 7 — Os contatos harmônicos no decorrer da palestra.

Capítulo 13 187

1 — A significação da indiferença. 2 — A adesão figurativa. 3 — A ausência visível — As verificações acerca da indiferença. 4 — O relativo de outrem e o absoluto do nós — A contribuição à indiferença. 5 — A comunidade de memórias. 6 — A mais unificadora presença — A indiferença positiva. 7 — A urdidura esgarçada. 8 — A comunhão no perecimento. 9 — A indiferença — A modelagem da narração. 10 — Coadjutores da indiferença. 11 — O nosso álbum como dominador da indiferença.

Capítulo 14 211

1 — Somos comparáveis à luz e ao gênero — A indiferença nominal e facial. 2 — A despersonalidade no interior do nome — A indiferença partida de nosso miradouro. 3 — O exercício da indiferença. 4 — As inconstâncias em nosso belvedere. 5 — A outorga intencional. 6 — A representação por similitude. 7 — A fixação no álbum.

Capítulo 15 227

1 — O narrador e a narrativa. 2 — A soledade. 3 — A insciência de ser visto. 4 — A escolha do desempenho no repertório de outrem. 5 — A propagação da mácula. 6 — A nossa efígie sob o módulo de outrem.

Capítulo 16 241

1 — Ser e não ser em outrem. 2 — A comunidade visual — A capela de B.... 3 — A liturgia na capela. 4 — As devoluções — A ausência experimentada.

Prefácio

O ser é a minha vigília. Esta frase, dita acerca da *ordem fisionômica*, insere a compreensão de estarem metafisicamente unidos a minha pessoa e o mundo que ela existencia. E ainda se entende, no vínculo, que a testemunhalidade não exclui a participação. Em vários pontos da obra, assinalei o fato de haver em mim um contra-regra que afeiçoa os corpos, as situações, à liturgia de confirmarem o existenciamento que lhes proporciono; esse contra-regra se aprimora na função de ungir a realidade segundo o estojo que sou eu próprio, enquanto portador do universo. Por conseqüência, envolvo-me nas urdiduras de minha criação, dirigindo os passos de mim mesmo com vistas à celebração de as coisas se configurarem em mim, e de mim para mim, como elementos de espontânea ritualidade.

No exercício do testemunho e da participação, atuo, na maioria das vezes, sem alterar a significação de meu vulto, localizando-me no anonimato, na condição de miradouro, cuja imperceptibilidade diante de outros olhos me cientifica mais facilmente sobre a minha qualidade de existenciador e de continente, em mim que os auto-observo. Nenhuma atitude se verifica em inconsonância com o módulo de minha captação. O elenco inteiro, disperso em múltiplos tablados, no espaço e no tempo, repete a mim o sortilégio de haver existido e de existir, em virtude de minha individual existência. Nos contatos do dia-a-dia, aceitando a objetividade que se me defronta, venho a consubstanciar-me nela, à guisa do patrulheiro na ronda noturna: ele sustém a lanterna que ilumina os homens do grupo, os recantos da adjacência, e, sobretudo, ilumina a si mesmo.

Acontece que no decurso da ritualidade, perco, freqüentemente, a noção de que estou a contribuir para ela, reproduzindo o fiel que não evita, nos instantes da oração, a fuga do pensamento para bem longe do altar. Entretanto, na prática da liturgia do ser em mim, valem as sós configurações, vale a iconografia posta no campo de meu olhar. A liturgia é um concerto para a visualização, um painel ou uma seqüência de painéis franqueados ao meu testemunho. Portanto, se o meu pensamento escapa, na hora, ao sentido litúrgico, nem por isso se anula a ocorrente expressividade. A iconografia — recheio cênico das nominações — representa o fito principal na conduta de minha vigília, realçando-se a imagem como o componente mais notável do ser.

No comportamento de meu vulto a confundir-se com outros vultos no domínio do anonimato, firma-se uma acepção concordante com a minha presença existenciadora, e, por fim, inexistente: trata-se da alegoria da extinção que todos — o meu vulto e o restante do universo — cumprem mediante desempenhos que testemunho em mim. Ao aliar-me à convivência, exerço a tarefa de coligir a contemporaneidade em aberta exposição do perdimento, por meio de personagens e entrechos inequívocos. Eu próprio me contemplo sob a acepção de cultivar a véspera do não-ser.

A observação sobre as coisas, em homologação de meu existenciamento, incentiva — mercê da sugestividade da iconografia externa — a fazer-me comparsa de cenas que se desenrolam na outra iconografia — a de meus pensamentos — purificando-se dessarte a formação que para a morte se encaminha. A imaginária interna possui, em verdade, o mister de tornar mais prontas, mais dispostas ao falecimento comigo, em mim, as concreções da empírica realidade. Com efeito, a participação e o testemunho se recolhem à minha lembrança, à minha idealidade, e assim bem a cômodo se ajustará o universo ao sofrer a morte em comunhão comigo.

A ubiqüidade de meu existenciamento admite, em atualização, no plano mental em que se convizinham o passado e o presente, que as vulgares e as grandes coisas se positivem na acepção de ritualidade, meu miradouro não necessitando de ir além do ponto em que de ordinário me situo. No cotidiano em torno de mim, a existencialidade me devolve o que pertence ao meu acervo, e nesse particular muito se intensifica o recurso da virtualização, recurso que se efetiva em mim, a sede dos acontecimentos possíveis e dos acontecimentos reais. Contemplar o que contenho, implica em ver restituírem-se a mim os entes e os sucessos que existenciei através do conhecimento; e o conhecimento é o mesmo que autoconhecimento, com o existir a se capitular no campo de uma identidade irrestrita, do uno que é a minha claridade sobre o ser. Enfim, declara-se, em generalização explícita, um tipo de imanência emitida e devolvida de mim para mim, em mim.

Repleto de nominações, o meu repertório se perfaz com os episódios que descerram a *ordem fisionômica*. Neste caso, uma nominação se evidencia: a da indiferença dos intérpretes no tocante a mim, que lhes concedo a existência. Quando a minha escondida interferência, na elaboração de painéis, visa a medir o quanto a indiferença se sobressai, o meu papel se presta a alertar-me sobre o não-ser a vir, que, na curta amostra de tal promessa, inegavelmente se infiltra em minha intencional espreita; por conseguinte, ao estabelecer a exibição da indiferença nas oportunidades em que me oculto para me ver ausente do episódio, alcanço, com a minha pessoal e real dramaturgia, uma distinta ilustração do não-ser. De resto, em qualquer contato social, consigno, em índice maior ou menor, a constância da indiferença, apesar de o meu vulto residir nos repositórios dos que me conhecem. A liturgia de ser consente que eu descubra, nos interstícios da ritualização, o perecimento que busca, na minha contemporaneidade, reaver o absoluto que ele perdeu em face do aparecimento de meu belvedere.

A iconografia interna se assemelha a uma dramaturgia exata — os protagonistas rigorosamente apropriados aos papéis — e para isso importa que o indivíduo imaginante, isto é, o portador da iconografia mental, já conheça a capacidade interpretativa do rosto ou rostos imaginados: tal nas vezes em que me surpreendo na divagação de um assunto qualquer, a recolher, em pensamento, a colaboração facial com que eles aderem ao aludido assunto. Durante a absorta meditação, no exercício dessa disponibilidade, em que se alistam as pessoas de minhas relações, vivas ou mortas, desfruto os entrechos pertencentes à lutuosa peça que os atores, espontâneos na representatividade, editam ou reeditam acerca de suas existências subordinadas à minha existência. Dentro da temática da articulação a mim, sucede que uma figura humana, até o momento desconhecida, sem o suspeitar habilita-se a desempenhar doravante, entre os papéis que lhe inocular a minha reflexão gratuita, esse outro, e mais significativo: o de ratificar, fisionomicamente, a futura unicidade de morrer em minha morte. A convivência social, que centralizo no curso do tempo, não é mais do que a contínua prática dos vultos a obterem de mim a inscrição de serem na fugacidade de meu repertório. No ato de apresentação de alguém a alguém, nunca se atenta sobre a circunstância de que ela se resume na mutualidade de ambos se disporem ao infalível perdimento. Considerando o meu posto de instância derradeira, promovo o trabalho ôntico de desvendar, em cada um dos elementos de minhas iconografias, a marca de mim mesmo — o ser do absoluto abrangimento — cujo pensar tem, na *ordem fisionômica*, o sentido de confinar as coisas maiores e menores do universo no bojo de minha vida, assim modelando-as de conformidade com a minha percepção única e perecente.

As figurações do pensamento, isto é, a iconografia interna, se constituem em componentes da realidade, a despeito de incorpóreas e reclusas em mim. O conceito de realidade, umbilicalmente adstrito à conjuntura de minha existência a priori, assume o entendimento de que tais figurações se nivelam, existencialmente, às da iconografia externa, pois que ambas são exclusivas do repertório que se acumula em minha personalidade. Em outras palavras, o objeto pensado e o objeto percebido se inscrevem no mesmo índice de perecibilidade comigo, em mim; pertencem à *ordem fisionômica*, nominalidade esta que intitula o fato de suas existências estarem em minha existência e, portanto, dependerem dela, tendo o seu prazo de ser limitado ao meu prazo de ser. Em verdade, tanto o objeto pensado como o objeto percebido, integram a circunstância de se subordinarem a mim e de se aliarem comigo à mesma duração, a caminho da morte, que é, enquanto a terminadora de todo o universo, a estilizadora da acomodação dos vultos e cenas no seio de minha individualidade. De fato, a minha morte a vir é o grande adjetivador, o grande qualificador do ser, ao inocular-lhe a significação de existir em véspera de inexistir. A minha pessoa, nascida para a funeralidade, dosa as suas criações com base no nivelamento existencial das duas iconografias, num procedimento em que a unicidade de ser se verifica segundo a conjunção ditada por meu perecimento, quando então será reintegrada ao não-ser a respectiva plenitude, interrompida com a minha cosmogônica presença.

Venho a descobrir, em mim, um predicamento de insuperável exclusividade: o de consubstanciar-se em mim todo o ser, embora essa prodigiosa continência não me elimine a pequenez do prospecto nem a timidez das participações, nem tampouco me amplie o estreito prazo de vida, nunca se me dilatando, além de minha morte, este prazo de ser com o ser. Ocorrendo que a reclusão em mim é a inalienável condição para a realidade de tudo quanto existe, tenho que a verificação de minha preeminência se emana de mim na qualidade de atributo inerente a mim — sendo eu a primeira e a última instância — que apenas posso falar de mim a mim, em metafísico monólogo. A verdade de que sou o existenciador do universo em mim, por conseguinte, o delimitador do ser conforme o estilo e o tempo de minha vida, é uma implicitude fatal a que ninguém, nenhuma coisa se desobriga. Toda a minha contemporaneidade, tudo que conheci direta ou indiretamente, enfim, o universo inteiro, em grau de realidade e em grau de possibilidade, tudo que se enquadra nas duas iconografias, tudo se mostra em plena liturgia de estar prestes a falecer comigo, sem nenhum meio de eximir-se do ato de minha morte, que, dessa forma, ubiquamente se me anuncia.

O exemplo talvez mais frisante de a realidade empírica se aprestar para o domínio da funeralidade, se processa quando, subtraindo-se ao envolvimento de meus olhos, uma figura se transfere de sua visível posição para o recinto de meu pensamento. Essa transladação iconográfica representa, como disse, o oportuno apronto para o ingresso, comigo, em meu particular falecimento. A vida diária, que se opera diante de mim, o faz sob a cadência dos vultos a se ausentarem de meu belvedere, movimentando-se, em mim, o imanente cortejo de episódios e coisas em direção à morte que se me destina. A alegorização do universo em face de meu rosto, mostra-se, assim, natural e esclarecedora, porquanto declara, em todos os minutos, que o mais leve ocultar-se a meus olhos atesta o possível ou o real encaminhamento para o seio de minha cerebração, imaginada ou rememorativamente; havendo, como que, a espontânea vocação do mundo em se situar pensadamente em mim, com o fito de mais a cômodo se pôr comigo, em meu perecimento. O convívio se estrutura mediante o exercício de perdas presenciais, o meu olhar assistindo a prática do não-ser que, sem cessar, a si absorve todo o elenco; este, enquanto pratica outras e conscientes nominalidades, também pratica a nominação de preparar-se com vistas ao advento de minha morte, trajando-se para um luto único, universal, absoluto.

Enquanto vivo estou e contemplo as adesões à minha morte, surjo-me como a testemunha participante, aquela que, a um tempo, a tudo contempla sem nunca se excluir da própria contemplação; demoro-me na fixação de meu vulto a contracenar com os outros protagonistas na peça que é a violação do não--ser por força do surgimento de meu ser. Represento com os atores que a vida me tem proporcionado, comungo com eles das mesmas nominações, cumprindo a enorme programação em que todos se positivam para o final do escuro drama, onde o não-ser se recupera por efeito de minha existência a assinalar as desaparições. Passagens inúmeras — a rigor nenhuma delas me recusa a confirmação de vir ao meu conhecimento a fim de morrer comigo — facilmente me persuadem da tradução que lhes desfiro: elas correspondem, de súbito, à concepção que lhes dito, a exemplo das situações em ato, dos breves trechos do cotidiano, nos quais aplico a significação que os ocasionais atores de si mesmos não atentam. Concluo que a realidade é pródiga em atender às nominações que formulo por ela as substanciar, principalmente a da morte de todos e de tudo em minha morte, a que se prende ao não-ser ao readquirir este a plena vigência.

Testemunho os desempenhos em torno de mim, e participo desses desempenhos, de sorte a afirmar que o ser se confunde com a minha vigília. Voluntariamente ou não, introduzo-me em painéis de distintas nominalidades, e nenhuma dessas se indispõe a favorecer o tema da morte prestes a vir, este sendo uma entidade que se encontra onde quer que se a procure. As antinomias, como as do contentamento, as da reafirmação do viver, se recolhem ante o olhar que lhes perscruta o reverso, vencidas pela subjacência de minha extinção, devendo prevalecer tão-somente a unidade do luto. O próprio fato de eu sentar-me na derradeira fila, vendo o palco e a platéia, norteia ao entendimento de que tudo quanto se me oferece, inclusive as oposições mais rigorosas, as contradições que a lógica tem acentuado, tudo se consente englobar pela idéia da morte superveniente, desde que nada se escusa a essa representação em mim, quando se trata de existenciamentos havidos. Cabe-me descobrir, nos valores suscetíveis de conhecimento, o teor de alegorização que condiga com a acepção maior e abrangente, qual seja a de terem realidade, terem nominalidade, enfim, terem existência, em virtude de minha pessoal existência e, como tal, passíveis do inevitável perdimento em meu perdimento.

No trato do convívio, não admoesto o comparsa a assumir a consciência do papel em que o vejo a interpretar; não lhe recomendo adesão alguma ao significado que leio em seus gestos, antes, permito que prossiga na atitude que ele discerna, mal sabendo que qualquer atitude pode corresponder a mais de uma nominação. Inexistindo fixidez absoluta nas figurações da realidade, facilita-se a disponibilidade com que ela, a realidade, se solidariza ao nome do falecimento em mim, comigo; ela é dócil em responder ao fado alegórico de ser e estar em mim, dextramente disposta a enquadrar-se no estojo de minha individual existência, afirmando-se a si própria e aos meus ditames, à similitude do objeto que, simultaneamente, diz de si mesmo e da luz que o torna visível. Do ângulo em que me localizo, as variações de desempenho se adicionam em meu repertório, que é um arquivo de reformas constantes, todas a proclamarem o solipsismo de inclusão, segundo o qual o absoluto se faz exclusivo de minha pessoa, a criadora e mantenedora de tudo quanto houve e quanto há, vale dizer, do repertório em que a iconografia interna se acrescenta no transcurso dos anos. Sem negar às antinomias a sua validez existencial em meu repositório, dado que sempre se me faculta uma cadeira onde me sentar às costas dos assistentes, o receptáculo de meu ser pessoal se franqueia, em concomitância com a visão total, ao acontecimento da morte, parecendo sortilégio que à minha fragilidade de existência se associe a imensidão do testemunho. Se as contradições se resolvem em face de minha posição na última cadeira, ultrapassadas mercê de existirem em minha *ordem fisionômica*, percebo-me na qualidade de demiurgo que ostenta o milagre de fazer-se a exceção à plenitude do não-ser, do perecimento que se inconforma com a restrição ora representada por minha vida. Esta, entretanto, exibe a cada passo a impotência em competir com os poderes da morte, reduzindo-se, de fato, a expor, no cortejo de toda a existência, a série de inutilidades que não conduz a uma dimensão perpétua, que apenas ao não-ser é dado possuir, usando para este uma terminologia — por não haver outra — só afeita à luz da existencialidade. A mais ostensiva das supostas incompatibilidades, mas que se dilui na *ordem fisionômica*, reside na simultaneidade de um elemento ser e não ser, quando se tem em conta o mundo *a ser* no repertório dos que vivem e a *não ser* em virtude das mortes que então se verificam. Forma-se uma visão panorâmica, cenográfica, em que o universo, em mim, cintila, tremeluz, no existir e no inexistir concomitantes.

Como testemunha participante, idealizo a palpitação do ser e do não-ser. Registrando as urdiduras de todo o elenco — a convivência no campo de meu repertório — confesso que o mundo tem sido e continua sendo algo que morre na morte de quem morre, e vive em quem permanece na vida, em mim, comigo. Sob o título *A Testemunha Participante,* seriam-se os acontecimentos que de si mesmos, ou por explícitas ilações, expressam o comum do comportamento humano; sobre eles a minha ótica se detém, juntando ao efêmero da observação o efêmero da representatividade ontológica, a pequenez da cena a condizer com a pequenez de minha vigília. Resulta surpreendente a verificação de o ser, por meio das ligeiras e nítidas confirmações, ao esclarecer o significado de sua presença — a véspera de extinguir-se em mim, comigo — mostrar-se tão modesto nas explicitações alegóricas, denotando aparentemente que, exercitando-se assim humilde, mais ele, o ser, se autentica ao molde de minha receptividade, do continente que se vê correspondido pela flexibilidade do conteúdo. No íntimo, a contemplação cosmogônica se oferece em ato de inevitável endopatia, na brevidade do meu vulto abrigando-se a brevidade do ser, em mim. A unidade estabelecida na circunstância de eu ser, em simultaneidade, a testemunha e o participante da cena, se repete na visa pura, quando não determino a separação entre o painel e os meus olhos que o registram. Conforme já expus em outro livro, o meu vulto, graças a meus olhos, se irmana ao objeto, a ponto de, nessa contingência metafísica, eu não conseguir desviar dos episódios mais corriqueiros o teor de representação com que eles me persuadem acerca de me pertencerem, de estarem e serem indissoluvelmente aderidos à minha pessoal existência. Diviso e interpreto as cenas que eu próprio criei ao vê-las acontecer diante de meus olhos e para os meus olhos, com o acréscimo de eu ter, em mim, o condão de devolver ao não-ser, mediante o meu falecimento, as coisas todas — o total universo — que do nada recebi ou retirei para o clarão da existência comigo, em mim.

Tenho comparado aquela unificação existenciadora — a de não se operar, ocularmente, qualquer separação entre o objeto e a claridade que o faz apreensível — ao contato entre a minha existência e a existência do universo. Sem a suplência de nenhuma outra personalidade, de ninguém que me substitua no papel do existenciador absoluto, consigno que a despeito da imensidade da criação, pesa em mim o isolamento em que me conservo. A consideração sobre a convivência, sobre o fichário de todos os atores, postos em existência graças à minha existência, me conduz à verdade, que é óbvia por se tratar de uma concepção imanente e solipsista, de eu ser em cósmica soledade, não obstante contracenar com todos os figurantes do elenco; não há, em meu repertório, outro repertório no qual eu me observe a sobreviver como efígie lembrada ou imaginada, cancelando-se, assim, a universalidade de minha morte. Falo do absoluto de minha soledade. A despeito de a tudo possuir, sinto-me em solidão cósmica, mercê de não contar com ninguém que, depois de meu falecimento, na mesma cadeira em que hoje me situo, venha a concorrer comigo no existenciamento e na preservação das mesmas coisas. Sobra-me, portanto, a tristeza de eu ser único, de não poder testemunhar em outrem o predicamento de ele prosseguir além de minha extinção. A tristeza, que a soledade me confere, anoto-a, encareço-a por ela se evidenciar a qualificação explícita do mundo, a adjetivação inerente a ele, e extensível a todos os momentos. O comentário mais próprio sobre a posição de cada coisa em mim — o de reconhecer paradoxalmente a solidão em que me existencio — se completa e se legitima com os acúmulos dessa tristeza, toda ela partida de mim e endereçada a mim; um sentimento que, em suma, é o mesmo não-ser a se denunciar sob uma de suas pungentes anunciações.

E. C.

Capítulo 1

1 — *O isolamento litúrgico.* 2 — *A assimilação de obra alheia.* 3 — *Ciência e insciência da morte.* 4 — *Exceções do coro.* 5 — *A cena do prazer malévolo.* 6 — *O desempenho por fatalidade de aspecto.* 7 — *Os desempenhos que escapam à nossa vigília.* 8 — *A prática da outorga.* 9 — *As mortes de C....*

1 — Por algum tempo residimos em contato com as coisas que pertenceram a L..., e então nos preocupávamos em recolher dos vultos imóveis e sobreviventes os vestígios da morte que lhes impregnara o antigo dono; agora eles existiam em nosso repositório que, por sua vez, também se fora naquele féretro; portanto, o convívio entre nosso rosto e o mudo espólio significava um estranho renascer, pois o atual patenteamento não excluía a fatalidade de havermos, sem remissão, perecido com a figura de L.... A conjuntura que desempenhávamos, reproduzia a constante de todas as existências, as de hoje e as de ontem, no decorrer da qual o ente humano assiste a sua morte em outrem enquanto ele resta, vulnerado sem todavia o perceber, entre os despojos que são o mundo todo; apenas, o nosso olhar no domicílio de L... via os deste na tarja de seu luto, e não à maneira de faces que, supondo-se incólumes do irremediável dano, admitem continuar na mesma situação de tudo quanto inventariaram às vésperas do grande falecimento. De início, nos esquivávamos de remover os objetos de onde se expunham tal e qual nos dias de L...; esquivança que, no íntimo, se justificava pelo interesse em substituirmos o olhar daquela figura e desse modo obtermos as visões que ele acolhia ao transpor a porta do larário; de fato, cumpríamos a identificação com o

conteúdo de seu belvedere, a exemplo de práticas semelhantes e movidas pelo desejo de estarmos, sempre que possível, na vez do semblante a quem nos articula o amor. Logo no dia seguinte ao funeral e primeiro de nossa estadia, eis que nos obrigamos a arrolar certos bens de que nos incumbira o próprio L..., que nos honrara tanto; consistiam em papéis que o seu punho nas horas vagas escrevera, não com o intuito de difusão em livro que, com efeito, nunca chegou a se efetivar, e sim com o propósito de estender aos parentes o gosto pela crônica da localidade de onde provinham, com adendos meticulosos acerca de dois séculos de vida familiar; enfim, um relatório que deveríamos, segundo a solicitação de L..., ordenar e por na ortografia em uso; além da curiosidade que nos impelia ao conhecimento da obra, acrescentada da decisão de cumprir, sem demora, a promessa que lhe fizemos, sobrevinha-nos a efusão de repetir os seus gestos, que ainda ninguém reproduzira: o de sentar-se à mesa, de rebuscar no depósito das lucubrações a pasta onde se continha, absolutamente inédito, o volume de nótulas sobre o engenho B..., no município de N...; procedemos então como o autor a retirar da gaveta o manuscrito, e se nesse objeto inanimado existissem olhos humanos que pudessem ver o rosto de quem o folheava, não estranharia as novas mãos, porque o desempenho de nossa efígie, o zelo na atitude de, mais uma vez, ocuparmos a posição de L..., veio a prosseguir fisionomicamente a ternura com que ele relia o extenso noticiário; todavia, logo após, entrando em cena o miradouro intruso com que nos desobrigávamos do mister, passavam a diferir o nosso comportamento e o de L...; porquanto o nosso não se compunha de trazer ao tomo alguma linha a mais, nem o ato de ler se conduzia com o ânimo de adicionar ou promover melhoras no texto que, a partir desse momento, se iniciou no trajeto das profanações; convindo assinalar que o desvelo de antes era de gestos em outorga, cabendo-nos efetuar o que a L... competia e a nenhum outro; mas, posteriormente, em vez de os papéis retornarem ao esconderijo da gaveta, transportamo-los conosco para a casa de M... que solicitado, se comprometera a nos auxiliar na revisão da matéria; a figura de M... em nada se parecia com o leitor que L... idealizara, leitor que tivesse, afora o vínculo da consangüinidade, o interesse afetivo pelo conteúdo de tantas folhas; razão por que, ao sobraçarmos o cofre da relíquia em direção a uma neutra personagem, nos sobressaltou o remorso de, em oposição às regras de nossa litúrgica, diligenciarmos o encontro daquele objeto com um miradouro sábio mas indiferente aos bastidores do manuscrito; M... se revelou tão insensibilizado pelas coisas desse gênero, que o abriu com indagações indiretas, porém calculadas, sobre os pormenores do testamento, se alguma cláusula havia quanto a recompensas eventuais, expressões duras de ouvir e que acresceram o mal de nossa imprevidência; contudo, na convicção de que o ritual do desvanecimento, da veneração a outrem, prevalece quando sozinho o praticamos, desde que nos impedimos de alienar a menor parcela ao mais íntimo dos companheiros, conforta-nos assentir que, se houvéssemos convocado à empresa alguém da casa de L..., o sacrilégio verificar-se-ia da mesma forma; sem dúvida, uma efígie do mesmo teto seria mais condizente com a ritualidade, mas o pudor ao exercermos o desempenho litúrgico, nos fornece meios de defesa à discrição, os quais, inclusive, nos defendem de repetições inúteis, tal como no caso desse painel de vermos o escrito como se fôramos os olhos de L...; realmente, já havia muito de seus olhos na posição de nosso miradouro em contemplar, não só as linhas, mas as entrelinhas do contexto, pois que estas espelhavam os panoramas do engenho B..., que eram também de nosso repertório; de certo, ao pensamento de L... nos ceder a oportunidade de, na data ulterior à do enterro, substituirmos-lhe a visão que se inclinava todas as noites sobre o papel, ligava-se o conhecimento de ambos nós termos tido em comum, entre outras circunstâncias, a da saudade daquele logradouro, tão viva na mutualidade dos devaneios.

2 — O patrimônio evocativo que deixara L..., por natureza, predispunha-se a existências desamáveis em indivíduos despossuidores de alma equivalente à sua; tratava-se de um bem que não poderia consubstanciar-se em solidão completa: ele tinha, como essência de sua condição, o ir ao contato de terceiros aqui e alhures, pois moravam distante algumas das personagens a quem se dirigia a obra de tantos merecimentos; éramos o primeiro a devassar o recesso de folhas que pertenciam ao só olhar de L..., por isso que nenhuma lente se inscrevera no rol dos conhecedores daquele objeto, que, a ninguém mais, ele permitira ver assim tosco e dependente de remodelações que seriam nossas; adveio-nos a oportunidade de sentir o encontro com um elemento inédito, ensejo sempre valioso na prática da visualização, o qual, todavia, melhor devera experimentar o autor à proporção que o realizava; imaginamos que, sem a pressa de levar o manuscrito ao exame de M..., aferiríamos do interesse em provocar nos parentes de L... conversações sobre a teia genealógica e o engenho B..., ouvi-los cheios de omissões e de erros, ao mesmo tempo que, em idéia, recordando a recente leitura, as preencheríamos e os emendaríamos, configurando dessarte o painel do divisório entre os lapsos de outrem e a veracidade de nosso mudo entendimento; inclusive, alimentando dentro de nós a intransmissibilidade do urdume de que nenhum semblante se inteirara ainda: a sensação de termos a posse de

algo restrito ao nosso conhecimento, a da véspera do esparso existir que se operaria unicamente quando divulgássemos o escrito de L.... Os interlocutores estariam longe de conjecturar que ali, em conversa, se mostrava presente o portador dos segredos, entretanto irredutível no seu propósito de silenciá-los, como a pretender, por julgar prematura a revelação, a demora em permitir a substancialidade daquele ser, a qual consistiria no ato da propagação, precisamente aos vultos que se defrontavam conosco; dessa forma, reproduzíamos a cena, tantas vezes efetivada, do artista que esconde à argúcia de terceiros, quer indiferentes quer propícios à recepção do mistério, a obra já terminada e que uma dúvida inconseqüente, mas imobilizadora, o proíbe de tê-la em índice de irrevogável ultimação: a de penetrar em outros olhos que não os desse autor em escrúpulos que, em final instância, representam a imaturidade da fatura, conquanto de todo acabada, na visão afetiva de quem a concebeu e a pôs em condição de espargir-se ao longo das platéias; semelhante possibilidade de repetirmos a criadora timidez — pois a ocultação da obra vem a facultar a derradeira homologação e necessária, a fim de que ele se capacite da coerência estésica e da unidade que nela se contêm — não podia acontecer em relação às páginas de L..., por não estarem subscritas com o nosso nome, embora tivéssemos assimilado o espírito e a fluência de todo o trabalho; afora isso, éramos o único a ter a posse da bela crônica, e a consangüinidade entre nós e ela nos dava a sensação de uma co-autoria póstuma; esta não se consumava, pois aconteceu a nossa precipitação, no intuito de bem cumprir a vontade de L..., ao recorrermos à colaboração de M... que nos confessou a surpresa em face do extinto se haver preocupado com tarefa daquele gênero, não supondo que ele se dedicasse a exercícios do intelecto; ao mover os olhos, tinha ocasião de aqui e ali deter-se em alguns fragmentos, esboçando críticas inaplicáveis pela escassez de maiores compenetrações acerca das aptidões de L... que, sem embargo de desconhecido na arte de escrever — nós, apenas, o sabíamos escritor — a laborava com exímios e nobres recursos; fazia-a autônoma, nesse sentido de que os valores e defeitos acaso existentes se cotejavam em suas conexões com a estrutura interna da mesma obra; portanto, resultava imprescindível aos esclarecimentos a M..., às respostas devidas a esse distanciado censor, que lhe disséssemos da saudade transporta em ritmo de escritura; mas, a falta de convívio entre nós, e o pensamento sedimentado de L... no curso dos parágrafos, nos tolhiam de atenuar as restrições, tão frívolas, de M...; com efeito, a tomada do conjunto e da fluência da confecção, significava um domínio suficiente para garantir que da plenitude da criação dimanassem os seus próprios motivos de ser; as razões de articulamento e de autenticidade entre as parcelas que a compunham, estavam implícitas na ubiqüidade daquele cerne, que se exibiria aos olhos do leitor ora sob o nome expresso de saudade, ora sob combinações de cenas que refletiam a ternura pelos fatos pretéritos, ora, se nenhum retábulo vinha a comover, nem algum símbolo ou metáfora repor à tona o submerso conteúdo, a cadência das palavras sugeria o conspecto da saudade restauradora do engenho B...; sentimos a importância desses predicamentos, semanas depois de havermos entregue a M... o memorial de L...: através de nova leitura, nos aproximamos da posição do artista que encobre dos demais a fatura pronta e todavia presa a exigências do criador, que ainda monologa a respeito das ligações entre o título e cada uma das partes que constituem o inteiro corpo; coube-nos a empresa de entabular, com a obra de L..., as mudas conversações em torno de suas equivalências ao motivo da saudade; retardamos em nosso poder as páginas revistas com a cooperação de M..., e no decurso desse estágio alguém nos convidou a ir ao engenho B..., oferta que não nos contentou porque já o tínhamos em nós segundo o olhar de L.... Da convivência entre nós e o acervo das crônicas, uma coisa havia que fomentava, conforme o estojo de nossa recepção, o entendimento do objeto escrito: a conjuntura de vermo-nos impossibilitado de, em deferência a alguma observação restritiva à documentalidade da obra, retificar o trecho em que se insere o elemento repreensível, isto por nos vedar a corrigenda o propósito de manter intato o conteúdo; quanto à descoberta de algo defeituoso, tal como nos ocorreu à primeira vista, nosso miradouro, numa adaptação ao obstáculo que se erigiu, em breve se acomodou a ele, vindo por último a aceder na aceitação do componente vário; e na consideração inseparada entre o todo e o nome que o intitula, mais se verifica em nós a assimilação da parte supostamente esquiva no seio da obra autônoma. Se porventura os instrumentos da sensibilidade não se movem no sentido de restabelecermos a aliança das parcelas, se os adiamentos se negam a firmar a homologação, é que a arte exposta se corrompe do primitivo mal de não ter, na extensão de seu corpo, sem faltar a nenhum membro, a substância ubíqua e unificadora que, se ao demiurgo não foi dado expedir, em sua confecção, a nós redunda impraticável consegui-la.

3 — Mais pungente que a só lembrança da face morta é o convívio com as coisas que ao extinto pertenceram; não obstante a outorga que oferecem em virtualização, se votam a persuadir-nos de que ainda mais irrevogável se afigura o acontecimento da morte; nenhum milagre surgindo para remover do luto os objetos que então se despiram dos acentos próprios e singulares, e passam a valer exclusivamente de sua nova acepção: a de

estarem em exéquias litúrgicas, a de serem sob o nome de quem os possuíra e impregnara com a própria existência. A tristeza, que aspiramos, sentimos não ser inédita, outras do mesmo gênero sucederam, sem que saibamos o painel exato que iniciou em nós a experiência dessas afecções; talvez episódio algum tenha principiado os nossos entendimentos com semblantes em outorga de seu detentor desaparecido, havendo conosco e a priori de qualquer espetáculo, esse pendor interno a que a iconografia exterior, as cenas de nossa lupa, vem a prestar a sua ratificação. Revendo melhor a crônica dos contatos, encontramos, desde remota época, os vultos que persistem em nossa memória e que entretanto não mais nos disseram de seus paradeiros, nem ninguém nos pode informar onde estão e se por acaso já se perderam na morte real, que na fisionômica já repousam falecidos pela mudez e total ausência com que distam de nosso belvedere: contingência que nos afeiçoa, em nós, a assistir os painéis daquela tristeza como partes de uma seqüência que nos acompanha por toda a vida. Dispomos de meios para, atendendo a reclamo dos olhos, perscrutarmos, em figura presentemente visível, o ser ausente, quer pela morte, quer pelo simples afastar-se do ambiente em que nos situamos; com que prazer, se alguma notícia chega a ressuscitá-lo de modo a termo-lo, embora longinquamente, no caminho de nossa visualização, com que interesse lhe endereçamos a mensagem alusiva à nossa própria existência, com o fito de manifestar-lhe o apreço por seu conspecto no mundo, apreço acrescido da sofreguidão em comunicar ao vulto, provavelmente incerto quanto ao destino de nosso corpo, que este vive ainda; e portanto, na mente até então vazia de conjecturas a nosso respeito, hão de multiplicar-se as situações em que estaremos como intérprete, sem contarmos as reconstituições que intentará no tocante a nós; reacendem-se as possibilidades de tessitura entre a nossa efígie e ele, bem como a de preservarmos os pertences de seu convívio da falha de nossa vigilância, se porventura, advindo-lhe a morte, quisermos aferir da presença destes a presença do semblante que os modelara na forma de suas posições e no gosto com que os escolhera. A propósito de L..., experimentamos a frágil esperança de futuramente sermos em confronto litúrgico e perdurável com as coisas de alguém desaparecido, pois em relação àquele companheiro de tantas horas, os sucessos exteriores nos dissuadiram desse emocionante cometimento; assim se dera com a obrigatoriedade de desfazermo-nos do mais precioso de seu espólio, o manuscrito que, nas minúcias, em cada letra, nos borrões inclusive, atestava o ente que se fora; quando o folheávamos, parecia termos diante dos olhos, translúcida, a personalidade de L..., e ao vermos os caracteres de seu punho, distinguíamos além, do fundo do palimpsesto, a face de quem os compusera, visões por demais efêmeras em virtude da determinação de cedermos a obra aos respectivos legatários. A despeito de tão vivo escarmento, a informação que nos esclarece sobre individualizado vulto, propicia-nos, sempre que a escutamos, a viabilidade de dispormos dele, quando nada em pensamentos que se reverdecem, estimulando-se em face da certeza de que tal vulto existe; certeza que nos permite faturas que não desempenhara em nós se soubéramos que ele se extinguira, não que o fato da morte nos detivesse imaginações que, por menos virtuosas, as reservássemos tão-somente para as figuras vivas; mas, tendo em consideração um rito de nossa espontaneidade, suspendemos, quanto aos desaparecidos, a ação de nosso fabulário que entrega a sua vez, em nossa meditação, ao exclusivo da memória sobre painéis que verdadeiramente se verificaram com eles, deixando em esquecimento as quimeras que porventura elaboramos quando se exibiam em confronto com o nosso miradouro. Com que mágoa nos ferimos, se depois de arbitrárias confecções sobre algum rosto à distância de nosso belvedere, alguém nos anuncia a morte, há vários anos ou meses, desse ator fiel às convocações de nosso pensamento; tristeza de verificarmos que, enquanto éramos nós inerente ao funeral desse corpo, em vez de resumirmo-nos em recordações litúrgicas, profanávamos a quem já se demitira de todas as platéias. É com esforço que às vezes tentamos repelir cenas que fabricamos naquelas circunstâncias, porque diversas têm validade como obras de fisionômico interesse, e dessa forma relutam para nos surdirem na tela dos devaneios; mas, por fim, e exercitado no emprego de obstruções à mente solta, acertamos em vencê-las no pleno nascedouro, imitando em parte aqueles espíritos que, repudiando as faturas que cometeram no tempo da laicidade, as destroem por ofensivas à recente conversão, e se rejubilam ao averiguarem, no íntimo, que nenhuma hipótese resta a posterior arrependimento; ainda, à semelhança dos entes que abjuram de situações passadas e todavia se alegram ao perceberem que muitos dos episódios por eles antigamente desincumbidos se incluem no gênero dos que a sua atual religião obriga, quando nos surpreendemos com a nova de que é morto o vulto que até a véspera tanto desempenhara em nossa imaginativa, tranqüilizamo-nos ao ver que os painéis de suas representações em nós, se inscreviam numa qualidade consentânea com o apreço que devemos à sua figura perecida agora.

4 — Há, entre as cenas tocantes, algumas que se referem à ausência como o recurso necessário à própria explicitude do ser; com efeito, a ausência nos obsequia generosidades de que nos aproveitamos sem na hora atinarmos sequer com a sua procedência, às vezes atribuindo à fortuidade a tessitura do anônimo favor; dentre estes retábulos, salientam-se uns cuja revela-

ção nos sobreveio depois de falecido o autor de belas dádivas, quando nos era impossível correr ao seu encontro e lhe agradecer o liberal intuito; sobressaem-se outros detendo nós o agradecido gesto, se melhor convinha à desvaidosa personagem a mudez em torno de sua iniciativa, e depois nos convencíamos de que atendêramos, com terno desvanecimento, à pureza de sua inserção em nós. Contudo, não mais vivendo o autor que se movera, ocultando-se, a nos servir profundamente, a nossa alma se divide quanto a divulgar entre os companheiros comuns o nome que nos beneficiara, ou a mantê-lo em silêncio, e nesse último caso, restringirmos à litúrgica silenciosa o reconhecimento pela graça recebida; muito embora, ante a eventualidade de alguém saber de todo a delicada urdidura, venha a parecer estranho a esse alguém, que nos espreita, o fato de com ele discorrendo a propósito do amigo morto, sonegarmos à palestra o que deveria ser o predominante assunto. Quantos comportamentos não se articulam em torno de nossa ficionomia, tendo por agente originador ou condicionador a ação velada de algum semblante, quer intencionalmente, quer à revelia de seus desejos, e no entanto deferimos, a crédito da casualidade, esses episódios que se deixariam entrever por nossa lente se os devassássemos; sucede absorvermos, em nós, o corpo inteiro do acontecimento, mas às vezes ficamos de tal sorte embevecido com a trama, com a oportunidade e coincidência dos elos, que para maior gozo dos retábulos, não cuidamos de esclarecer se o processo fora proveniente de alguma personagem já inscrita em nosso repertório ou ainda à margem de quaisquer perscrutações. Tempos depois, se estimulado e surpreendido em face de alguém que no-lo confessa, ou por dedução que nos instrui sobre a verdadeira causa, sentimos antes mesmo da idéia de lhe tributar os agradecimentos, a sensação de que o nosso belvedere é mais desapercebido do que supomos; tal a nitidez de toda a tessitura, que uma parcela apenas da revelação tem em si a força de elucidar, sem demora, os filamentos dos entrechos, dos vultos que entraram em suas interpretações, e delas saíram, tudo acerca do auto em que nos envolveram para melancolia ou festa da nossa sensibilidade. Em certos casos, se nos favorecem as circunstâncias, e a nossa argúcia, fria e neutra da comoção que adviera à data do descobrimento, pode, isenta de estorvo, discernir, dentre os atuais comparecentes, os que se amoldaram à investidura do antigo painel, promovemos a busca dos autores e comparsas, a exemplo do ocorrido uma vez com o grupo que freqüentava o domicílio de N...; assembléia no bojo da qual estariam indubitavelmente as figuras que tanto abalaram o ânimo tímido de R... e o nosso, que a este se associara por semelhança, e ainda hoje não conseguimos assegurar haver sido ele, sozinho, o alvo da impiedosa conjuração; a unidade que presidia o ajuntamento de pessoas, dominante nos conciliábulos em que nos víamos nós e R... como intru-

CAPÍTULO 1

sos, por não fornecermos elementos alusivos às diárias ocupações, era alimentada pelos mútuos conhecimentos dos afazeres e de bagatelas do dia-a-dia que não dispensavam, a fim de que, à falta de novidades, se mantivessem vivas as atenções presentes; inclusive as nossas, posto não recompensássemos os comparecentes com o relatório de atividades e passividades, com exceção daquelas que são oportunamente transferíveis à escuta de outrem; às vezes não nos resultavam desinteressantes, mercê da graça com que os ditos vultos as proferiam e a contento de si próprios, no coro das frívolas satisfações. Talvez no intento de forçarem à adesão de seu molde a efígie de R... que se comprazia em ser à parte, os membros da associação, às costas de R..., decidiram pesquisar no âmbito de sua existência, de maneira a, demonstrando possuírem o segredo de seus passos fora do domicílio de N..., obrigá-lo à confissão que propinaria ao grêmio um motivo a mais de preencher as horas; assim como facilitaria, a R..., em constrangido depoimento, pactuações suportadas a contragosto seu; a conduta de pessoas verdadeiramente humildes, encerra entrechos que só os portadores da mesma humildade se capacitam a entendê-los; nenhum dos participantes do consistório, por todos se revelarem irônicos e assim limitados em matéria de ternura e amor, era hábil em distinguir a grandeza que emana de pequenas coisas, de nonadas do comportamento; se acatavam no interlocutor os encômios a respeito de eventos simples mas de profunda qualidade, entretanto nunca a iniciativa de dizê-los provinha de suas intenções; muito menos o gesto de praticá-los ocorria em tais vultos, sempre afeitos a descobrir, nas breves superioridades de outrem, razões subalternas, às vezes engenhosamente atribuídas, como se aos demais não coubessem os ditames da boa e preciosa gratuidade; as cenas do cinismo eram tão comuns na casa de N..., que diversas se ultimavam sob a forma de riso que os atores, pelo treino da assiduidade, expunham uníssono, e cada um a observar no mais perto, com o contentamento de ver-se em coro, o esgar que de resto lhes parecia a mútua aferição de inteligências.

5 — Os atores da malignidade, destros quando se serviam entre si, muito mais o eram ao descerrar no cotidiano de R... alguma coisa que correspondesse àquele gênero de desfruto; este facilmente se desenvolveria, tendo-se em conta a idéia de que os tímidos se predispõem a esses episódios; sobretudo porque o índice de reação aos perversos, se acaso não se mostra nulo de todo ante as insistências destes, vem a prestar-se mais ainda ao plano da hilaridade: estimula no contra-regra o pra-

zer de aumentar-lhes o constrangimento, malgrado oferecerem nos sofridos gestos as razões de piedade; no entanto, na casa de N..., as razões se desfariam em pretextos de amplas gargalhadas, não fosse a alma de R... tão pura que se entregava, em sã consciência, ao dano próximo; não por insensibilidade ao ridículo, mas por convicção de estar isento de predicados suscetíveis de remoques, ele continuava assíduo às assembléias de todas as semanas, fingindo ignorar o teor das mesuras que se permutavam em sua presença, tal a sem-cerimônia e imprudência habitual com que viam, no objeto dos motejos, um vulto que nem merecia as cautelas que impunha o bom êxito da premeditação; a decência pública e íntima de R..., que revolveram à procura de fomento aos cruéis desígnios, não lhes concedeu a menor oportunidade no entrecho em programa; e assim, na ausência de realidade a ser transposta a qualquer noite, na sala de N..., aproveitaram de sucesso sem ligação com os seus desejos, prendendo-se a um retábulo que somente com a virtude condizia, e que era a fonte dos mais altos apreços: qual fosse o de R... freqüentar a desoras o albergue de desempregados que ele mantinha de seu bolso; vizinho ao albergue havia um outro em que se exorcizavam, segundo os farsantes, escusas magias e impróprias à religião que professava R...; no momento aprazado, quando todos os convivas — além dos regulares participantes, alguns da mesma espécie acederam em presenciar a prometida surpresa — dispunham as lentes em direção ao anunciador da fraude, este, no impulso em que se uniam a chalaça grosseira e a satisfação de se ver o centro de todas as curiosidades, denunciou os comparecimentos de R... ao arrabalde de V... como o flagrante de uma impostura comprovável naquela mesma noite e tanto assim, que, à vontade dos incrédulos, esperavam à porta os carros prontos ao desvendamento, palavras essas que mereceram a mais forte acolhida; lá se foram, com o vulto de R... atônito entre o pudor de descobrir o anônimo de sua caridade e o ímpeto de desfazer os júbilos do sinédrio; o qual escrúpulo, não vindo a concretizar-se, nos pareceu depois a manifestação, ainda, de R... se não mostrar incômodo, a mesma nominalidade que era a sua nobreza a distribuir-se nas cenas adversas, que todas se prestavam ao uniforme do seu comportamento, ali, no palco da orgia malévola; com efeito, deparamo-nos com um episódio que ratificava as expressões ouvidas em casa de N..., e tanto mais confirmador quanto, à vista de R..., as personagens, no rigor do valpurge — as mesmas que gozavam de suas benesses — não diminuíram o aspecto dos trejeitos; antes, com o regozijo da platéia, acresceram ao macabro o fervor das mesuras e dos cantos, talvez a imaginarem que outra comitiva estava próxima ao terreiro e o maior rumor a guiaria ao local do assombro; cessado o tumulto, os visitadores se dividiam em pequenos conclaves, cada qual se processando dentro da sinonímia de serem

CAPÍTULO 1

todas as palavras e gestos, ali em desempenho, concordes na alegria em torno da peça levada a efeito com acabado gosto, de maneira que os intérpretes em conciliábulos outra coisa não faziam que a reciprocidade dos louvores; apenas, o nosso rosto e o de R..., sem aderirem à efusão geral, compunham, no interior do casebre, uma cena de feição e natureza díspares, que esta, sim, valera a noite, e o direito aos aplausos restringira-se ao semblante de um ator único: a pessoa de R...; ao som do vozerio no exterior, postas no costumeiro aspecto, as figuras dos tristes moradores não escondiam o acanhamento de se haverem apanhado pelo miradouro que lhes devotava interesse que não conseguiam alhures, mesmo quando, ao regressarem do labor de pedintes, a colheita se dera maior que a de ordinário: ela não valia o óbulo de R..., que vinha a trazê-lo tão humildemente como se fora ele o objeto da caridade; apesar de os favorecimentos não se oferecerem à condição de os beneficiados se jungirem aos preceitos de virtuosa conduta, os rostos em flagrante delito de mácula, expunham agora a contrição, ao oferecerem um procedimento consentâneo com a espórtula que lhes propinara R..., sem que eles a tivessem pedido: um a um, desfilavam em presença de R..., mostrando-lhe o dinheiro recebido para a execução da cena macabra e ninguém recusou o alvitre que ele, repleto de contentamento, apresentou no sentido de lhe serem entregues todas as importâncias que, reunidas, bastavam para a ampliação mais higiênica da palhoça, e nas atitudes com que somava as moedas, víamos o deleite às expensas das torturas de ainda há pouco; a fim de registrarmos novo painel, o dos impiedosos em face do prêmio que à vítima coubera, precipitamo-nos em direção à porta, mas já se tinham ido, sem dúvida em pleno gozo de uma realidade distante da verdadeira.

6 — Restaurando tais episódios ocorridos há algum tempo, acusamo-nos de não haver, logo ao pressentir a urdidura desalmada, e conhecendo o espírito indefeso de R..., socorrido a quem se manifestava tão exposto; se escrevêssemos o rol de todos os culpados — de uns estamos esquecidos — o nosso nome, a rigor, situar-se-ia nele, tal a neutralidade com que nos conduzíramos; a ponto de, na mesma hora de se verificar o desfecho segundo o plano do idealizador, o nosso semblante, aproveitando o momento figurativo, ter podido concentrar-se na idéia de que muitos vultos se encontram sujeitos a fatalidades de desempenho, à semelhança dos mendigos que se prestavam à exibição do escuro entrecho, e cuja autenticidade ninguém pusera em dúvida; mas a circunstância de os seus intérpretes haverem sido os mesmos que diariamente se incorporavam ao

tema da mendicidade, induziu-nos à reflexão de que, além das peças a que se aliam por seleção de outrem ou por escolha própria, existem várias prontas a acolhê-los, e que dependem tão--só da convocação de quem lhes siga no encalço. Em nosso repertório, acumulam-se as vezes em que a representação advinda, descende, não de assunto em premeditada agenda, mas da fatalidade fisionômica impressa no rosto em causa: o que porventura deve ter acontecido naquelas pessoas que conspiraram contra a quietude de R..., com tal êxito que ainda hoje, apesar de nossos desmentidos, a fama injusta segue articulando-se a ele, com os corolários que se criam para viveza da palestra e sensação no interlocutor. A predisposição facial de alguma sorte nos limita a faculdade de dispor dos vultos ao nosso encontro; sucede em diversas ocasiões que, munido previamente de auto cujo primeiro figurante nos surgirá ante o endereço que possuímos, nos vemos obrigado a interromper o propósito que nos comanda; e em seu lugar erigir novo entrecho sob a invocação do rosto que nos persuade a obedecer o lineamento de suas feições: ele indica a história ou o conto de maneira tão natural como se tivesse em sua volta a auréola de toda sua disponibilidade em nosso miradouro. Freqüentemente nos deparamos com uma efígie que nos veio a nós ou fomos a ela com intuitos estranhos à ordem figurativa; no entanto esses intuitos, na parte que nos toca, cedem o lugar, em certas atenções de nossa lente, aos entrechos que esse semblante poderia desempenhar, ao papel a que se incorpora, a despeito da reduzida probabilidade de vir realmente a expor-se nele; também acontece que a fisionomia do interlocutor, sendo por demais insinuativa de determinado assunto, o nosso pensamento se retrai da movimentação que lhe causaria a concorrência de mais de uma fatura; ele se demora na contemplação desse vulto a perseverar no tipo que, dentro de nossa imaginação, estrutura um contexto de muitos episódios e em todos se exibe com perfeita naturalidade, maior sem dúvida que a obtida nas cenas de seu cotidiano, durante o qual, fatores indiferentes às sugestões do aspecto, ditam-lhe o trânsito de temas que se não ajustam à maneira de sua face ou mesmo a contrariam. Considerando, no breve intervalo que nos consentiu a fusão de dois entrechos — o dos promotores da perfídia a se recolherem aos carros e o de R... a unir-se aos vultos da decepção — o gênero de disponibilidade de R... em nossa imaginativa, pudemos assentar que de nenhum modo ele se amoldaria ao oposto papel de promover, em dano de alguém, o retábulo que há pouco se compusera por meio de tantas personagens, umas que não víramos até então; sendo provável que algum dos rostos desconhecidos, embora ligado à desamorosa conjuração, o fizesse à revelia da própria figura que talvez melhor se prestara a desincumbir-se do desempenho que fora dado a R...; como resultado de nossas investigações, havia, sobre o que restava de um móvel, a blusa que certo semblante se apressou, à guisa de esclarecer que não a furtara, a nos advertir quanto à sua procedência: a caridosa oferta de um dos participantes da rapaziada, o qual deveria pertencer à outra ordem de interpretação, vindo àquele palco sem dúvida por motivos outros que a só crueldade de aprazer--se às expensas de R.... Documentado com a prova de que um dos comparecentes fugira da geral obstinação, recusávamo--nos a admitir o completo êxito da urdidura, que possuía a faculdade da perduração na memória de todos, por efeito da cena macabra que era incomum no repertório de quantos a assistiram; catalogava-se em nossos apontamentos uma face não ainda descoberta, mas que se excetuava do grupo, e nos fazia lamentar não irmos ao seu encontro para conseguir de sua voz a repulsa pelo que sucedera, o arrependimento da cumplicidade e acrescido, mercê de nossas expressões a propósito da humanidade de R...; os pormenores alusivos à oculta personagem, fornecidos ante as nossas indagações, pelo vulto que recebera o indumento, eram bastantes para, em futuro próximo, talvez no dia seguinte, nos revelar o rosto que mal se dera na representação imposta por duros empresários; efetivamente, não nos foi difícil desvendar de sua incógnita a figura de tão promissores encarecimentos, mas a explicação que nos emitiu veio a aumentar, em nós, as negras ressonâncias daquela noite: tudo porque o intérprete, que presumimos de alma alheia às intenções do conclave, ao inverso, nos surgia como o pior dos inconfidentes, pois nos relatara que a sua atitude era advinda do painel que surpreendera na manhã daquela data: painel de um contagiante enfermo a utilizar a blusa que tanto lhe custara, e que o horror à doença o compelira a livrar-se dela, doando-a insensivelmente a outrem.

7 — A ponderável presença de uma efígie em nosso miradouro é uma ocorrência a mais no âmbito de nosso repertório, existindo algumas que logo ao aparecerem nos anunciam a sua disponibilidade em futuros aproveitamentos, de tal modo o seu relevo se acentua, quer por se assemelharem a outras já expostas no álbum de lembranças, quer pela saliência incomum com que se sobressaem no decorrer do painel, quer pela repercussão no íntimo de nós, quer por motivos de natureza diferente; resulta que a vista sobre um rosto constitui, na iconografia mental, novo elemento que passará a ter, junto aos demais protagonistas de nossa memória, a desenvoltura que não apresentara antes, a possibilidade de reunir-se a atores de seu desconhecimento, como a indicarmos que reside em nós, e não alhures, o poder de deferir às faces as situações e peças a que se acomodam por direito fisionômico. O ser comparecente ao re-

gistro em nosso belvedere, afasta-se na persuasão de que o episódio, que vem de cumprir, será doravante o retábulo único — se outro surgimento não nos der oportunidade a maior número de conspectos — e solícito a atender aos ditames de nossa lente em retrospectiva; entretanto acontece que, em seguida ao ato do despedimento, a figura em causa, desnudando-se do real contexto, se transfere de sua objetividade para o domínio de nossas confecções; o novo desempenho tanto pode verificar-se no mesmo dia como em data muito posterior, às vezes a se demorar em ocultação até que, sobrevindo em nós uma nominação que lhe recaia sobre o vulto, retorna ao estrado de nossa lembrança; inclusive, em substituição à personagem que a encarnou verdadeiramente, mas que o não fez com a legitimidade que exerceria esse semblante posto em reserva dentro de nosso repertório; e que, assumindo a posição, a enriquece com os seus desembaraços e a desenvolve a extremos só permissíveis pela solta imaginação. A tarefa de absorver do cotidiano os retábulos e os rostos que compõem a matéria de nosso álbum, envolve gratuidade e modificação, conseqüentemente aproveita os episódios e seus intérpretes, quando nada, pela condição de serem as afirmativas de nosso miradouro que é algo a se sentir existente em virtude das coisas que ele próprio existencia; no exercício da gratuidade, valemo-nos daqueles sucessos fisionômicos em si mesmos, as situações em ato das ruas e das assembléias; e no trabalho de modificação, atemo-nos a proporcionar aos entrechos, que se furtam aos moldes de nossa linguagem, os suprimentos da invenção, à maneira do processo com que transpomos, de uma cena ocorrida, a figura que a promovera ou nela apenas se intercalara, para o segundo proscênio, este no recinto de nossa imaginação. Num mister e noutro, abastecemo-nos dos assuntos e efígies da objetividade, e mesmo nas ocasiões em que o devaneio se ampara em vulto de nossa ficção exclusiva, esse vulto é conseqüência de estimulações, de motivos que nos tem propiciado o uso do belvedere: em ambos os casos, vem a prevalecer a adoção da forma artística na fatura de nosso repertório; a qual, portanto, ora provém das ofertas da natureza, ora da iniciativa de nosso fabulário, acontecendo que na primeira conjuntura se manifesta um contemplar sem esforço, um puro receber, a simples correspondência ao método fisionômico; na outra se patenteia a atenta claridade de nosso discernir que, sem transviar-se ante a abundância de pretextos, se limita a número bem menor de significações, de temas, que o sugerido nas liberalidades do ouvir dizer e do testemunho dos olhos. A providência em abandonar as nominações que se não ligam ao gênero da afetividade, contentando-nos somente com aquellas que de tão aproximadas se habilitam a um rótulo único, representa valor positivo na fábrica de nossos arranjos; notadamente no que se refere à unidade de nosso miradouro que, afeiçoando-se a certas exclusividades, se capacita, ao longo dos seres da convivência, a demovê-los de condutas adversas à sensibilidade de nosso gosto; o belvedere facilita os cometimentos que possam aderir aos modelos de nossa temática, induzindo-nos até à obtenção daquilo que seria o acordo entre o ânimo do belvedere e a objetividade tal como se encontra, livre de interveniências. Com efeito, já alcançamos, com as efígies mais freqüentes do cotidiano, entrechos de valiosa urdídura e vinculados à inclinação de nosso temperamento; mas o privilégio de vermos em outrem a feitura de nossa ótica, de medirmos o grau de nossa presença em semblantes que a refletem, sem a tanto insinuarmos, verifica-se muitas vezes em dano da quietude; tal a ânsia que nos vitima ao sabermos que um desses atores, indo, longe da assistência de nossos olhos, desempenhar, adstrito ao aspecto que lhe inoculamos, algum painel onde não estaremos para a vigília da obra que realizamos — a sua configuração imposta pelo ser de nosso belvedere — indo portanto participar de algum entrecho à revelia de seu demiurgo, pode infringir as normas da criação que nos pertence, e daí a intranqüilidade com que depois indagamos a propósito de seu comportamento, em outras palavras, a propósito de nós mesmo despido de nossa lupa.

8 — À distância do rosto que, lá fora, representa nossa efígie, mantendo as similitudes impostas por ela no decorrer de anteriores contatos, e sem poder portanto ser acudida nos estorvos ao seu desempenho, que a tanto se sujeita a personagem instituída para nos delegar, a inquietude se eleva no seio de nossa imaginação; a rigor, somente se acalma quando alguém, regressando da platéia ou lembrando-se, em outra data, de quanto vira, alude à conexão havida entre nós e o intérprete em apreço, porém tais confissões de raro se oferecem; predomina em todos os casos a sofreguidão em sabermos se na ausência, o ator coroável ao desígnio que lhe estabelecemos, conserva a fidelidade ao influxo de nosso rosto. Registra o caderno que, em certa ocasião, uma testemunha de painel desenvolvido sem a assistência de nossos olhos, e com a participação do vulto, dentre todos o mais afeito ao nosso contágio, veio precípite a nos expor que só então percebera o uniforme de alguns aspectos entre nós e o corpo de nossa convivência; a circunstância de faltarmos ao aludido episódio, era assim compensada pela descoberta de que, de alguma sorte, lá comparecêramos em quem nos reproduzia os gestos; e a conjuntura de sermos em separação real do sósia, fora a única a possibilitar o reconhecimento de outrem em relação à proximidade figurativa; com que alegria escutamos os pormenores do interlocutor a nos dizer, em mesuras, o quanto imitavam a nossa efígie os modos

que o outorgado lhe expusera, proporcionando, na mesma linguagem e em expressões do mesmo léxico, a narração de uma cena cujo motivo nos escapava; efetivamente, o motivo escapava ao gênero de nossas atuações, sendo aceitável que nunca o exerçamos; tratava-se de mais um sucesso em que o nosso existir se impunha sem o testemunhá-lo, um sucesso que exibia algo de fisionômico, tal o urdimento que teceram as personagens em painel, convergindo todas para o semblante de quem nos repetia as atitudes; os gestos, que nos pertenciam, se aplicaram numa nominação por demais excedente, por onde concluímos que as nossas aparências outorgadas em outrem se submetem, lá fora, a predicamentos de ser que não desejaríamos observar diretamente; mesmo porque eles incutem, na pessoa que descobre na face em externação a face que nos pertence, a aptidão desta a desempenhar o que tão desembaraçadamente fizera a nossa representante. Por experiência própria, sobretudo a conseguida no devaneio da imaginação, no qual uma figura vem a expor algum motivo que outra exercera em verdade, tudo pela semelhança entre as duas efígies, por experiência própria sabemos que as associações de idéia são perduráveis na memória de quem as exercita; de maneira que, na mente da testemunha que vislumbrou os conspectos análogos, certamente que ao ensejo das divagações no mesmo dia do sucesso ou depois dele, poderemos surgir, senão no episódio ocorrido com o outorgado, em outro do mesmo gênero, tudo para a tristeza de vir a expormo-nos, a arriscarmo-nos em imerecidos painéis. No capítulo das suspeitas quanto ao teor da face nos devaneios de outrem, há que acrescentar a circunstância do interlocutor que, ao desincumbir-se de seu papel diante de nós, figurativamente nos insinua a ressalva de que o comportamento não é o próprio de sua fisionomia, mas a representação de alguém que lhe delegou a presente conduta. Perante esse interlocutor, a dúvida nos sobreleva quanto ao seu corpo que se imobiliza ou se movimenta ao nosso olhar: se ele não tem sido o modo com que o semblante ausente se emprega em conjunturas outras, em retábulos distintos do ora apresentado, e talvez o aplique em algum conteúdo cujo teor é privativo de seu cotidiano e conseqüentemente inalienável, e pode prevalecer como o alegórico da idéia que o anima; dessa forma, os dois elementos, imagem e idéia, resultam inseparáveis sob pena de, acomodando-se a atitude a pretexto divergente, vir a profanar-se a mesura legítima. O vulto se favorece com as impregnações faciais que lhe imprimem os seres em coabitação ou em contatos duradouros, e com que ligeireza, se acaso alguém lhe revela que a sua postura se assemelha à da efígie a quem freqüenta, ele se decide a desfazer-se do contágio — salvo quando rege a vaidade de parecer-se com um rosto de social prestígio e renome — e adquirir, quase sempre em vão, maneiras de ser independentes de qualquer outra; se se trata de pessoa astuta,

CAPÍTULO 1

escusar-se-á de comparecer no dia seguinte à residência do insólito descobridor, pelo receio de manifestar-lhe o início da reforma de seus gestos, com o acrescentamento de não demonstrar essa mesma iniciativa, tudo em defesa de si próprio, tal como fora até então. Se o amor pela efígie sonhada e ausente lhe satisfaz o devaneio, alegra-se o vulto ao ter diante de si o outorgado rosto que, à vista, lhe fecunda os sonhos; e costuma insistir com esse rosto, em delegação, que volte assiduamente à sua casa, não presumindo este que a cordial demanda se dirige ao outro ser que a impossibilidade impede de advir sem interposta presença.

9 — A urgência com que os familiares de C... promoveram a remoção dos móveis logo em seguida ao falecimento deste, era o efeito do conluio que urdiram quando o enfermo ainda não dava patentes mostras de seu término; talvez supersticiosos com o ambiente vindo a permanecer igual ao que fora ao tempo daquela personagem, que realmente impusera a todas as coisas o timbre de sua condição, fizeram descaridosa e inconscientemente, com a modificação nos espaços internos, proporcionar a C... uma extinção similar à deferida pela morte de seu rosto; houve o conluio em voz baixa, à pouca distância da figura doente, a conspiração enfim que não contrariava a tristeza de aspecto. Sôfregos a afastar do recinto os moldes da face de C..., acudiu-nos a interpretação de que a inquietude derivava do desejo de, o mais depressa possível, retirarem de suas mentes, a todo minuto sujeitas às indicações de quem partiria, o rosto que, no propósito de preveni-los das injunções da mágoa, dissera a todos que não se vestissem de luto; sugestão extensamente aproveitada logo após o entrecho do cemitério, impedindo que a tarja, como um ser que se insinua sem limitações, se abrigasse nos recantos da vivenda, impossibilitando-os de se exporem com a alma neutra e liberta da melancolia, nos episódios do contentamento e das saudáveis deslembranças. Ao retornarmos ao domicílio na primeira noite que passava sem a presença de C..., acreditávamos que ainda era a mesma a concha de nosso conhecimento, que, posto vaga de seu semblante, não estaria contudo à revelia dele; a atitude de irmos ao encontro do costumeiro local, se bem que inoportuna porquanto já cumpríramos as convenções dos pêsames, se movia pela curiosidade de, em última vez — tal o nosso convencimento de que não tardaria a remodelação do larário — sentir o âmbito em vésperas de desaparecer; curiosidade inútil, pois ao chegarmos era como se fôssemos a endereço distinto, a outra residência que a distração nos enganara, tudo enfim sem o nome e a face de C...; lemos de imediato, no vulto que nos

abriu a porta, o claro desprazer por nossa vinda, desprazer explicável no entanto em virtude de sermos nós uma referência nítida ao que eles procuravam, sem preâmbulos, omitir de suas conjecturas, agora entregues a agradáveis cometimentos; tanto assim que, no intuito de nos avisar que o instante não comportava a liturgia da memória em sofrimento, indagaram de chofre a nossa opinião a respeito do assunto que palestravam, desviando de nós alguma palavra ou gesto que lhes devolvesse o rosto de C..., àquela hora já intruso; tivemos, inclusive, a impressão de que, se ressuscitada reaparecesse a figura de C..., em seguida ao espanto sonegar-lhe-iam albergue em seu próprio aposento, como ao viajante que, perdido o comboio e regressando ao hotel, é informado, com indiferença, que outro hóspede ocupa o seu lugar, e perante a dúvida que manifesta ele, o sem abrigo, a estranhar a alteração em tão poucos minutos, leva-o o camareiro ao quarto e exibe-lhe as bolsas senão mesmo o vulto do recém-chegado. As referências à bondade do falecido são costumeiras nesses instantes, e surgem com tanta espontaneidade que se elevam além da simples convenção, prevalecendo no episódio a agenda de inumeráveis virtudes que desfilam sem as interrupções oriundas do ressentimento, nem tampouco as originadas pela intenção do mal-dizer, cada intérprete reservando para si próprio, se porventura os houve, aqueles fatos que o extinto não enobreceram e em conseqüência não se incluem no painel em liturgia. Um entrecho dessa ordem, que estimaríamos não somente ver, mas sobretudo participar da trama com as contribuições de nosso amor, não aconteceu enquanto ali estivemos; em vez dos elogios que estimula a morte, outros pretextos vieram à baila sem que em nenhum momento o nome ou algo da vida de C... nos pusesse em aliança com a almejada urdidura; entretanto, a solércia teve a sua parte na reunião dos descuidadosos, com a iniciativa de alguém em fechar as janelas a fim de que os transeuntes, olhando para o interior da sala, não deduzissem que as expressões dos comparecentes eram alheias à obrigatoriedade do luto, e apesar do calor que fazia, foram unânimes em aceder à providência que os salvava da indiscrição de curiosos; levados por idêntico receio, os intérpretes da cena, se acaso a vibração do assunto favorecia o altear das vozes, as interjeições e as ênfases, procediam com abafadas interlocuções, tudo num exercício de cautelas que visava, não à figura perecida, mas aos transeuntes que, se as ouviram, divulgaram que o choro ainda estava a prorromper entre os inconsolados. Um ano depois desses eventos, percorríamos a loja do antiquário que vendia, em amontoados anacrônicos, os móveis que pertenceram ao profundamente morto, já então falecido de terceira morte, que a segunda, com a mudança das peças no interior do domicílio, não fora bastante às personagens que deviam a C... os mais caros sentimentos, o da gratidão inclusive.

Capítulo 2

1 — *A intenção de bem permanecer em outrem.* 2 — *As efígies sob a instância absoluta de nosso miradouro.* 3 — *A apreensão da virtualidade.* 4 — *O privilégio do devaneio.* 5 — *A experiência da saudade.* 6 — *A nave.* 7 — *A posse fisionômica.* 8 — *O privilégio de nosso miradouro.*

1 — No incessante acontecer do repertório, tem sucedido que certos semblantes se escusam de regressar ao nosso belvedere, sem embargo de promovermos o retorno que tanto nos contentaria; as interpretações da recusa são diferentes, cada uma solícita a nos convencer da causa da separação; variam, desde a conjectura do desapreço ao nosso rosto, à do cuidado em impedir que novo encontro desvirtue o belo retrato com que se inscreveram em nós, no momento do painel primeiro, como se esse retrato por irreproduzível, demovesse tais vultos do mais leve propósito em realcançá-lo diante de nosso miradouro; uma fisionomia dessa ordem zela pela perseverança em nossa memória, receando alterar, para menor relevo, o posto que ela ocupa em nosso álbum, o desempenho consagrador na ocasião dos devaneios com que a recordamos; e assim prevalece a ausência como o recurso melhor a mantê-la única e só diluível pela atenuação que modela o tempo. No mesmo capítulo das fugas ao nosso belvedere, inserimos as vezes em que fomos nós a figura que pretendeu evitar a lente que já nos vira antes. Embora outros motivos de afastamento nos induzam a viver à margem, o de não permitirmos que se adultere o nosso rosto, predomina entre os demais no tocante a L... que, há vários anos, alude, em presença de terceiros, a episódio de que participamos em papel de delicado teor e de defícil repetição,

mercê da convergência rara dos meios que o fizeram exeqüível. Dos anais da lembrança de L..., consta certamente todo o retábulo da manhã em que dissuadimos a N... de comparecer, àquela hora, à assembléia onde se discutiria a sua expulsão do encargo entregue de há muito ao seu descortino, a ponto de supor que jamais o deixaria, tal a vinculação entre o intérprete e a modalidade do desempenho; mas, talvez por isso de considerar o mister como propriedade sua, chegou um dia a exceder-se nas atribuições, com o descontentamento dos prejudicados que o despiram da confiança, contudo, sem intentarem contra ele o escândalo da publicidade, nem tampouco o ressarcimento de perdas morais e materiais; vestira-se com a intenção de enfrentar todas as censuras, denotando no rosto a febre de repelir as acusações com o argumento único de sua folha de serviços, acreditando que a quantidade de benemerências fosse bastante para apagar o deslize porventura apontado: conforme ele presumia, ninguém se propunha a contrariar esta concepção, ante o temor de, assim procedendo, poder N... imaginar que se diminuía o mérito de sua dedicação, incontestável até àquele momento; as palavras que lhe dirigíamos eram conselhos, admoestações convencionais sobre a prudência de não comparecer ao sinédrio; parecia mais consentâneo com a sua respeitabilidade permanecer distante dos julgadores, pelo muito de significativo a se manifestar nessa atitude, entre outras coisas, o superior desinteresse virtualizado em sua ausência do pretório; a piedade da forma, velho nome que habitualmente nos molesta, sobretudo quando nos munimos de alguém para fruição de determinado enredo em nós, velava enquanto o nosso miradouro assistia a figura de N... no painel da falsa intrepidez, que toda a sua alma se movia à espera de que um milagre superveniente o tolhesse de afrontar o veredito dos interlocutores em justa razão; a sua face a exprimir a dúvida entre a sentença a escutar e a fraqueza de assentir às solicitações dos parentes, oscilando da fatalidade de ver-se no retábulo da condenação, à outra de ver-se debilitado diante de nossas lupas; emocionado pela translucidez da posição de N..., facilmente traduzível como expressão do medo, a acuidade da visão de L..., que junto de nós recolhia a autenticidade daquele semblante, nos dizia estar a par das oscilações do sofrimento e ávido por perceber o término do episódio; entanto, sem atinar com uma solução positiva à sensibilidade dos espectadores e principalmente do protagonista central que lhe transferia, a L..., o insuportável desespero, afora a vergonha que se lhe inoculava por motivos óbvios; em conseqüência, à angústia de N... aliava-se a de L..., o significado da cena, no começo adstrito a uma só pessoa, de logo se estendeu a essa outra efígie para mais sério dano em nossa emotividade: daí o nosso impulso, irrompendo na fronteira que demarca a rampa da platéia, indo a fundir, no grande auto das adesões, os atores e o nosso vulto que apenas utilizava o seu respectivo belvedere; aos olhos dos que ficaram nas poltronas, resultou surpreendente o nosso gesto de subir ao estrado e, a-meio do desempenho, acrescer a força do entrecho em representação, dramático vigor oriundo da nossa oferta em substituirmos a N... no próximo retábulo dos que decidiriam de sua sorte, no painel em que as hostilidades constituíam a agenda das discussões em torno da efígie de N..., agora já a outorgar-se em nosso vulto; ele recebeu a contribuição como se fora o milagre, no entanto reteve as expansões que confessassem o imenso alívio; antes, proclamou que o fato se prendia ao seu nome e unicamente ele o devia defender, desculpa que de imediato se aluiu perante o nosso rótulo de advogado, que fizemos valer a prol da admissibilidade do painel pelos seus mesmos atores, servindo dessarte a nossa profissão a coonestar o empenho; na acuidade de L... já não havia distinção entre os artifícios da caridade e as conjunturas que, legítimas, suscitavam agradecimentos não de todo profundos por parte de N...; em lugar deste, dirigimo-nos, em outorga, ao conclave das exasperações, e ao fechar-se a porta, contemplamos pela última vez a efígie de L... que emitia dos olhos uma claridade de gênero não muito assíduo; com ela se acrescia a auto-satisfação com que deferimos às personagens um tanto de sua autonomia própria, quando geralmente nos agrada o ver nelas a ratificação das maneiras de nossa ótica; o incomum de tal claridade nos estimula a não apreender, no semblante que a expôs, algum gesto que venha a macular tão precioso brilho; reciprocamente, da parte de L... talvez existisse análogo propósito de evitar o reencontro conosco; ter-lhe--íamos evidenciado a tendência a substituir, pelo prazer de nos mostrarmos decididamente útil, a naturalidade que lhe pareceu merecedora de perseverança, de resto alcançada nele sob a feição de nosso intencional e oportuno afastamento.

2 — Às vezes perdemos a identificação de uma face e entretanto o recinto, em que ela se demorou, mantém-se fiel em nossa lembrança, pois o resquício da presença redunda mais duradouro do que a própria presença; em virtude do vão esforço com que buscamos a nitidez da figura que o local encerrou, admitimos que ao longo de nosso acontecer nos olhares que nos viram, possivelmente algum desses olhares, deparando-se com logradouro que lhe desperta a certeza de que alguém nele se pôs em exibição, não chega a recordar que nós ali estivemos como o ocupante desse vazio, e fôramos talvez a causa de sua importância, agora, no esquecido rememorador; assim como os sulcos nas ondas não podem recompor o aspecto do navio

que vem de traspassá-las, a procura em seus pensamentos de logo terminará, porquanto esse rememorador insuscetível de levar a extremos a perquirição acerca da figura olvidada, se desvia do intento na convicção de que, se não surgiu de instantâneo o conteúdo à vista do continente, se tratava de simples bagatela e portanto sem interesse para o exercício de suas lembranças. Que alento favorável ao nosso existir em repertório de outrem, não seria a apresentação de nossa imagem em seu belvedere minutos após a vaga experiência; com júbilo peculiar ouviríamos a surpresa de ter sido a nossa presença uma dádiva do fortuito em abono de nossa estada em seu repositório: ela, pelo extraordinário do evento, iria doravante permanecer, definida, em sua mente, malgrado a razão dessa fixidez provir, antes, da coincidência excepcional do que mesmo de nosso semblante e de um elemento qualquer, como a beira da calçada ou a esquina de determinada rua. Durante o trajeto, que percorremos na hora em que nos fartamos de afirmações e reafirmações de nossa existência, sentimos em cada coisa, que observamos, a ratificação de nossa lupa que proporciona o ser perante nós, em outras palavras, o ser que não haveria sem o nosso vulto; este se positiva mercê dos semblantes e dos entrechos que anota no curso de seus passos; mas, a nossa efígie, enquanto de todo preocupada em reter as ampliações de seu repertório, é ao mesmo tempo descompensada de tão copioso enlevo, quer passando inócua pelos olhares desprevenidos, quer restando como indicadora de que algo sucedeu num ponto do local. Com que indiferente resignação, apesar de o sucesso requerer penoso abatimento — qual seja o de não situarmo-nos em outrem como o situamos em nós — de volta de um passeio anônimo, nos sobrevém a certeza de que o nosso conspecto em tantos semblantes, é similar ao de alguém que se oculta para ver sem ser visto; se a queixa em virtude da neutralidade a que nos expusemos, surge, na melancolia de nossa imaginação, o fato de concluirmos que outras figuras houve inalçadas por nosso belvedere, as quais repetiram, em relação a nós, a incúria que adotamos no tocante às mesmas, estimula-nos a considerar que o nosso miradouro não é tão vigilante quanto desejaríamos, ou quanto sugere a exclusividade absoluta de nossos olhos como iluminador único das ausências de onde emana, por efeito de nossa claridade, tudo que existe e existiu: a objetividade que, em infinitas gradações, se opera sob a condição de ser em nossa vida. Cada vulto que se fixa em nós, persevera em sua individualidade, somente desfeita pelas injunções de nosso engenho; ele deixa-se difundir até certos extremos de limitação, e quando os excede, é tão passível de piedade que a comiseração nos leva, como contemplador, a afastar do espírito as cenas por nós observadas, em que o intérprete se mostra em luta para ultrapassar as balizas do próprio semblante, obtendo o ridículo ou o constrangedor ali onde devera estar apenas a naturalidade; simultaneamente a essa confinação, há outra de que a personagem ainda menos se apercebe: a de vir em nós, a de vincular-se conosco segundo os termos do balizamento, não mais impostos por sua individualidade, mas pelo adstrito de nosso belvedere que promove nos entrechos e nos figurantes o estar em existência; inere cada episódio e cada vulto o selo de nossa receptividade criadora, por não se anotarem incólumes de nossa lupa os acontecimentos que ela abrange. A prática das anotações, por sua vez, termina predispondo a lente a ver de determinado modo, a reproduzir nas platéias o mesmo ângulo de acomodamento, tal o método fisionômico a toda hora impelido a nos trazer o mundo contíguo ao nosso corpo e o sobrevindo por interpostos meios, ambos constituindo uma só contemporaneidade, em nós; lembramo-nos de que outrora nos desagradava certa maneira de M... ao conduzir-se, durante a estada no gabinete, na recepção dos vultos impertinentes, inconformados com o impossível de suas postulações, e que se retiravam da audiência ante a aspereza silenciosa mas invencível de M...; era um gesto que nos agastava pela compaixão de assistir o episódio do despedimento sem ternura e sem mesmo as frias convenções do bem afastar-se; mas, quando, muitos anos depois, desincumbindo-nos de mister equivalente, éramos algumas vezes o passado interlocutor, temíamos que houvesse à nossa espreita alguém com olhos que possuíamos dantes, e que em sua intimidade se movesse a nos reputar menor; de tanto nos disciplinarmos perante o receio da vigilante e eventual testemunha, atingimos a perfeição de tolerar as insistências do mesquinho interesse, a fim de que se não modificasse o tom uniforme a que fazia jus o painel do acolhimento.

3 — No processo com que a natureza se apresenta ao nosso olhar, a forma de manifestação mais sensível é a de ela nos ocultar todos os seus demais vultos ao nos oferecer o que ora vemos; conseqüentemente, a contemplação fixada sobre uma efígie, se executa ao preço de nada mais enxergarmos senão essa mesma efígie; e se não fora o poder de virtualização, inserto no rosto em causa, analiticamente cansativo nos seria o universo com o seu cortejo de estampas assim desvinculadas da atual contemplação. A nossa mobilidade em busca dos semblantes mais diferentes, se por uma parte ela corresponde à aura da objetividade em se pôr em existência em nosso repertório, por outra parte ela reserva ao nosso corpo a ocasião de vir, no olhar de alguém, a deter-se por instante como a face que, para se expor nos olhos desse alguém, recebeu o privilégio de se ausentarem todas as efígies restantes, deferindo-se ao nosso aspecto

o exercício de ser, nesse momento, o escorço ou a partícula a que se incorporaram todas as outorgas. Com o ânimo repleto dessa imensa investidura, demoramo-nos, às vezes excessivamente, diante de miradouro que estimaríamos nos contemplasse como um rosto a conter o mundo, assim como prendemos ao nosso belvedere o semblante que nos deleita, e a quem acrescentamos o significado de trazer consigo o imenso préstito; dessa forma, a sua estada em nossa presença alonga-se, sem imaginar o interlocutor que nos rejubilamos ao pensamento de que ele, a pessoa em foco, se constitui de si mesmo e da suma de todo o existir. Também a nossa antipatia a algum semblante minora à idéia de que nele repousa em virtualidade tudo quanto se omitiu para que nos viesse à lupa essa personagem do desprazer; mas estamos crente, no tocante ao desagradável de nossa intervenção na visualidade de outrem, de que nenhuma conjectura aflora nele, que nos observa, de sorte a nos preservar do frio encontro; não sendo curial, com exceção de exímios subterfúgios, raramente exeqüíveis, que promovamos, por intermédio das blandícias do interesse, alusões a vultos e a sucessos da particular satisfação dessa figura que desqueremos; silenciamos ao seco interlocutor os elos que certamente iriam atenuar o dano de vermo-nos diante de alguém que anseia por despedir, que apressa o assunto que nos trouxe aos seus olhos, fazendo do retábulo, que poderia obter o tema da reconciliação, o episódio sem recessos de humanidade e reduzido ao estéril das convenções, do simples protocolo, isento do apoio de alguma reminiscência que nos articule a ambos e volte à baila desde que assomamos à porta. Além dos recursos da lembrança, há o universo de motivos que fomenta a prática das delicadezas, do contentamento mútuo que representa algo do vestíbulo com que se abre, segundo nós, o campo da virtualidade que insinua a mera efígie; quando o rosto em imensa outorga é simultâneo à ternura com que o acolhemos, por pertencer ao nosso amor, ele propina estésicas profundidades que alteiam, mais do que nunca, o exercício da contemplação. Nada custa ao semblante, com quem nos entendemos acerca de prosaico assunto, converter o painel do momentâneo contato numa cena em que o objeto da conversação vem a parecer, ao observador ocasional, o enlevo do mais puro regozijo; entretanto, no próprio interior do retábulo, os sentimentos dos atores conspiram contra o acontecer da virtualização, no íntimo das faces em desempenho, pois em cada uma impera o imediatismo efêmero que a absorve em perda de superior sentido: o de ter cada rosto, aos seus olhos, a conjuntura de outros intérpretes que subsistem na condição de existencialmente subordinarem-se a ele, e que, como em compensação por esse existir, lhe entregam o subentendido cortejo. Se não prevalecessem em tais encontros as necessidades de ordem diversa da fisionômica, se a vivência facial, inclusive a constante, em cada interlocutor, do pensamento de que uma efígie é a delegação de todas as outorgas, estivesse no âmago de todos os conclaves, o unívoco predicamento se distribuiria em aura por todo o elenco do universo, por serem as figuras naturalmente acessíveis aos temas de nossa acepção; vale dizer, integrar-se-iam sem estorvos nem relutâncias ao chamado de nosso belvedere e à conseqüente coesão no seio das nótulas que constituem o permanecer da objetividade conosco. O ânimo com que nos instruímos para a vivência fisionômica, efetiva-se, nesses casos, em detrimento de nossa adesão completa ao efêmero que flui no episódio em que nos situamos; o desapego em relação ao que passa, confunde-se com o descontentamento por formas que se nos defrontam, confunde-se com a misantropia de vermos as dedicações aplicadas em coisas de menor predicamento: o que os intérpretes estranhariam, talvez com ressentimentos, ao saberem que estão os seus fastos na dependência de nosso miradouro, valendo conquanto se inscrevam em nosso repositório; na impossibilidade de imprimirmos no seio dos atores a constante daquela vivência, cumpre-nos aproveitar o ensejo de suas gesticulações e imobilidades, enfim, a conjuntura de nos aparecerem como as percebemos, para, naquilo que couber, promovermos a nonada de um surgimento à altura de vestígio de nossa claridade única e substancial, na medida em que as suas existências se submetem à duração de nossa própria existência. A intenção de estesicamente apreender a virtualidade em meio impropício à desenvoltura, ao ruir por força das obstruções e impedimentos de toda sorte, conduz-nos à posição das personagens sempre alheias ao mundo figurativo e inscientes da ordem fisionômica; o desencanto que nos proporcionavam, o extraímos agora do comportamento de nosso rosto que oferece a si mesmo o espetáculo de indeferir o teor que alhures procuramos; por conseguinte, a tristeza da frustração pode equivaler-se à que nos inspiram os semblantes presos apenas à superfície das horas e ao desconcerto das preocupações.

4 — Há ocasião em que preferimos de bom grado a ausência de um rosto, em lugar de seu conspecto diante de nós, e nesse possuir o acontecimento ou a face ao longe, radica-se o valor de sonhar com que nos vinculamos ao objeto ausente; da terra, onde se situa, ele se deixa utilizar em nossa meditação, permitindo-nos concebê-lo mais a gosto: sobretudo quando, na tela de nossos pensamentos, se trata de figura consagrada pelo amor. O devaneio, que se alenta em virtude da distância, também se registra no seio da imaginária, no mesmo plano de interesse que dedicamos ao desembaraço, ao ritmo e à composição

da iconografia externa; as passagens da imaginação se conjugam com as da realidade empírica, e, em verdade, no caderno de nótulas todos os graus de existência se confinam em nós; assim estabelecemos, com o nosso existir, a unidade de todas as coisas, as havidas e as abstratas, todas elas se nos oferecendo consoante o molde, o estojo de nossa contemplação. Por isso que um tratamento igual, sem discriminação entre as duas imaginárias, a externa e a interna, preside todo o recheio de nossa existência, vale dizer, todo o processo da ordem fisionômica. As imaginações se constroem à base de elementos que residem fora de nosso corpo, derivando sempre de contato ou de contatos com os entes inscritos direta ou indiretamente no arquivo da lembrança; por conseguinte, dados os elasticimentos e a infinita penetração dos devaneios, urge que a objetividade se mostre fértil em lhes fornecer a cada passo os alimentos às divagações; o que efetivamente acontece de maneira pródiga e em tal abundância que os vultos e os entrechos devaneados representam parcela mínima do enorme cortejo das aparições nas ruas, nas avenidas, onde nos localizamos. Ainda mais reduzimos a parcela ao escolhermos os retábulos que, sem esforço de nossa iniciativa, correspondem ao módulo facial dos pensamentos, no decorrer de cuja assimilação a empresa simplifica-se por encontrarmos defronte de nós o atendimento que preexistia em nós, sucedendo que a releitura das folhas, em que se gravaram, se confunde com um rever conforme o método de nossas recepções. Alguém conhecido hoje mora em lugar que nem sequer sabemos, no entanto em nosso álbum ele tem o domicílio que nos ofereceu outrora, sob o nome de painel do devotamento; ao percebermos nas páginas escritas um episódio aliado àquele rosto, sentimos particular sensação no verificarmos que, enquanto a cena retorna à nossa alma, no mesmo instante o seu ator se expõe em ausência, na região em que habitam todos os vultos, salvo aquele que no momento incide em nossa meditação, no caso o mesmo que ora nos está oculto. As despedidas, longe de parecerem fatais, convertem-se em prometimento de o interlocutor ser de volta em breve, a separação a durar o tempo de irmos a manusear de novo as nótulas onde registramos determinado entrecho, significando a revista mais do que um prazer: o processo de sustar, em nós, a energia da realidade, as impregnações que esta elabora sem facial proveito, à medida que a lupa mental se dirige ao reencontro do painel, deferindo-lhe a perduração em nossa pessoal existência. Enquanto o rosto em seu atual recanto se investe de nominalidades que não têm legível acesso em nosso repositório, podendo inclusive nada mais desempenhar por ser desconhecidamente morto, a página que lhe corresponde, no caderno, é o signo fundamental com que ele conta para fazer-se imperecível em nós, e portanto existente de sua vida no ser de nosso semblante, que em tudo e em todos entorna a claridade que, possuindo o nosso nome, se eleva na qualidade de luz inalienável e cosmicamente envolvedora; claridade única a prevalecer a modo do assistente que, isolado na última fila, encerra nos olhos, sem outrem concorrer no domínio do panorama que sozinho contempla de sua cadeira, os demais circunstantes, os gestos de cada um, as imobilidades que adquirem; se após o espetáculo, se formula um inquérito sobre o procedimento dos que foram ao salão, nenhuma resposta se comparará à dessa testemunha que abrangera, com o seu olhar, os depoentes restantes, ninguém a substituindo na receptação do total episódio. Com relação ao vulto que graváramos sob o título de painel do devotamento, agimos à similitude do escritor que, depois de terminado o empenho de muitos meses, reduz o tamanho da obra ao pôr à margem diversos capítulos de menor significação e sobretudo aquém do nível de arte que apresentam os decisivos entrechos, sem embargo de as folhas em abandono lhe haverem consumido muitas horas, durante as quais supunha que o melhor estava no que vinha de escrever; assim, após ausentar-se aquela efígie, ao fazermos a recomposição de seus aparecimentos em nossa lupa, concluímos que, com exceção do mencionado episódio, podíamos dispensar as várias peças que nos representou, não por serem de todo opostas ao assunto que se mostrava no painel do devotamento, mas por efeito de algumas dissonâncias com o levantado mérito do auto, que fora o único talvez de seu ator em que a magnanimidade, isenta de interesse, se sobressaiu em nossa memória; de certo, se bem que possuidor de muitas virtudes, nada nos constava no depósito fisionômico acerca de um sequer desses valores, precisamente porque não se exibiram em termos de pura facialidade, não se teceram na forma do painel do devotamento, o qual por sua vez surgira sem que o respectivo intérprete se cientificasse do teor em desenvoltura; recordamo-nos até que no instante as suas palavras se prendiam a algo de todo alheio ao tema, contudo os seus gestos e os das outras personagens, então no recinto, externavam a apoteose daquela significação; e de tal maneira corretos no desempenho que, se um transeunte os vira da calçada, dissera que a cena merecia o testemunho de todos os passeantes, pelo aspecto de eloqüência medida e comovedora, rara de surdir no território das realidades, quando as efígies possuem a consciência de seus papéis.

5 — Quando certa vez nos dirigimos à cidade de N..., com o intuito de retomar o painel de dois semblantes, de há muito ausentes daquele logradouro, sabíamos de antemão não ir encontrá-los; contudo, apesar do óbvio, não foi menos ativa a ânsia de movermo-nos à procura de tão desejadas pessoas,

pois a impaciência de reaver se estimula também por força de imprevista saudade; pusemo-nos a caminho, segundo observadores neutros, de objetos que, de conformidade com o comum discernimento, não mais havia, parecendo-lhes o propósito da viagem uma evidente insensatez; entretanto, se alguém versado em nossas concepções, escutasse o plano que tínhamos em mente, dissera que o inopinado da resolução de partir para N..., seria sobretudo o pretexto de uma experiência a mais no tocante a sentirmos de perto, e por nossa iniciativa, a presença da virtualidade, através de figuras que de si mesmas representassem o papel de portadores das outorgas; tudo se daria em frente de um nicho de que se removeram as imagens nele existentes, trecho urbano que significaria o alvo da contemplação em busca de ocultadas essências. Com efeito, um velho nicho, que abrigara outrora os entes da adoração, ao se tornar ermo, inspira em idosos transeuntes os mesmos olhares de antigamente, com o acréscimo, todavia, da ternura de estarem longe os recheios que ali continuam veneráveis; a esses passeantes o vazio se mostra cheio de ressonâncias a que rendem culto, no decorrer do qual se contam predicamentos novos que se não verificariam se porventura as imagens o preenchessem; na cidade de N..., havia o reduto compreendendo o oratório desprovido de seus ocupantes, malgrado ser, para a nossa lupa, oratória ainda; ou antes, por isso mesmo de privar-se do conteúdo que lhe deferira o nome do oratório, era de nossa necessidade, perceber da esquina as duas pessoas como as mantínhamos na recordação, as figuras que outrora ali surpreendêramos; enfim, tratava-se de revê-lo sem a ausência dos vultos desejados, que não eram aqueles que os substituíam à mesma hora; nascera, da convicção de que o local se nutria de novos comparacentes, a idéia da dificuldade em surpreendermos o recinto sem faces profanadoras; o almejo consistia, primeiramente, em depararmo-nos com a esquina — o ponto de nossa atalaia — isenta de qualquer circunstante, para maior efeito de nossa sentimentalidade no pleno logradouro. O recinto desocupado não representaria a primeira experiência de nossa figura com o lugar vazio e entretanto fixador dos intérpretes que buscávamos a despeito de os conduzirmos dentro de nós, visto que freqüentemente nos achamos em contigüidade com sítios de onde desapareceram os atores de gravadas peças; em outras palavras, temos da cidade inteira, que ora nos alberga, a demonstração de que os cenários incentivadores de enleios com efígies que lá estiveram, são comuns a cada passo; e, a propósito, quantas vezes lamentamos a conduta de nosso belvedere que perpassa por eles sem cuidar dos antigos desempenhos, à guisa de ofertas da virtualização que não sabemos aproveitar de logo. No tocante ao abrigo, ao cenário, podemos salientar, afora as impressões que nos deixa o edifício já utilizado por ou-

CAPÍTULO 2

trem, a cujo proceder doméstico aliamos o nosso, na litúrgica de sermos como fora a respectiva e ausente personagem, podemos salientar as que registramos no momento de percorrermos a casa ainda virgem de ocupante, o que nos permite antecipar o nosso comportamento, no interior das paredes, ao comportamento daquele que virá depois de nós; isto significa um meio de vinculação facial de nosso corpo ao de alguém às vezes desconhecido, por completo, de nosso álbum. Se o futuro residente é alguma personalidade de nosso afeto, com que particular concentração do espírito inauguramos, nos espaços, as atitudes que há de proferir em gestos o semblante vindouro, indo nós às janelas, abrindo e fechando as portas, como quem traça os lineamentos de fatal execução; usufruímos o sistema de ser no interior da concha, experimentamos a vivência que tanto nos importa por pertencer à figura amada; no entanto devassável ao nosso belvedere que, ante a disponível oportunidade, acorre ao endereço e se afeiçoa a possuí-lo sem quaisquer impedimentos, pois a efígie em causa, mesmo sob o aviso da visitação ao prédio, não imagina que o nosso intuito é o de conhecer o continente, assimilar o estojo que a abrigará à distância de nós; sucederá talvez que ela nos indague quanto aos méritos do aposento, e adstrita ao que a preocupa, a nossa resposta não abrangerá essa consideração que faz impregnar de sua face os valores da edilícia; mas, dentro de nós se fortalecem os liames entre o nosso miradouro e o seu vulto, grande parte do inédito, que prevalecia entre os dois, desvenda-se apesar de esse semblante persuadir-se incólume da mínima perscrutação. A localidade de N..., como ao chegar prevíramos, ostentava a conjura em nos recusar o proscênio onde se realizara o painel de nosso interesse; o tumulto de imprevisto elenco, a perambular no passeio, impossibilitava o acordo entre a nossa lupa e a esquina programada; à medida que nos avizinhávamos do hotel, sobrevinha-nos a esperança de que, a desoras, quando se atenuasse o movimento, contemplá-la-íamos deserta, e quem sabe, talvez a presença de dois vultos em determinadas posições, nos restituísse, numa situação em ato, o episódio fisionomicamente posto em concordância com ela, em segunda e comovente exibição; mas, que desalento, ao nos informarmos de que o oratório não mais havia, que portanto fôra inútil a viagem com que pretendêramos repor aos nossos olhos, em concomitância com o pensamento, o retábulo do tocante desejo; tudo debalde, porém ilustrativo da precariedade das coisas, se as convocamos para cúmplices de teias faciais; instruímo-nos sobre a necessidade de termos sempre conosco, na aspiração de tais propósitos, e com o fito de não perdê-los, uma reserva de atenções adequada ao uso das efígies passantes; estas efígies nos imprimem unicamente os contornos genéricos de seus rostos, por meio dos quais confeccionamos o painel que antes incidira sob a forma de pensamento, de imaginária interna; depois de testemunhar a profunda adulteração que sofrera o local, tão profunda que nos desanimava a ali promover a confecção de algum episódio segundo os instrumentos de nosso mister, deambulamos à noite pelos recantos de N..., a procurar os vultos que se dispusessem, em sua insciência, a participar do pequeno entrecho à revelia do cenário que, na primitiva e real versão, fôra o continente mais ajustado, conforme nos parecera até hoje, ao conteúdo da inesquecível peça; a conexão entre as velhas paredes, mais carcomidas que as demais da adjacência, e o tema desempenhado por ambos os atores, certamente influirá na preservação do lugar em nossa memória. Acontecendo que são comuns os logradouros que encerram juntas a miséria e a opulência, não nos demoramos a presenciar os diversos pontos e figuras que se insinuavam à próxima elaboração; contudo, preferimos o local que, em virtude mesmo da magnificência de lâmpadas e de vidros, era, mais do que outros, freqüentado pelos mendicantes que à viva voz alcançavam o ensejo de contar com maior porção de caridosos: local avesso àquele que nos importava e era irremediavelmente desaparecido, se bem que a nos reafirmar, com o seu exemplo, a autonomia do assunto em relação ao bojo que por acaso o recobre; enquanto se expunham as efígies ao nosso miradouro, habilitadas a exercer os papéis e só dependentes da enquadração e das atitudes outrora assumidas pelas duas faces, o nosso proveito resultando menos da contigüidade de linhas entre os promissores intérpretes e os antigos moldes, do que da circunstância de surgirem na plenitude do desempenho, sem ensaios do contra-regra que existe em nós, porém com o bastante para termos o contato com a velha cena; enquanto aguardávamos o espontâneo sucesso, um rosto interrompeu a plenitude da dualidade que se faz precisa ao êxito das contemplações: a lupa e o objeto em mira; eles se separam em território cujo valor não está na medida da longitude e sim na mudez e na imobilidade de quanto nele se contém, no se retrair a si mesmo a fim de que possa evidenciar-se, livre de concorrentes, a coisa contemplada; o rosto que nos violara a expectativa, pondo-se em palestra conosco, inverteu a ordem dos figurantes havidos na calçada, agora vindo a ser o duo, de que participávamos, o alvo das visões mendigas e sob gerais desprazeres, porquanto a estada de nossos vultos impedia o trânsito aos prováveis clientes que, por sua vez, deteriam os olhares em nós ambos, em detrimento dos sôfregos pedintes; notando que se tornava inútil a intenção de esperar o painel, desistimos dele sob os rigores do fortuito que assim se esmerava em estorvos; o fortuito não aquiescia em nos favorecer na apreciação da saudade, no experimento de saber se tal nominação se atenua, se perde, ou se amplia quando o entrecho em causa regressa de alguma forma ao nosso miradouro.

6 — Acerca da saudade de logradouros, livres de cenas porventura ocorridas em seu âmbito, fixa o caderno a ida de nossa lente àqueles pontos que foram continentes sem personagens, pontos que de si mesmos refletiram em nossa contemplação o desabitado do território; enquanto nos espera o recinto que em nós é autônomo — à maneira do palco inteiramente aberto à medida que entram os espectadores antes de ter início o espetáculo, e, nada obstante o valor e a ressonância deste, redunda o tablado, vazio de intérpretes, como o retábulo, entre todos, que melhor se abriga em nossa sensibilidade, depois da exibição — mais se acalma o receio de que não o vamos encontrar, tal e qual a súbita lembrança, ou a releitura das nótulas, nos estimulou a rever; a propósito, houve um tempo em que, na cidade do R..., visitávamos, cotidianamente, às mesmas horas, alguns lugares assim implícitos dentro do nosso interno miradouro; pretendíamos então revalidá-los como eles eram, sem mudança de contornos ou de peculiaridades relevantes, enfim, havê-los conosco na imutabilidade que consente o espaço de um dia; isento o nosso belvedere das inconstâncias, com que pululam os protagonistas que passam e repassam na tela dos ambientes, era um prazer, para nós, presenciar aqueles sítios no que expunham de perseverança, em contraste com o fluir de novos atores e de novos enredos que em outros instantes se manifestava dentro dos mesmos redutos; a curiosidade unicamente posta em acolher hoje o ontem e o anteontem daquelas formas; durante o processo que, de alguma sorte, sustava a corrente das variações, surpreendíamos em nós um longe de símile pausa: a lupa, que se debruçava agora, sentia-se a mesma de quando ali estivera no início das visitações; apenas estimávamos que o perduradouro da lente, em vez de limitar-se a dias, o fosse a meses, a anos; que nessa mesma cidade do R... tivéssemos percorrido, com o atual espírito, inúmeros lugares, aqueles que resistem hoje, em patentes desconcertos, isto em virtude do ânimo com que outrora os possuíamos, na época em que nos faltava o apego à unidade de nossas visões, à crença na unicidade dos conteúdos, na subordinação de todas as existências à nossa existência. A nave deserta de antigamente seria um desses lugares que ora freqüentamos com a mente afeita ao que nela importa: disponibilidade, que dantes não existia, para nos percebermos como fôramos, tal a indigência de, naquela idade, não termos conosco o ditame de preservar no caderno da memória, para futura ratificação, a nave cheia de sombras a despeito do sol que no adro trazia o relevo a todas as minudências; mas nos alheávamos do recinto, que se apresentava escuro a fim de que se salientassem as velas, o qual só atualmente nos convida à contemplação, no seio da qual se franqueia a dimensão da virtualidade, sob o silêncio e os aspectos em doce amostra; quando os círios deixavam de brilhar, depois de sair o homem que mudamente vinha a cancelar as chamas acendidas pa-

ra o ritual que há minutos se desfizera, em favor da segunda cerimônia que se operava em nós, à vista de mais densa obscuridade, o nosso belvedere se nutria ainda mais dos efeitos de obnubilações advindas por acréscimo; esse episódio, posto que consentâneo com a nossa alma naqueles momentos, quase nada nos dizia sobre as significações que nos presta agora; talvez que o gosto de sermos o último a abandonar a nave, exprimisse então a tendência que se tornaria ato concreto alguns anos após; qual seja a de buscar nos ambientes o que revelam de seu bojo autônomo, a lupa devotada à assimilação de recintos em si mesmos, em cujos recessos uma infinidade de acontecimentos se verificou e pode ainda verificar-se, além daqueles que, sob a feição de indícios, apontam nomeadamente ao nosso miradouro; todo esse repertório ressurgirá se, de futuro, volvermos ao encontro dos mesmos lugares vazios, tendo então o nosso belvedere o ânimo de exercitar-se na plenitude de sua perseverança; depois de apagadas as velas, sentimos como a escassez de luz solar acomoda em nosso íntimo a necessidade de sermos em compunção; a qual também desperta em outros locais, mas nunca semelhante à que nos sobrevém nessas naves que antigos arquitetos, munindo-se de sombras, as fizeram modeláveis ao ritmo de quem viesse a encontrar, no âmbito, as correspondências próprias ao nome da mágoa; edificava-se o templo com a preocupação de que se demorasse, na alma do circunstante, a ternura de seus desejos. Na igreja de S..., preferentemente a qualquer outra, incorporamos as obscuridades que nos recusam certas capelas de construção recente; ao contrário das remotas, estas exibem os espaços com o sol a envolver-se no interior dos nichos e a nos sonegar o direito, que temos, da quase noite que o nosso espírito reclama; estranhamos não haver o artista, que tanto evitou as confusões externas com os demais tipos de construção, se esmerado em trazer, a santuários novos, as penumbras e trevas que lhes são condizentes e os distinguiriam do interno de outras conchas. A desvalia desses ambientes se agrava quando luzem as velas que, inúteis, não evidenciam a presença dos santos já postos em relevo análogo ao de semblantes corriqueiros, como se os matizes da escuridão não bastassem a deferir, nos vultos imóveis, a delicadeza de suas discriminações, a gradação de valor, a hierarquia no comparecimento diante de nós, e em cujo decorrer os rostos, que entre sombras se esquivam, preenchem o lugar primeiro no curso de nossa contemplação; com efeito, de regresso à casa, ao conferirmos as nótulas alusivas ao painel da igreja, a memória se apraz no repouso em recantos em que a luz se mostrou furtiva; passeia a lembrança pelas faces que a rigor não vimos, por terem ficado a meio da ausência, com indecisões que não nos fortalecem a curiosidade de ir, no dia seguinte, com o intuito de promover o desencanto, desde que nos importa sobretudo o recinto que absorve as imagens porventura presentes ao seu bojo.

CAPÍTULO 2

7 — Temos um capítulo cuja denominação bem poderia abranger todo o nosso repertório que, em última instância, se produz com a continuada espreita em direção a possíveis e prontos rituais, a liturgias em torno de ausências próximas ou longínquas; ausências incapacitadas de se exporem ao lume de nossos olhos, sob pena de perderem a qualidade que é a sua própria essência fisionômica — o ser oculto ao nosso belvedere — entretanto nos acenam com os seus vestíbulos, ora consubstanciados em algum rosto de que extraímos a intuição da virtualidade, a inerência de todos os rostos nesse rosto, ora nas ilações que uma figura nos apresenta; ora, ainda, a operar-se no esconderijo em que nos abrigamos a fim de o objeto em causa, no desconhecimento de nossa efígie a vê-lo em exibição, gesticule, pratique a sua existência facial como se estivera a só, à puridade de qualquer observador, portanto em artigo de ausência conforme ele presume. No derradeiro caso, transferimos de nossa lupa ao automiradouro dessa personagem a consideração sobre a ausência que dista de nós; em verdade, não é a ausência absoluta que almejaríamos alcançar por insinuações ou por interpostos meios, porém uma tomada de posição da figura tal como procederia sem a nossa presença; em outras palavras, o puro ser à revelia de nós, intato à nossa perscrutação, e conseqüentemente havido como se lá não estivéramos. Sabíamos que E. B... à certa hora, em determinada rua, interromperia os passos em frente da loja onde vários objetos iam disputar a sua escolha; enfim, uma nonada do cotidiano, mas suficiente a homologar em nós a certeza de que a sua intenção era a de adquirir uma dádiva que seria, alguns momentos depois, entregue a alguém como lembrança de aniversário; em virtude de conhecermos a pessoa a quem se aplicaria a jóia, a conjuntura de nossa espia comparava-se à do autor que da poltrona enxerga o desenrolar, no palco, daquilo que lhe pertence, tal a convicção do que os seus olhos haviam de deter-se na cruz de prata que, dentre as coisas expostas, era a que mais convinha ao semblante a obsequiar-se; ainda, a exemplo do dramaturgo que condiciona o uso de sua obra à permissão de ele selecionar, de todo o elenco da companhia, os intérpretes que entrarão em cena, e ninguém melhor que ele pode discernir entre os papéis e os atores em disponibilidade, estivemos uma hora antes a traçar os movimentos de E.B... segundo a ordem dos objetos que os estimulariam, tudo para o vindouro deleite de verificarmos que o episódio se compusera de acordo com os nossos planos; reverteram-se, em abono da criadora vigília, as atitudes que não ditamos de plena voz, mas que foram obedecidas fisionomicamente, sem a necessidade de ativa intervenção; a freqüência com que acertamos nesses jogos figurativos, costuma habilitar-nos a remover o belvedere de sua posição na crença de que o restante do enredo há-de constituir-se exatamente como delineáramos; à noite desse dia, mais uma vez o final da história veio

ao nosso encontro, malgrado ser em local distinto, agora na casa de E.B..., cuja aniversariante se apressou, assim que batemos à porta, em nos mostrar o crucifixo de nossa elaboração facial; cabendo-nos conduzir até o último instante o segredo da atalaia, proferimos encômios ao gosto de quem o adquirira, sem contudo mencionarmos a nossa participação em tão grata e oportuna oferenda. Em outros casos, que são a maioria das vezes, o nosso vulto não precisa de ocultar-se para obter dos atores a sua naturalidade isenta da convicção de que os nossos olhos neles recaem; podemos, em certos ensejos, estabelecer a observação bem junto ao tablado onde o intérprete, indiferente ao nosso existir, procede nas atitudes reguladas pelo enredo que lhe vai no âmago; nas situações em ato em que diversas efígies desempenham alguma peça estranha ao conhecimento delas próprias, e quando a mesma, pelos atrativos da espontaneidade, dispensa o adjutório do contra-regra que há em nossa iniciativa, também nos escondemos aos olhos das personagens em representação, a fim de que a desenvoltura não se vulnere e venha a interromper-se ou alterar-se o assunto que transcorre de suas posições e de seus gestos. De fato, as circunstâncias armadas com o concurso de nossa interferência, não nos fazem sentir a impressão de ausência configurada que nos deixam os painéis à semelhança do de E. B... à calçada da joalheria; então parece haver, entre nós e a cena, um muro de cristal que nos veda a ser daquele mundo em exibição, se bem que nos mostre todo o seu teor facial; os precedentes e os efeitos se inserem em nosso repertório, mas, por isso mesmo que pertencem a nós, habilita-nos o retábulo a dizer que ele, não obstante desenrolar-se à revelia de nosso corpo, se acomoda, como efetivada previsão, no seio da existência condicionada ao nosso miradouro; por motivo da ratificação do evento que antes supuséramos, mais próximo nos atemos a essa concepção que instala nas coisas, na unanimidade dos acontecimentos, o rótulo de nosso nome, pois a claridade de nossa efígie é a única a determinar-lhe o ser, conosco; de modo que sempre nos imbuímos dessa verdade toda vez que, por indícios ou por inteira comprovação, um episódio aparece como ausência facializada nos termos da ordem fisionômica. Em geral, as consciências se diluem ante o espetáculo dos entrechos, abdicam de sua posse quanto aos elementos da objetividade, passam estes, como que, a existir sem nenhuma aliança com os olhos registradores, olhos sem os quais eles não se dariam como positivação do ser, porquanto cada vulto que os apreende é o seu dono e criador de seu fisionômico existir; a conjuntura do possuidor renunciar à posse, lembra a do artista que, na impossibilidade de ter sempre junto a si as obras que confeccionou, as aliena a muitos, sem jamais receber notícias da localização e do trato com que as preservam, se as preservam; avocando a nós os sentimentos do artista, ao contemplarmos em alguma parede a tela de pintor desconhecido ou conhecido, cujo paradeiro o torna desvinculado da fatura que, no instante de a compor, ele a considerava o espelho de sua respectiva individualidade, a despeito da satisfação em medirmos os valores da feitura, um travo resta dentro de nós: o de lamentarmos a ausência daquele que, mais que nenhum outro, sabe dos mistérios da filiação, e gostaria de tê-la de novo mercê da consangüinidade ainda persistente, e que articula a sua vista à sua criação; portanto, ao estendermos de certa posição a lente do belvedere, conjecturamos sobre a figura que está em nossa presença e os inumeráveis olhos que a contiveram a espaço ou de relance; e nos acode o pensamento de que a nossa efígie não vem a impressionar os muitos observadores como a efígie cuja existência depende deles; compensa-se de tal falha com a outra conjuntura: a de sermos nós o espectador que se senta na última poltrona e daí registra não só o estrado mas também os demais espectadores, inclusive os que não souberam captar o tema em representação.

8 — Quando algum retábulo possui, dentro de suas limitações, todo o desenrolar de um sentido — a cada momento nos deparamos com episódios dessa espécie — ele não está circunscrito apenas à ação ou à serie de ações que na hora descobrimos; outras manifestações se discriminam igualmente no mesmo contexto, sobretudo por aqueles observadores que no instante cuidam de verificar no acontecimento as alusões que eles conhecem, e não por nós, só atento ao que condiz com a alçada de nossa persuasão. Há as conjunturas em que a nossa tradução não coincide, ou pouco coincide com a dos demais assistentes; as visões que concorrem com o nosso belvedere, preenchem-se de significações que, em certos casos, nem sequer se aproximam do que recolhemos do painel em foco, se revelam como ressonâncias de capítulos alheios ao nosso entendimento; a disparidade em ver o sucesso, a qual se ostenta sob a forma de variações emotivas ou opinativas, conduz-nos à preocupação de que a objetividade não seria nossa por inteiro, mas repartida por todas as personagens que a usufruem a seu modo; assim ocorrendo, não haveria porque nos reservarmos o privilégio de, em contato com cena oferecida a vários espectadores, inscrevermos o nosso nome na qualidade de possuidor único de sua existência. Com efeito, dividimos com os contemporâneos o predicado de estabelecer o episódio comum a nossas lentes; no entanto, sucede que, além do episódio, se incluem em nosso olhar esses contemporâneos que se assemelham, em nós, aos componentes de um plano que circunda o retábulo e unindo-se-lhe como iluminuras em redor de um texto; somos, em todos os ca-

sos, a lâmpada que, de seu ponto de recuo, significa a instância derradeira e cuja claridade envolve sozinha as outras luzes; sendo-nos impossível confirmar se essas, quando a nossa extinguir-se, ficarão acesas, a reporem em existência e sem solução de continuidade, os vultos que de tantos desempenhos se incumbiram perante o nosso miradouro; se não observamos, deferida a muitos, a símile fruição com que vemos um episódio, com maior rigidez se firma a extrema irrevogabilidade: a de não termos atrás de nós nenhum rosto em quem possamos emitir reflexos, pois somos, em verdade, o detentor que na última fila vê solitário a platéia e a rampa, a silenciar, como absurda, a existência póstuma. Dir-se-á que outras lentes, em ocasiões diárias, testemunham entrechos que não advêm aos seus conterrâneos e ainda menos ao nosso corpo, a quem não é dado o ubíquo de avocar a seu óculo os enredos e os semblantes que alhures acontecem; mas, o extravio de temas e de personagens também ocorre nas perspectivas que contemplamos e cujo horizonte se afasta para uma linha à beira da ausência; o extravio não sucede, com exclusividade, nos territórios isentos de nossa efígie, e sim também nos panoramas em que só prevalecem os contornos gerais, muitas vezes fluidos em sua maneira de registrar-se em nós; e como processo de remediarmos semelhantes perdas, a ordem fisionômica nos propicia o sistema das outorgas em que a intuição da virtualidade nos concede a posse, aparentemente inacessível, dos vultos e enredos à deriva de nosso miradouro. A inubiqüidade é uma condição de nosso belvedere e, inerentes a ela, estão os aconteceres da objetividade, dupla esquivança que se funde no ser abrangedor que há em nós; enquanto não dirigimos o belvedere na acepção de receber, na fisionomia presente, a sinopse de todas as coisas nela virtualizadas, recolhemos aqui e ali a imitação da infinda paisagem, agora em seu conspecto de ser no tempo e nos vários recintos; as oferendas, que as ilações faciais nos expõem, significam pequenas e às vezes grandes aberturas através das quais divisamos a amostra daquele infinito conteúdo que nos pertence, e é inalienável nesse sentido de que atrás de nós ninguém se situa de maneira a restar, quando de nosso perecimento, na posse de tudo que contemplávamos, inclusive de nosso rosto em sua atitude de contemplação. Com que interesse perquirimos da figura, que nos surpreendeu a olhar algum painel, o que se gravou em sua lembrança a propósito desse retábulo que se acrescenta de nossa efígie: nunca o observador vem a nos satisfazer a curiosidade que, de antemão, se conhece insuficiente a prover, com a pesquisa, a lacuna tributada à nossa presença; isto porque, entre outros impedimentos, prevalece, como fundamental, o de não haver nenhum miradouro, além do nosso, que tenha formulado tal situação de sermos em tessitura com uma perspectiva de perspectiva, cujo teor se forma desse indagar, de uma lente sucedânea, se ela se apropria de todo o nosso álbum; é escusado dizer que tais perscru-

CAPÍTULO 2

tações só emitimos a raros vultos e por óbvios motivos, mas nem esses raros vultos, por não suspeitarem do intento que habita em nós, nos sugerem, ao menos, que a ordem fisionômica se distribui intata por todas as lupas; não podiam fazê-lo, porquanto ela designa, em última instância, o cortejo de todas as existências na medida em que a nossa claridade, e nenhuma outra lâmpada, as projeta dentro de nosso miradouro, segundo a versão derradeira, isto é, o nosso depoimento de testemunha que se coloca no restrito ângulo do qual vê em unicidade, por ninguém lhe disputar o posto, as desenvolturas que sucedem e sucederam. Ainda com relação às nonadas, deu-se uma conjuntura em casa de O..., certa noite, quando em seguida ao desfecho do acontecimento, aí ficamos à espera de que um a um saíssem os atores que nada mais tinham a representar, sobrevindo o instante de se recolherem aos respectivos aposentos; enquanto nós, sem pretexto algum a coonestar a demora de nosso rosto no albergue que abrigara a cena, que, uma vez extinta, devera a rampa desocupar-se e reverter ao silêncio de seus móveis, nos púnhamos, a dosar do painel as ressonâncias em cada protagonista que se afastava; a contingência de sermos o último a abandonar o recinto, sobre propiciar-nos o colóquio com a mudez das poltronas em que se sentaram os vultos de há pouco, ou melhor, com a maneira como repousava em nossa ausência aquele espaço desprovido de assembléia, sobre oferecer-nos aquelas coisas, proporcionava-nos a ocasião de sentir a plenitude de nosso repositório; de atermo-nos à faculdade, que nos cumpre, de admitirmo-nos como o receptáculo que afirma a existência de todos os objetos, tanto assim que, se perecermos, perecerão conosco os integrantes de nosso álbum, e ninguém alcançamos para nos substituir na dilatada posse; convicto de nosso papel na ordem fisionômica, resultava ilustrativo que lá permanecêssemos a estampar até o derradeiro momento o episódio que aos intérpretes restantes incumbia igualmente conservar; contudo, a circunstância de cada qual ir-se em ato de despendimento, acentuava o nosso privilégio de mantermo-nos como o único a resguardar mais alguma coisa de seus desempenhos, os ecos de suas retiradas, a situação de, desaparecendo, incidirem na renúncia de concorrer com os nossos olhos na receptação do ambiente que ficava; tudo à maneira de símbolo onde se contêm o nosso miradouro e os de nossos contemporâneos, que poderão incluir em seus cadernos as efígies e os entrechos que sobrevêm ao nosso, porém tais cadernos não nos asseguram, como este, quanto à estada de todos em nossa morte.

Capítulo 3

1 — *A disponibilidade de nosso vulto em outrem.* 2 — *A reabilitação.* 3 — *A ocultação do desempenho.* 4 — *A suposição de uma contigüidade primeira.* 5 — *A ilustração de uma idealidade.*

1 — Como a sombra que de si já espessa não se acrescenta aos nossos olhos se porventura outra recai sobre ela, o semblante contemplado não se aumenta por efeito de outros corpos estarem ali implícitos em virtualização; no episódio do êxtase, em que se defrontam o objeto e a lente em desfocada receptiva, à estabilidade do primeiro articula-se o ar absorto de quem o vê — no caso o nosso rosto que lembra o cego da cidade do R..., cujas feições eram as mesmas para quantos se dirigia — estabelecendo-se, no entrecho, a indiferenciação a que se fazem predispostas as figuras; pois nesses momentos a realidade nos oferece as favoráveis efígies sempre que o ar exposto pelo nosso belvedere se mostra invariavelmente o mesmo enquanto em frente de nós elas desfilam ou estacionam. Estas, após o término do cortejo, não vêm a felicitar-se pela acolhida que lhes devotou a nossa ótica, antes feriria o ânimo de cada qual o ressentimento por não havermos expedido a cada uma o gesto particular e próprio que tanto usa a personagem que se alimenta de reduzido número de relações, sendo esse o processo que lhe garante a unanimidade das simpatias; em outras palavras, os rostos que se dispersam em seguida ao nosso encarecimento, lastimariam não terem sido contemplados em suas figuras e nem penetrados em seus nomes; todavia, em nós, situamo-los em ideal terreno, cujas harmonias, levando-os à identidade, não percebem agora;

porém, não desdenhariam se soubessem que em nossa experiência eles se comportavam um tanto a modo do que exibirão na ausência esquecida e uniforme, quando ninguém mais lhe guardará o cariz e o nome. Nesses instantes, a efígie imparcial e absorta não se nega a ver a presença das que lhes estão em face, ao inverso, as absorve na raiz comum que as unifica; gerando-se, do devaneio em profundidade, a razão de ela se expor a mesma ao longo das dissimilitudes, desde que as mutabilidades fisionômicas se efetivam por força das variações externas; vale dizer, enquanto nos imergimos na unidade das figuras em nós, o nosso rosto escapa às influências dos seres em ocasional identificação, existindo nesses momentos o painel de nosso miradouro a prevalecer como a personalidade que suprime a permuta de gestos para efeito de só vigorar o episódio que lhe proporciona a mente abstrata. Se considerarmos o exclusivo entrecho de nosso vulto a recusar-se à trama dos gestos entre o interlocutor — no caso a nossa efígie — e cada um dos comparecentes ao nosso olhar, se nos detivermos tão somente na acepção da igualdade de ser a que nos conduz a contemplação em grau de perspectiva interna, havemos de convir que, desse ângulo, todo o desfile de atores, que têm desempenhado os seus papéis aos nossos olhos, assume a qualidade de um repertório em que os intérpretes se livram de distinções e em troca recebem a sinonímia de estarem sob uma única significação: a de se equivalerem enquanto elementos de nossa intransmissível propriedade e que possuem a duração de nossa vida e, como tais, podem revestir-se de nomes e se entrosarem em relações divergentes das costumeiras à usual realidade. Muitas vezes nos distraímos na leitura das faces que, sobrevindo de algum painel, passam a oferecer-nos a indiferença, o prazer ou o dano que interpretaram nele; e sem necessidade de irmos ao logradouro de tais desenvolturas, compreendemos o que de persuasivo nos chega por intermédio desses instrumentos: certas generalidades de si mesmas tão valiosas que nos dispensamos de dirigir a curiosidade além deles, limitando-nos a circunscrever o estudo às páginas que temos defronte de nós; à feição do crítico que fenomenologicamente estabelece a autonomia da obra que o preocupa, o nosso olhar recolhe de cada um dos recém-participantes aquilo que interessa à acepção fixada nesse entretenimento. O qual se reafirma, em nós, à medida que surgem os semblantes ainda repletos do anterior retábulo, a fim de que possamos recompor uma perspectiva de quanto ocorrera, e que, se não reproduz rigorosamente as linhas tomadas pelos próprios figurantes, é verídica na clara admissibilidade. Ao contemplarmos certa noite os resquícios de determinada cena, trazidos pelos histriões que um a um transitaram ao nosso alcance, tínhamos o cortejo dos rostos que nos expunham clarividências não descidas a pormenores, mas refertas de nitidez bastante para nos incutir a espécie do assunto em pauta: o aviso de sucesso a efetuar-se no dia posterior, o qual fora conveniente ao que saíra com a face alegre, incolor ao da fisionomia neutra, e desagradável ao que, deparando-se com o nosso vulto, não susteve a contenção de seus lamentos; ali, diante de nós, se pôs a minudenciar o anúncio que se lhe dera, tudo em prejuízo de nosso miradouro que dele prescindia para valer-se tão-só da seqüência desses homens a surdirem no patamar com as feições mal desfeitas dos papéis de que há pouco se desincumbiram. Em geral, a tessitura de semelhantes entrechos costuma vitimar-se das ruinosas intervenções de protagonistas que, dessarte, nos conduzem a baixar, do objeto em contemplação, para a superfície de suas realidades; daí gratamente recebermos as ocasiões em que, pela omissão que nos consagram, beneficiam o estanque de nosso vulto em relação a eles, os atores, que não nos vêem do tablado onde se colocam: tal o momento ocorrido há alguns anos, às vésperas da homenagem a A.C..., quando todos preparávamos o recinto das manifestações; em virtude da extrema cerimônia que o aureolava, era de todo impreterível a argúcia em impossibilitar a menor surpresa em desfavor da solenidade em prol de A.C... que nunca se enfastiava de tê-las amiudadamente; assim como o fotógrafo, para completa objetivação do entrecho que procura registrar, esconde dos atores a lente cuja descoberta viria a comunicá-los com os futuros observadores do episódio, nenhum posto reservamos para a ocasião da festa, exclusão que protegeria no retábulo a sua independência acerca de nós; cuidado que se tornaria mais propiciador se porventura pudéssemos assinalar, em cada assento, o nome do futuro ocupante, de sorte a impedirmos a contigüidade de pessoas que, conhecendo-se entre si e conhecendo o nosso vulto, ativassem, em palestra ou simples indicação dos olhos, algum relevo à nossa individualidade, restrita unicamente a ver; talvez por intencional arranjo, a experiência que sentimos na aprazada hora, se efetivou sem a tristeza de outros instantes em que nos olvidavam a despeito de estarmos presente, nos suprimiam sob a forma de, perante o nosso rosto, discriminarem os participantes de definido sucesso a que comparecêramos, porém nos cancelavam o nome, e mais nos extinguiam pela modalidade de trazerem, ao calor da conversação um cometimento que se passara conosco, atribuindo-o a outro alguém ou silenciando o verdadeiro intérprete, nós, que o narráramos ao relator de agora, malgrado sermos diante de sua lupa e conseqüentemente representarmos a alusão difícil de esquecer; ao contrário, o nosso papel na recepção oferecida a A.C..., proporcionava-nos contentamentos superiores aos do mero capricho satisfeito, pois significava um aspecto do ocorrido em nossa ausência mas sob a vigilância de nossa ótica; e precioso nos pareceria se, não obstante a cautela em não nos mostrarmos, alguém se referisse a nós na convicção de que, no momento, nos achávamos longe, fora do painel em curso. Omisso nos belvederes que ali se conjugavam em cena, entretanto podíamos, através do miradouro, da cortina que regulávamos no interesse de nossos olhos, verificar em sucessivos contextos a homologação do que fizéramos antecipadamente, dos preparativos a que todos obedeceram sem ambargo de desapercebidos e nem sequer desconfiarem de alguém que se movesse ao estranho propósito de ocultar-se do entrecho a fim de melhor o possuir segundo os ditames da diretora lupa. É verdade que dispúnhamos de elementos acessíveis, tais os gestos, a preferência na escolha dos lugares, tudo enfim que expõem os atores dessa forma reunidos, confirmando-se o ser de cada um no transcorrer de assembléias equivalentes; mas, ao prazer que sentíamos pela ratificação assim facilitada, vinha a justapor-se o alcançado empenho de vermo-nos, em mais um instante, sob a conjuntura do afastamento, em nós, de nosso próprio rosto em relação aos demais, sob o olvido desses mesmos intérpretes que localizamos segundo o nosso desenho e existiam no painel estruturalmente nosso. O evento se afirmava simbólico diante da conjuntura de percebermo-nos em plena acomodação na comum e cada vez mais assídua indiferença dos demais no tocante a nós; desse modo, a fatalidade de sermos em distância e no obscurecimento de nossas próprias criaturas, as conhecidas e as desconhecidas na ordem fisionômica, se associa à circunstância de o nosso miradouro ser o único, em nós, que lhes dá e preserva a existência. É concebível que, acendendo a nossa imagem a luz que a todos atinge, possam inúmeros não vislumbrá-la, nem em contato direto, nem por meio das coisas que lhes estão à margem e que também participam de nós; com efeito, a crença em nossa propriedade ótica sobre todas as efígies, por mais clara que nos surja à contemplação, não é de si mesma suficiente a predominar no curso da continuada consciência; às vezes nos vulnera a lástima de não nos sentirmos, em todos os casos em que as figuras se dirigem ao nosso rosto, a concha que lhes conserva a existência em nós. As conexões que nutrem o ser de nossa fisionomia, são marcadas pelos mais diversos pretextos e ditames, constituindo-se a agenda desses elos uma tessitura de múltiplas cadeias; entretanto, por mais que penetremos no labirinto dos significados, nenhum encontramos que nos induza à convicção de que algum dia, em algum lugar, um semblante qualquer, animado pela intuição ou certeza de quanto vale o nosso corpo, longe de reduzir-se a mero transeunte dentre os que perpassaram, venha a se assegurar da respectiva posição no índice de nosso repertório; vale dizer, sagrar-se, conscientemente, no existir que se opera em nós que representamos o estojo sem similar e não alienamos o posto que é o último na platéia dos testemunhantes. Diversamente das costumeiras manifestações, as nossas atitudes, com referência aos rostos que compareceram ou comparecem ao nosso olhar, quase sempre se integram em diferente acepção, servida pelos meios utilizáveis no comum das convivências, tais como o de ingressarmos voluntariamente no caderno de outrem, ou estimularmos a nossa perseverança em belvedere de antigo conhecimento, com o fito de estarmos em miradouros que até então nos inscreveram em suas nótulas; como tal, incorremos nas extinções que se verificam à morte de cada um desses nossos continentes, e por conseguinte impõe-se-nos à conduta um especial proceder à frente de suas retentivas; um proceder que se modela à maneira de ritual, tão zeloso nos sentimos na condição de pertencermos fisionomicamente às próprias figuras de nosso repertório. O ensejo se equivale à propensão, que têm todos, de se manifestarem condignos com o instante da morte, apenas desta vez se trata do perecimento que nos ocorre ao desaparecer quem nos possuía na lâmpada de seu olhar, quando os pêsames que emitimos se dilatam às exéquias de nosso rosto, ambos compreendidos no luto e desse modo passíveis da consternação que só ao realmente morto se costuma tributar; na hora das condolências, presumiriam os circunstantes que nos excedemos ao estender a compaixão além daqueles que mais profundamente se inseriram no repositório recém-apagado; dissentiríamos do protocolo que, a nosso ver, deveria englobar a todos, cada um imerso no seu grau de sucumbimento na morte havida. Segundo nós, a impregnação de nossa efígie em alguém que por sua vez nos conduz aonde quiser, significa um sucesso em muitas oportunidades difícil de favorecer-se; pois, sem falarmos nas formas em que nos integramos, à revelia dos cuidados, e algumas repeliríamos se porventura as conhecêssemos, se sobressaem as que a má orientação da objetiva ou o escuso intento veio a compor; todavia, apesar da tristeza que nos molesta, preferimos, à exclusão total de nosso rosto, a sua incomodada presença, mas suscetível de reabilitar-se em futuro painel.

2 — Ciente de que no repertório de L... nos localizávamos em situação desvantajosa, e certo da modalidade de desprestígio, conseqüentemente capacitado a escolher a cena que fosse o remédio a nos salvar do dano já remoto, e por isso mesmo a nos impor a urgente necessidade da reestima, desde que a folha do álbum, se bem que ainda aberta, mostrava indícios de se fechar inapelavelmente, desistimos de aguardar as contribuições da sorte e, em lugar do fortuito, planejamos um entrecho dentro do qual retificaríamos a sombra que nos inferiorizava perante L...; sobretudo, a tínhamos por desconsentânea com o fato de nosso falecimento no próximo falecimento desse miradouro; o episódio em emenda não se originara de equívoco por parte de L..., antes, acontecera em virtude de certa obliteração de nosso sentimento, que esqueceu a caridade em troca de efêmero regozijo pelo flagrante em que se desmascarara o pobre Z..., per-

verso em ironizar a muitos e vítima, naquela hora, não apenas de nosso testemunho, mas principalmente da maldade com que o expúnhamos no abundante pretexto, que alimentávamos, de ser, ele mesmo, o objeto de impiedosa ironia: o de ver-se a si próprio em conjuntura semelhante às que explorara em desfavor de inúmeras fisionomias; no término de nosso desempenho, verificáramos que a impressão colhida por L..., de muito diminuíra nele a distinção que até ali merecêramos de sua bondade; omitimos as desculpas então cabíveis e nos abstivemos da menor atitude de contrição, a despeito de entornar-se de súbito, no interior de nós, o arrependimento; agora, portanto, pretendíamos consertar a velha cena, contudo, a natureza da recomposição não atingia a efetividade integral, pois que a figura de Z..., imprescindível ao êxito de nossa humildade junto a ela, já se fora na morte, levando-nos com a cometida crueldade; a reabilitação, cujo objetivo era o de não perdermo-nos em L..., como havíamos sido no tocante a Z..., ia positivar-se com outra efígie, obviamente por meios fisionômicos; e, para tristeza fugaz, mas tristeza ainda, impunha-se que provocássemos no novo intérprete as fraquezas de sua conduta, para em seguida praticarmos o que não sucedera outrora: a explícita contrição em voz alta, perante L...; a parcela de engano se nobilitava por ser demonstração de virtude, embora não nos satisfizesse de todo, dado que lhe faltava, além do ator verdadeiro, a espontaneidade que somente o ocasional permite para o contentamento da platéia e dos participantes em unanimidade; posto houvesse do anterior entrecho apenas o nosso vulto e o de L..., temíamos que a nossa interpretação, por mal desincumbida, pusesse às claras o estratagema da revalorização naqueles olhos; se a argúcia ainda os guiasse, tendo em auxílio o amplo conhecimento de nossos méritos e deméritos, provavelmente descobririam, não o elogiável intuito, e sim o ardiloso mister de aparecermos no tema da bondade, de que antes não oferecêramos prova. As reconstituições dessa espécie significam recursos válidos que a ordem fisionômica nos presenteia para novos contatos com os efêmeros perdidos; porém elas não surtirão o completo efeito se entre os atuais figurantes resta algum que desempenhara no anterior painel; mesmo porque esse remanescente, decerto ao relembrar-se da primeira cena sob o estímulo da estreita semelhança, ferirá sem dúvida o tom ora em relevo, por lhe resultar impossível o silêncio sobre tanta igualdade; também acontece que, sendo de muitos anos o episódio em retorno, a pessoa mesma não mais conserva na fisionomia os traços de antigamente, em geral insubstituídos pelos meios de que dispomos, notadamente se eles tinham primordial importância no decorrer da peça: tal como sucedia agora na personalidade de L... que apresentava rugas e olhos amortecidos, elementos incapazes de nos transmitirem hoje a censura acerba e compatível então; se bem que em nosso projeto não se exerceria tal atitude, no entanto desejávamos que permanecessem atentos, não mais para nos repreender; ao contrário, para introduzir em seu repertório a emenda a que fazíamos jus, aspiração aumentada pelo interesse em percebermos como atuariam ante o pretexto que arquitetáramos; em verdade, lemos na fisionomia de L... o contexto do que ia na alma, contudo não fora aquele que muito nos custou delinear até os pormenores, como o de aparecer em cena, a partir de determinado instante, uma pessoa que nos viria a buscar mas a quem recusaríamos atender, não obstante a urgência e a origem do recado; tudo com o fim de expormos a L... que, em primeiro lugar, deveria prevalecer a nossa benevolência em relação ao vulto que então preencheria a posição de Z...; sendo elementar que preteríssemos os obséquios de social importância em proveito das expansões de nossa afetividade em favor dos simples; mas, em vez da memória retificada, traduzimos nas silenciosas expressões de L... um aplauso realmente, dirigido não a segundo espetáculo que se sobrepusesse ao primeiro, ganhando-o em definitivo, e sim a novo acontecimento que ali surgia a corroborar, no espectador, a impressão lisonjeira que alimentara desde o nosso inicial encontro, e que no momento se via homologada, levando-o a sorrir de contente por não se haver iludido a nosso propósito; generosidade a tal ponto irrestrita, que lhe proporcionava ao miradouro o privilégio de não ver em desempenho as cores de nossa insinceridade, e à lembrança a prerrogativa de esquecer o que, em outra memória, estimularia prospecções comprometedoras para a unidade de nosso comportamento. De fato, em L... nada existia do remoto desabono, patenteava-se inútil o esforço no que tocava à redenção de certo retábulo na história de nosso vulto, embora por outro lado, tenha sido a parcial reconstituição ponderavelmente salutar ao espírito de L..., assim como ao nosso intuito de radicarmo-nos, sempre mais a fundo, naquele semblante prestes a falecer; semblante, por conseguinte, precioso para nós que lhe aproveitávamos os instantes derradeiros, por sinal os de maior significação, os que mais importam a quem se cuida de ser em outrem, como a predominar a norma de que impera, sobre as demais, a última presença.

3 — Por mais recluso que nos seja o convívio, resta-nos sempre a possibilidade de incorporações transmitidas pelos raros visitantes, pois cada um deles traz consigo a eventualidade de, por seu intermédio, comparecerem outros à existência em nós; de maneira que, ao ritual da apresentação, incidimos o miradouro na conjuntura de posteriormente vermos ampliado o índice de nossas relações, atendendo assim à regra de que um rosto é

o preâmbulo de seqüências figurativas; constitui recreio da lembrança o recordarmo-nos, partindo de certo corpo, da série de fisionomias que se inscreveram em nosso repositório, quando observamos a variedade de efígies e de peças que, dele nascidas, ora se lhe ajustam, ora o contrariam; tudo a indicar que nenhum regulamento lógico norteia os sucedâneos da face que os tornou acessíveis ao nosso belvedere, a exemplo de um retábulo que há alguns meses nos divertiu a atenção; apesar de residirmos na rua do S..., não se catalogara na existência em nós uma certa casa que só a alcançou graças aos aparecimentos, na esquina, de determinado vulto que suspeitamos habitar no mesmo logradouro; estendendo-se a intuição um pouco além do rápido palpite, sobreveio-nos a descoberta da aludida casa, desconhecida até o momento, e assim imersa em nossa ótica por efeito de outra face, desta vez sem articular a ambas nenhum elo que não a nossa lupa. Abstraindo-nos dos entrechos e cuidando apenas das efígies, vislumbramos nos rostos, e à medida que a memória nos coadjuva, insinuados valores de umas séries, de umas continuidades que proclamam haverem existido outrora; elas imitam os trechos de políptico que discernam a mesma situação em ato, e portanto convergindo em nuanças e similitudes para o centro de onde se irradia todo o significado; semblantes que se justapunham a fim de que se estendessem as ondulações do ocorrente motivo, inteirezas essas que uma força estranha subvertera, ao ponto de unicamente sobejarem agora, dispersos e sem quase nunca se reencontrarem, os fragmentos daquelas extensões que se uniram porventura em outra idade. No limitado âmbito da convivência, deparamo-nos com figuras que nos informam, geralmente em retábulos distintos, os matizes que as incorporam ao mesmo fluxo de expressão; tais aptitudes, que revelam as gradações de certo motivo que jamais se expõe plasticamente e em todas as suas possibilidades senão por meio de mais de um protagonista, presumem intérpretes que, escalonados segundo a cadência em exibição, sigam, do adro ao desfecho, a corrente nominal que lhe entoa os gestos, o desempenho inteiro. Há faces que são, como que, projetos realizados em outros seres, e embora não conheçamos o rosto que vem a assumir a significação que em outro se incorporara, a intuição nos alerta sobre o inadimplemento do vulto, em frente de nós, quanto à plenitude do contexto; inclusive, o insatisfatório da percepção insinua-nos a eventualidade de um ator, existente em alguma época ou em algum lugar, cujos méritos correspondiam ou correspondem melhor ao sentido em representação. O repertório dos sentimentos prodigaliza-se em teores que se não comparam, em perfeição, aos que produzimos com as situações em ato, quando vemos nas figuras, e à revelia delas, os temas ou enredos que vão em nosso pensamento, e assim chegam a identificar-se os ditames de nossa lupa e os seus objetos ocasionais; as atitudes que a afetividade impõe, não se processam por escolha de agente que saiba, tendo em vista um harmonioso critério, selecionar o ator que, pela predisposição da fisionomia, possa levar a bom termo a concórdia entre as ondulações do nome e o veículo — no caso o rosto — com que ele, o nome, se faz patente ao nosso olhar. Em presença de episódios em que o intérprete não se concilia com o tema no qual se inclui, de imediato sentimos que na tremulação do corpo — se o dístico é, por exemplo, o do remorso aliado ao desespero de haver perdido o semblante que o aliviaria de pesada culpa — transparece, apesar do só domínio da enorme e incontida tristeza, a preocupação de tornar menor a aparência da mágoa, procurando conter os extremos como se no íntimo lhe despertasse algum censor a dizer-lhe que o seu próprio vulto, para uma desdita a mais, não reúne as indispensáveis condições ao desafogo; há também a face que se oculta a fim de melhor expandir-se, tão forte é o pudor de verter as lágrimas em efígie desafeita a elas, a modo de D.I. ... que, em semelhante conjuntura, após entorná-las solitariamente num recesso do quintalejo, correu em seguida ao lavatório com a sofreguidão de apagá-las de todo, regressando ao nosso belvedere como se nada existira e trazendo à baila um assunto sem a mínima conexão com o texto exibido minutos antes; tudo a fomentar em nós a piedade que, mesmo sonegada perante o nosso miradouro, ou talvez em virtude da mesma sonegação, ressalta à nossa lente; já agora a se ressentir o sucesso comovedor, em face da ilusão que de ordinário rege as relações entre o olhar e os protagonistas de episódios: ilusão de supor-se que as representações reais, a agenda do cotidiano de cada um, se perfaz irreformavelmente, sem instâncias superiores a que recorrer um exigente belvedere. De nossa parte, a ordem fisionômica habilita-nos a dizer que no plano das exteriorizações, só se manifestam a contento, só se expõem com o nosso beneplácito, aqueles atores que fazem coincidir os seus conteúdos com o estilo de nosso belvedere; no caso de D.I..., a personagem era ciente da inadequação entre o seu rosto e as lágrimas vertidas, a cena do pranto não se efetivou ao nosso olhar, poupando-nos do constrangimento de assistir a frustração de sua efígie, sabedora da própria incapacidade cênica; mas deu-nos em troca novo entrecho, comum aliás, se bem que duplamente tocante — havia as lágrimas e o intento de escondê-las — painel que nos exigiu penosa contribuição, pois que nos dividimos entre o lhe demonstrarmos que entendêramos o desempenho oculto e o lhe evidenciarmos o nosso desconhecimento de seu anterior esgar; ambos nós a cumprirmos finalmente o falso urdume, que no entanto nos pareceu o melhor, sem embargo de no dia ulterior, temendo que o anotássemos no rol dos insensíveis, e ele estava a par de nossa indisposição pelos temperamentos áridos, veio a nos persuadir de que em certos instantes não detinha o choro, desatando-o à puridade, a fim de não trazer o interlocutor à mágoa que só lhe pertencia.

4 — Da observação em torno de gestos e de figuras, assoma-nos o pensamento de que há semblantes prolongadores de motivos e de plásticas alhures expostos; insinua-se, inclusive, a idéia de uma continuidade absoluta que poderoso agente veio a desbaratar, surgindo desde então a infinidade de elementos dispersos em inúmeros recantos; fragmentos que, não obstante o individual que reside em cada um, muitas vezes retomam algo da primitiva conjuntura, despontam certos aspectos que valem como sobrevivência do enorme entrecho onde prevaleceria o coro das íntimas e das aparentes conexões; as próprias similitudes, que registramos em rostos de várias procedências, avivam a cogitação de uma contigüidade anterior e em seguida desfeita sob a forma de desencontros, que comumente primam em nos recusar os seres que procederiam de sua composição, quando só vigorava a lei do matiz e o uno presidia a ordem das existências; se nos confrontamos com dois vultos que, por se parecerem demasiadamente, haveriam sido, no suposto e primeiro estado, muito próximos um do outro, aplicamos ao fato a conjectura de que o agente que os unira antes, nos restaura, sem que o tivéssemos pedido, a liminar vizinhança, cujos intérpretes não atentam no milagre que é privativo de nosso miradouro, pronto a reverter aos seus protagonistas as sugestões que lhe ocorrem e se estruturam nesses mesmos protagonistas. Com efeito, não esclarecemos a L. A... que a semelhança entre as nossas fisionomias talvez nos articulara em outro mundo, confissão que não proporcionaria ao afeto um acento mais nítido que o esboçado até hoje; mas, de nosso lado, tivemos acrescido, quando nada, nesse minuto em que se nos impôs a idéia de provirmos do mesmo coro, mais um interesse para a simbologia de nossa existência, consubstanciada na palavra *nós:* sempre que nos surge, a efígie de L. A... retoma o relevo com que a realçamos na data em que nos adveio o pensamento de havermos sido, os dois, na perspectiva nuançada, consoante o nosso devaneio. O comum do hábito representa, em relação aos objetos que nos ladeiam, o papel análogo ao que os olhos desfrutam no ambiente em que nenhum rosto lhes é ainda conhecido; por isso mesmo os objetos se fazem notar com certa unidade momentânea, a qual persiste enquanto vigora o indistinto em todo o painel, prevalecendo a inapreensão de suas peculiaridades; assim como os semblantes — enquanto a luz individualizadora não lhes desvenda o singular de cada um — se congregam em tão efêmera unicidade, a efígie de L. A... às vezes se manifesta como não tendo a sua atual realidade, porém a simbólica significação de se reconduzir conosco àquele imaginado e longínquo outrora; se alguma idéia vulgar, posta em aliança com um rosto qualquer, vem a impregná-lo a tal ponto que o intensifica, em nós, toda vez que dela o aproximamos, com razão maior o pensamento daquele anterior liame acomoda a fisionomia de L A... em peanha que excede as do empírico de-

CAPÍTULO 3

sempenho. A existência do rosto parecido com o nosso, incute-nos ainda o pensamento de que em rotineiros painéis que o primeiro cumpre à vista de contempladores, muitos equívocos a estes se oferecem quanto ao ator que têm em mira, acreditando tratar-se de nós, quando em verdade é L. A... que figura no elenco; pode acontecer que o sósia, ao esmerar-se no papel que lhe vai tão bem, contudo não receba o aplauso ou a condenação que se dirige, de ordinário mentalmente, ao nosso vulto; no entanto, nos momentos das situações em ato, quando o motivo acompanha a traça que só o aspecto determina, é-nos grato saber que fomos tomado pela figura de L. A..., ou esta por nossa efígie; instantes esses que representam uma forma, corroborada por estranhos, daquela identidade que a princípio se estendera a nós dois: ambos a prometermos à disponibilidade o mesmo índice de aproveitamento, os favoráveis episódios a acolherem um ou outro sem preconcebida seleção, os nossos vultos a insinuarem idênticos painéis, ilações comuns que se elaboram a partir do rosto. Se na feitura das situações em ato os argumentos brotam e se desenvolvem — quando a lupa se avizinha dos atores, abandonando por conseqüência os contornos genéricos — à base exclusiva dos semblantes como simples aparências, tais as passagens que se formulam ao ritmo de nossos devaneios, se, portanto, nesses casos, predomina, na condição de estimuladora dos retábulos a nascerem, a fisionomia na qual se concentra o nosso poder de criação, por que não tentarmos descobrir, nos painéis que um enredo articula à deriva de nós, a face como o elemento que os impele a obedecer aquilo que ela tem de promessas diretoras, algo à maneira de agente que leva a sua lógica aos posteriores participantes. Na revisão que de costume procedemos nos capítulos dedicados ao vero cotidiano, há exemplos de histórias que se compuseram com fidelidade a uma efígie primeira e norteadora, o assunto mostrando-se condigno dessa efígie que assim possui a melhor parte, a parte mais fecunda no que se refere à produção da obra, considerada objetivamente, sem a instância de nosso miradouro. No universo social, a origem dos enredos, a quem fosse dado imergir em seu âmbito, surge de logo movida em complexidades, desde que a lente perscrutadora se esforce em descobrimentos, através de toda a ilimitada tessitura, por haver sempre uma teia, ou antes, um labirinto, mesmo nas horas em que a simplicidade impera, dentro do qual reside a fonte que se entrelaça a outras fontes, e assim indefinidamente. Sucede todavia que as histórias registradas em nosso caderno, e que ilustram a coerência a determinar-se consoante o rosto que a desperta e fomenta, não se alongam em entrechos que escapam ao nosso belvedere; essas histórias são limitadas pelas visualizações que obtivemos à maneira de polípticos, tão-só nos interessando o que nos foi dado ver: a seqüência composta de um ou mais quadros, como fenômeno que se basta a si próprio.

5 — Às vezes algum indivíduo, pela ausência de qualquer outra amostra de personalidade, resume-se a mero ato fisionômico e restritamente aos olhos do observador, à feição de objeto que a distância impossibilita o contato com o seu perfume, com a sua sonoridade, enfim, com tudo que lhe completa o ser e não pertence à sua visibilidade; sobre o vulto assim considerado, e talvez na intenção de incluí-lo dessa forma em nosso caderno, descuramos de ir às proximidades de seu rosto; unicamente nos interessa, então, essa reduzida oferta que, apesar de melhores descobrimentos, vale mais que se viera de mistura com eles, porquanto repousa em elementos faciais e é perseverante nesta matéria. No caso de contexto mais ou menos amplo, e mesmo que na decorrência do assunto, vários intérpretes entrem no proscênio e saiam dele, desse proscênio em que a história se agita, dispensamo-nos de revistar a procedência de uns e seguir os passos de outros, convindo apenas o que eles nos proporcionaram com o conspecto e as atitudes, como se foram estampas inflexíveis e sem legendas; tem acontecido que o olhar, antes que se formule um tema à vista de algum ator, inverte o normal procedimento e, portanto, em lugar de consentir que se exponha o enredo independentemente de nós, preferimos confeccioná-lo à conta de seus aspectos; para isso, demoramo-nos o suficiente a experimentar, pela visão, a figura que acaba de surdir, e esse mister de nosso miradouro é o da escultura em carne, tantas vezes exercida na teia da convivência. Tal investigação objetiva encontrar no rosto a lógica a se intensificar ulteriormente, as disponibilidades de interpretação que o autor conduz consigo; disponibilidades que aumentam ou diminuem conforme afastamos ou avizinhamos da efígie a lente focalizadora, e no momento sentimos que a matéria resulta mais plástica aos nossos olhos que às mãos do escultor a madeira ou a pedra. Recordamo-nos de duas figuras que se pareciam demasiadamente, mas que nunca se haviam aproximado, acreditamos mesmo que nem sequer se tinham visto antes dessa hora em que apresentamos uma à outra, abastecendo, por fim, a ideação que se prendia àquele painel dos seres postos em contigüidade; os vultos suscitaram em nós o pensamento de vê-los como eram até o instante de perderem o fio da continuidade, de seus rostos não quisemos nenhuma sugestão que essa de fazermos unidos os semblantes que viveram separados; assim procedemos sem aludir ao grau de similitude que entretanto, em silêncio, lhes despertou a curiosidade, seguida, não de mútuas e simpáticas expressões, mas de frio e neutro mal-estar, surpresa que desfez de logo a admissibilidade daquele nosso devaneio, inclusive mostrou, no terreno da comprovação, a relatividade do preceito de que o semelhante atrai o semelhante. No entanto, sem embargo da manifesta contrariedade, poderíamos, em abono da tese fantasiosa, argumentar que a oposição havida no entrecho, se fundamentava em princípios estranhos à or-

dem facial e pertencentes à órbita do nome, entre outros, o de vislumbrar no sósia o ativo concorrente às situações que a vaidade só permite a um; que a reciprocidade de constrangimento advinha de figuras enquanto pessoas, e não de indivíduos enquanto faces em representação, isto é, atores que se despersonalizam em proveito de sua aparência em nosso belvedere; sabido que os intérpretes no palco olvidam os ressentimentos que ainda nos bastidores os tornam desafetos, cumpre-nos ressair que à perfeição intentada para o êxito da cena dos dois a se reunirem após a imensurável ausência, era preciso que reconceituássemos os gestos inoportunos ao tema em causa, com vistas a uma acepção, que, consentindo na utilização dessas mesmas atitudes, entretanto passasse a compreender um mister de todo adequado ao preconcebido episódio; repetíamos a desenvoltura do histrião que, deixando escapar algum termo não previsto na escritura da peça, costuma coonestá-lo repentinamente, de modo que nenhum espectador o registre, nem o ponto o desaceite. Na prática de nossas intromissões em painéis que urge se realizem segundo o fixado programa, o número dois revela dificuldades às vezes invencíveis, mas felizmente éramos três as personagens ali em foco; se bem que, a rigor, pretendíamos anotar no elenco, livre de nós, as faces da similitude e ninguém mais, a nossa presença reproduzindo a do ensaiador que intercepta o desenrolar do episódio, vindo a acomodar-se entre os atores em plena rampa, a assumir, com os trejeitos e as palavras do desempenho, um e outro papel que lhe não esteja inteiramente ao agrado, mostrando como devem esculpir as encarnações em cena; assim, trouxemos à baila uma informação que alegraria de muito a um deles e em menor escala ao outro, o que em verdade aconteceu, tão prevenido fôramos ao arranjo do retábulo, tal a reserva de instrumentos que conduzimos conosco e sempre necessária às solicitações fortuitas, como a de agora que amenizou a preliminar indisposição; e, mais do que isso, estabeleceu em ambos, para começo de sólida amizade, a confiança mútua e a certeza de que se aliariam em novos entendimentos; as simpatias iniciais e gratuitas escassamente se retificam, em virtude da intuição positivadora que penetra os defrontantes, intuição que se converte em recíproco entrosamento, cada um tendo igual acessibilidade a motivos que vêm a ser comuns aos dois: tal o pretexto que, partido de nós, esclareceu, de imediato, um gênero de satisfação a que poderiam recorrer: no mínimo, quando lhes faltasse outro assunto para impedir o silêncio, que é a pior conjuntura nos colóquios a dois; o importante, que sobreveio ao nosso intrometimento, e além do mais condizia em cheio com o plano figurativo, foi a nuança de prazeres que observamos entre ambos os rostos, umas expressões propínquas entre si, e que suplementavam a matização rígida do só aspecto; as quais possuíam, para nós, o tom que se elevava ao transcedente da quimérica e primitiva aliança, ocasionador, sem dúvida, de regozijo peculiarmente nosso; regozijo similar ao do estudioso que testemunha, a despeito do falso de suas premissas, a convergência homologadora das idéias que lhe surgem à cogitação, deleite por certo efêmero, mas que patenteia a agilidade de seu raciocínio; no caso que narramos, víamos, pelo menos, comprovada a nossa inclinação para recompor as situações perdidas.

Capítulo 4

1 — *A aspiração de nosso belvedere.* 2 — *A indiferença.* 3 — *O miradouro prevenido.* 4 — *As suposições admissíveis.* 5 — *A liturgia do funeral.* 6 — *As existências subordinadas à de nosso miradouro.* 7 — *A nossa morte em outrem.* 8 — *Os ciclos fisionômicos — O repertório da senectude.* 9 — *A discordância entre o ator e o espectador.*

1 — Depois de assiduamente comparecer à nossa ótica, de firmar as equivalências com ela, o vulto se personaliza em nós, de tal maneira que cada um dos elementos de seu prospecto disputa a prerrogativa de transformar-se no eixo dessa personalização, de ser o núcleo contagiador dos demais componentes; tanto assim que, à alteração em alguma parcela do conjunto, nosso olhar consigna o dano que vulnerou a figura inteira; se transferimos a consideração do mero rosto para as seqüências de painéis em que atua um ser de nosso repertório, se por acaso o vemos em interpretação diversa das desempenhadas e inseridas em nós, sentimos a sensação de que o ator, subtraindo-se às leis que regem os contatos entre ele e a nossa lupa, vem a contaminar todo o estabelecido até então como se o repositório fosse extremamente frágil, exposto a cada momento a retificações do intencional e da fortuidade; circunstância tanto mais imperiosa quanto existiriam para fomentá-la, de instante a instante, os rigores da memória que tendem a incidir no último painel, pela razão apenas de manifestar-se o derradeiro. Determinados vultos se encontram de tal maneira sob o signo que lhes demos, que nunca os experimentamos em enredos de outra espécie, além daqueles a que tão bem se ajustam; e confessamos que a persistência dos motivos é o resultado do grande

e singular afeto que nos une a eles, e entrementes nos impõem à liturgia de situá-los sempre nos entrechos que lhes confere o amor; depois de os havermos fixado em painéis cujo argumento lhes convinha segundo nós, decepcionamo-nos toda vez que o intérprete, inconscientemente de nosso álbum e dos aspectos de si mesmo, insinua ou encarna um papel que não nos acudira ao pensamento; a nova representação possui, no íntimo, a força de nos obrigar a esquecer as formuladas peças que supúnhamos resistentes mas no entanto não podem competir com o último e inesperado episódio. Tal como no exercício da passionalidade, em que a mais recente impressão costuma obliterar as anteriores, assim, por sugestão da mesura, por efeito, inclusive, de indesejada inclinação da lente, vem a dominar o entrecho contraditório como se os demais nenhum valor tivessem ou mesmo não existissem nas anotações guardadas com todo o zelo; as energias da presença, em determinadas ocasiões, são poderosas em excesso, impondo, a nós, testemunha que a contempla, e ao ator que dela participa, a obstinação de cuidar somente da peça observada ou do papel em curso; se acaso a lembrança nos guia a retábulo ou a conto em que o dito rosto se há encarnado, a ressurreição não suscita maiores empenhos, não movemos os olhos em direção ao arquivo em que ele figura; este arquivo nos parece o de alguém que não se inscreve em nossa intimidade, mais ainda, ele nos recusa, a nós que o confeccionamos, a devolução confortadora e reabilitadora do protagonista em cena. Como o álbum se constitui de todos os sucessos que temos assinalado, a vida inteira do olhar ali se encontra e capitulada segundo regras que nos são próprias; conseqüentemente, não deixa de existir, em apêndice, à feição de asterisco a indigitar ao leitor que a interrupção da leitura se compensa com o informe posto no fim da página, a estampa alusiva ao acontecimento que tanto diferiu do rotineiro, o qual, embora nos constranja e quebre a unidade estabelecida, deve inscrever-se no álbum, não só para futuro aproveitamento mas, ainda, para demonstração do complexo e tumultuoso de nossa objetividade. De resto, não vencemos o vário e múltiplo de quanto distinguimos no transcorrer de nossa ótica: o intento de proporcionar às coisas, dando a elas, ou extraindo-lhes da aparência, um sentido que corresponda ao vero de nossa personalidade, na posição de continente único do que existe e existiu; o propósito de fazê-lo com os instrumentos de nossa vigília, que tão pouco se mostra alerta em face da abundância de seres e de retábulos, restringe-se à escassez de nossos recursos, permanecendo à margem os que não se desenham diante de nós, salvo os que nos são adstritos pela outorga; as ocorrências que nos escapam, não virão a preencher as fórmulas que reservamos às de nosso conspecto; bem almejávamos que outros meios, mais elásticos infinitamente, cometessem ao nosso olhar a prerrogativa de ver como se fossem de perto as figuras que vivem longe; por conseguinte, apresentam-se indevassáveis ao nosso belvedere que, se possuísse faculdades super-humanas, oferecer-nos-ia, sem o método das efígies interpostas, os entrechos, as conjunturas das nominações que se desenvolvem naquele intocável recesso. A respeito de eventos que, enquanto perdura a sua força contagiante, atenuam ou apagam de nossa retentiva o teor já elaborado, recordamos, entre muitos, o de certa noite e cujo protagonista principal, M.M..., era daqueles que tinham a crédito mais de uma história, todas constituídas de elogiável essência; as quais, de tal sorte recaíam sobre a face daquele intérprete, que nunca o imaginaríamos em circunstâncias alheias às desempenhadas perante a nossa lente.

2 — Na cidade do R..., dentre os vários círculos que freqüentávamos, um sobressaía-se pelas demonstrações de mútuos entendimentos, com particular inclinação para o nosso vulto que era portador de noções e idéias acerca de determinado assunto, a que todos se empregavam sob a fascinação natural em neófitos; no grêmio de semanais reuniões, nenhum outro que M.M... se desfazia em gentilezas que então não sabíamos ao certo se se endereçavam a nós, isento de créditos intelectuais, ou a nós enquanto detentor de leituras e de doutrinas que lhe despertavam o interesse. De nosso lado, era grande o prazer em expor, menos as idéias que se encontravam em livros e em revistas, do que as provenientes de nossa reflexão; e estas ainda menos pela possível originalidade, do que por motivo da adequação à sistemática e à substância desta obra, na época definidas inteiramente; em virtude da inacessibilidade dos utensílios próprios para a matéria da arte em apreço — tratava-se de uma arte — esclarecíamos as idéias por meio de vocábulos sucedâneos; também estes muito nos serviam para a desenvoltura com que, em nossa casa, desprovido dos instrumentos e de imagens diretas, fazíamos das palavras, em manuscrito, as modeladoras de temas e respectivas ilustrações; com efeito, nas ações dentro do conclave, muitas coisas apareceram como exemplos, e depois as utilizamos na escritura, assim comprovando-se a similitude entre a mencionada arte e os produtos e colheitas de nosso miradouro; tudo, enfim, a tal ponto conciliado, que se diria serem o mesmo a objetiva cinematográfica e o nosso pessoal belvedere. A respeito de M.M..., tínhamos o episódio em que ele tomara parte e cuja significação, por ser muito diversa das alimentadas até ali, preferíamos que permanecesse à margem, mesmo porque o papel que lhe coube naquele entrecho nos surgira como de segunda ordem; ou antes, dada a cumplicidade de todos os protagonistas em atuação, houve em nós a

atenuante de que M.M... se permitira contaminar em coro, recaindo a responsabilidade do sucesso, que tanto nos descontentara, em um outro dos circunstantes que mal nos conhecia; ocorrera à noite, quando as dificuldades de transporte nos impeliam a tomar o bonde no começo do itinerário, em direção à cidade de O...: cautela que não visava especificamente ao conforto, mas à conjuntura de não perdermos o último banco — velho hábito que nos ofereceu inúmeros painéis — repetindo-se nessa noite o êxito de outras datas; apenas, ao correr o veículo pela rua N..., ouvimos em altas vozes o nosso nome que um grupo de companheiros proferia da calçada, compelindo-nos a descer da viatura como se algo de urgente e grave exigisse a nossa intervenção; acedemos ao pedido na certeza de que éramos realmente necessário ao transe, no mínimo havia em agenda alguma informação que importava que soubéssemos sem demora, e assim abandonamos o costumeiro assento, cruzamos a artéria um pouco além do recinto onde se aglomeravam os colegas; vencido o estorvo dos muitos passeantes, chegamos à cena sôfrego da novidade, contudo esta não aparecia por ser inexistente, os gestos de ainda agora reduziam-se a uma rapaziada, à brincadeira, afinal, de todo consentânea entre vultos da mesma escola, pois nesse tempo estudávamos na Faculdade de D...; associar-nos-íamos ao divertimento se não fora o prejuízo em retardarmos o regresso à casa em O..., todavia escusamos a expor a mais leve amostra de contrariedade; mas não impedimos que nos entristecêssemos com o painel que se desenrolava diante de nós: todas as personagens discutiam, já a meio, um assunto sem conexão conosco, e nem sequer foi interrompido em face de nossa presença; era como se ali não estivéssemos, nenhum ator se deu conta de que o nosso vulto caíra no engodo de minutos antes, tudo como se nada houvera em relação a nós; decorridos alguns instantes, ou por um resto de ingenuidade, ou por complemento do ardil, o que viria a aperfeiçoar, em favor daqueles intérpretes, a urdidura e representaria aumento ao regalo de todos eles, indagamos de M.M... que coisa pretendiam nos anunciar; depois de rebuscar na mente o sentido da indagação, disse-nos à puridade, certamente com o caridoso receio de que as demais efígies se inteirassem de nosso humilde papel, que nada havia a informar, rindo-se com o pequeno riso sem desculpas, que estimaríamos se esboçassem, não para o gracejo em si, mas para o imediato esquecimento em relação a nós. Conforme referimos, esse entrecho se isolara em nosso repertório, e tal continuaria por muito tempo e talvez por toda a vida, se não tivesse sobrevindo um outro episódio que vinculamos àquele, não só pela estada de M. M... em ambos, mas sobretudo pela semelhança ou identidade dos motivos; de modo que portamos, acerca desse intérprete, dois valiosos capítulos que se coordenam a propósito de nosso rosto: neste, sem a solidariedade de ninguém, nos diluímos, nos ausentamos; o outro aconteceu muitos anos após, e, como o anterior, não se distingue pelo relevo de nosso vulto perante o olhar de M. M...; as nótulas enfatizam os dois acontecimentos, em união que perdura ainda e procede de longa data; contudo, o ulterior painel, não por ser mais recente, mas por efeitos mais profundos, deixou-nos a impressão que reconstituímos hoje sem a necessidade de ir à folha que lhe corresponde no caderno; isso porque a incisão foi praticada à vista de certo alguém que, associando-se à pena que nos feriu a alma, participou da tristeza destinada unicamente a nós.

3 — A visita de J. I... à cidade do R... fora uma ocorrência desusada, mercê dos atributos nacionalmente reconhecidos nesse intérprete, acrescidos da circunstância de ser ele próprio o exímio cultivador de sua propaganda; fazia-o de várias modalidades, como, por exemplo, a de impedir que se expusesse em meios que ele considerava menos condignos à sua elevada importância; com tal sutileza e adequação procedia nesse mister, que os habitantes de secundários ambientes, ao receberem a escusa aos convites de hospitalidade, se satisfaziam com a honra imensa que lhes propinavam os telegramas negativos; as cidades menores não contariam com os seus passos, inclusive aquela onde nascera — sem embargo de no testamento haver declarado que os seus restos jazeriam lá, o que foi religiosamente cumprido para orgulho dos conterrâneos — e quanto à do R..., o evento possibilitara-se devido inesperada demora do navio no porto, por ocasião de mais uma viagem ao estrangeiro, que muitas se deram, mas sempre em vapores que não escalavam em nosso burgo; então, nenhuma outra medida lhe sobrava que a de descer de bordo e ombrear-se com os moradores através de ruas e de praças; enquanto as pessoas que o conduziram à terra, se regozijavam com tantas horas disponíveis, o itinerante não recusava o contentamento de vê-los e à cidade também, tudo em frases do perfeito protocolo, entre outras a de desejar deter-se em certos recantos que se ligaram à vida de J. N..., figura esta que J. I... citava por entendê-la como pertencendo ao nível de sua condição; no caso, a iniciativa era equivalente a um preito de modo algum incômodo, apesar dos óbices em se dirigir aos companheiros, por lhes ignorar os nomes, embora, no primeiro contato, ainda no convés, tenham todos declinado pausadamente, em busca da alegria de sabê-los gravados em tão excelsa memória; nesse tempo, costumávamos à noite, ao lado de A..., percorrer os jardins da praça onde se ergue o teatro de S..., que na hora tinha apenas aberta a entrada de serviço, a cuja soleira um carro trouxe o

grupo no qual distinguimos J. I... que há alguns anos fornecera, de público, desempenhos sob o título da soberba; ao proferirmos o seu nome, a pessoa que nos acompanhava demonstrou nos olhos a certeza de que o ilustre homenageado no mínimo correria ao nosso encontro, pois ela conhecia certos pormenores do passado comum entre nós ambos, parecendo-lhe por conseguinte da maior naturalidade que o impulso de J. I... antecedesse ao nosso ou o superasse em manifestações de afeto; a leitura das fisionomias de ordinário sofre das prevenções que se contêm no perscrutador olhar; contudo agora, que a fria lembrança nos deixa isento de quaisquer prejuízos em torno do retábulo, confessamos que a atitude de J. I... em aguardar que fôssemos à sua mão estendida, em não nos dizer palavras que nem de leve subentendessem íntimas e velhas relações, se originava de termos conosco, e em espontânea cordialidade, a figura de A..., de aparência humilde, entretanto preciosa em matéria de solicitude e apreço humanos; se bem que o visitante fizesse crer, minutos depois, que o seu comportamento derivava da ânsia de ver, no interior do teatro, os recintos onde estivera, em imorredouros instantes, a efígie histórica de J.N..., conjuntura que nos agradava no que possuía de fisionômico, a sua desamabilidade no tocante a nós talvez não se evidenciasse tanto se não fora presente o bom e pobre A...: sobressaindo-se, como prova, a circunstância de os componentes da móvel assembléia regerem as passadas ao ritmo de M..., que era solidário a J. I... quanto ao inoportuno de A... e de nós mesmo, e não ao ritmo lento, claudicante de A..., nosso companheiro nos jardins a desoras; de um entrecho muitas ilações podemos extrair, segundo as posições que percorra a lente em foco, e assim do retábulo cujo principal ator era J. I... duas acepções se fixavam em nosso belvedere: uma, que abrangia a situação de A..., e uma, que versava o lema da ressurreição de determinada efígie em outra efígie: neste caso o recém-vindo a promover no estrado, embora ante uma platéia de cadeiras vazias, os empertigados gestos que retratos e testemunhas, ainda restantes, atestam ser de J. N... em plena oratória; acontecendo que muitas vezes duas acepções se fundem ao nosso miradouro, todavia nesse instante, no teatro de S..., não alcançamos a cena a que ambas convergiriam, apesar de o momento dispor do necessário a tanto: que seria, da parte de J. I... e com a aquiescência dos demais, sobretudo de M..., uma dose mais positiva de consideração à pessoa de A... que então representaria, aos nossos olhos, o papel de um dos deserdados por quem J. N... se batera com autêntica virtude; a oportunidade nos impediu de trazer, a esse propósito, a cooperação de nossa iniciativa, como, por exemplo, suscitar em A... alguma expressão da voz ou do corpo, que correspondesse a elogio ou a obséquio à brilhante personagem. Nenhum acidente surgindo para efetivar a aliança dos dois entrechos, coube-nos observar até o fim a reedição

a meio, e desprovida de recursos auxiliares, do nome de J. N...
a elastecer-se a ponto de incluir de certo modo a J. I...; mas,
de maneira tão eloqüente que não escapou a um dos circunstantes que, no dia seguinte, ao noticiar o sucesso da visitação, citou, sem forçar o raciocínio, a figura de J. N..., que ao teatro
de S... se unira para sempre, como o modelo da atual reconstituição; a cena da despedida que se operou na calçada, manteve-se no mesmo tom dos painéis anteriores, apenas foi convencionado que, na vindoura manhã, encontrar-nos-íamos com o
viajante a bordo, tendo ele ponderado a conveniência de comparecermos, nós e A... — pois a urbanidade o induzira a apor
o modesto companheiro no rol dos convivas — meia hora antes
de o navio deixar o porto, porquanto pretendia descer à terra
por todo o tempo que lhe sobejava; assim nos entendemos, malgrado uma leve suspeita quanto ao intuito de J.I... em não
querer que ficássemos a dois, livres de testemunhas à série de
comunidades a revivermos, afora as subseqüentes indagações.

4 — No aprazado momento, lá fomos A... e nós em demanda do retábulo que seria para aquele um excepcional sucesso, e a cujos olhos apareceríamos prestigiado como nunca; se
a data precedente não lhe facultara maior admiração, reduzindo-se o seu entusiasmo à conjuntura de verdadeiramente haver
entre a nossa individualidade e a de J. I... o prévio e mútuo
conhecimento, pressagiava ele o prêmio de assistir a mais amplas afetividades, tudo em proveito de nosso aumento em seu
repertório, tal a bondade que nele usufruíamos; ocupando,
em A..., uma posição tão comovente, que se permitia dispensar as coisas não inteiramente lisonjeiras, em virtude do míope
belvedere com que anotava os rostos de sua preferência, constrangera-nos demasiado a decepção que seguiu ao penetrarmos
nas imediações do porto, ao vermos já à distância do cais e recolhidos os lenços, o barco das ingênuas esperanças; à feição
de indivíduos que precedentemente ajustaram todas as condutas quer derrotados, quer vitoriosos, e no entanto assumem
aquela — a do recíproco silêncio — que não fora acertada, nenhuma palavra proferimos nós ambos até o recinto em que estavam M... e as outras figuras da véspera; na nudez achavam-se implícitos vários elementos, acordes em tê-la para resguardo
de mútuas conveniências, que se constituíam da intenção de
A... em não querer que soubéssemos do seu desapontamento
em perceber menoscabada a nossa efígie, e, quanto a nós, em
não nos expormos à revelação do que devêramos sentir no tocante ao desapreço que em verdade nos atingira; a nossa tristeza se reportava a A..., pois, com referência a nós, a indeli-

cadeza de J. I..., considerada em si mesma, pouco se nos dava, além da rotineira melancolia com que os estranhos lamentam o mal ocorrido algures; nós, que conhecíamos de perto a esperteza e a frivolidade de J. I..., podemos afirmar, sem receio de engano, que o mais enérgico motivo que obrigava a este a sonegar-se ao nosso vulto, fôra o conspecto mendicante de A...; e ainda agora nos vemos na imaginação de J. I... como a inspirar repulsa, porque ia longe a sua descaridade, a sua desamorosa inteligência; esse juízo a respeito de tão elogiado nome, permaneceu conosco e, se o expressássemos, se configuraria em despeito, bem mais evidente quanto havíamos sido comparsa de J. I... ao tempo da juventude, e ele se fizera incomensuravelmente mais importante do que nós; então, era a vaidade que nos impunha o silêncio a essa apreciação, a vaidade de não parecermos o zoilo de quem, no início, fora nosso par; mas também nos movia à discrição a conjuntura de ter A..., para apropriado acréscimo do teor do episódio, se aprestado à cena que se não realizou, com as melhores vestes que possuía, não obstante se preservar no aspecto de sempre; talvez o agravando por efeito de instaurar gradações de conspecto que informavam a existência, não de ocasional desleixo, e sim de arraigada vivência, a ponto de instituir matizações de ser, ao se perseverar fisionomicamente em inconfundível mendicidade; à aproximação do grupo em que estavam M... e os semblantes da véspera, observamos que estes se distinguiam dos restantes por sobraçar cada um, à maneira de emblema que, no caso, exprimia a mercê outorgada por J. I... aos que lhe renderam homenagem, o volume de sua derradeira obra, denotando-nos pouco adequado, e sujeito a comentos motejadores, o risível de o terem à mão, iguais a alunos à saída da aula; embora não as houvéssemos lido, as dedicatórias certamente expunham, no mesmo gosto, as convenções do gênero, por ser descaroável, no episódio das ofertas, estabelecer diferenciações de tratamento à vista dos aquinhoados; o que entretanto descontenta aqueles que se julgam merecedores de afetuosas exceções, eventualidade que talvez tenha acontecido a M..., pela sombra que ia no seu rosto ao avizinhar-se de nós em companhia dos demais; constituíam o conclave móvel, ao separarem-se dos outros figurantes que não dispunham do citado emblema, curioso painel que daria, a um espectador atento, a impressão advinda ao nosso olhar: a de misterioso arranjo, cujos componentes, sem conduzirem a exageros de cautela a identificação da seita, publicavam a sua existência mas deixavam todavia ocultos os seus ditames; o abatimento no vulto daquele que comandava o concílio em direção a nós, bem pudera expressar o nosso desencanto pelo comportamento de J. I... que nos excluíra do retábulo do adeus a bordo; possibilidade que se desfez ao ouvirmos a explicação que nos trouxe, ali, à puridade de A..., se bem que fosse devida, no mesmo grau, a este, senão ainda em grau maior, em face da delicadeza de que são credores os humildes; tanto mais que lhe não dizia respeito a causa do desencontro, e sim ao próprio J. I... que cometera um lapso no anúncio da hora da partida, sem segundas intenções seguramente, desde que, M..., e os outros, cientificados do erro pelos jornais do dia, tiveram comovedor acolhimento, sem esquecer as recomendações destinadas a nós; houve, sem dúvida, com referência à nossa conclusão sobre a melancolia estampada em M..., desalmada frieza; e ainda que ele se ressentisse, como todos nós, das efusões da vaidade, restou-nos contudo em seu favor a crença de que o pesar se estendia à consideração por nosso vulto que não participara do painel do camarote; relatando-o, M... procedia à similitude de quem vê o painel escapar sem a presença do ator que nele contribuiria para o melhor desempenho dos que lá compareceram; suposição de todo aceitável por sermos a efígie mais assimiladora de J. I..., portanto o elo a tecer as comunicabilidades e as desenvolturas no elenco; ficou-nos da infortunada situação a certeza, ante as palavras de M..., sobre o vazio existente pela exclusão de nosso corpo, e tanto mais nos interessava sabê-lo quanto o percebíamos profundo na quase decepção de M....

5 — São comuns os retábulos que se realizam sem estarmos presente, e depois nos chegam as alusões à necessidade, que houvera, da colaboração de nossa efígie em seus desenvolvimentos: alguns de fácil previsão por efeito de nos inteirarmos das condições representativas de cada intérprete, da natureza do assunto em agenda, e dos limites a que este pode se extremar. Esses retábulos se compõem de protagonistas do nosso conhecimento, e o fato de não havermos ido à convocada assembléia, não tem, para nós, a acepção de integral ausência que imaginam os atores que lá estiveram; isso não apenas pela certeza de que se comportarão segundo o profetizado, mas também pela convicção acerca da desnecessidade de nosso comparecimento que, no caso, se positiva sob a forma de exclusão modeladora: um tanto à maneira das que o escritor emprega ao cientificar-se, por exemplo, que certa locução, sendo cacoete a evitar no momento em que a mão vai escrever, interrompe a frase, refazendo o que já estava aposto e fundindo nova proposição cuja modelagem se opera à base daquele vício em esquivança, e a nenhum leitor é dado reconhecer, no arranjo e no âmago da escritura, o sestro que a tornou possível. Salvo uma ou outra exceção, os lamentos que em geral ouvimos a propósito de nossa falta em painéis desse gênero, capitulam-se entre as convenções protocolares, insinceras portanto, a menos que nos queixosos haja interferido o desejo de terem em nós o sub-

sídio meramente emocional para as suas manifestações, a escuta amiga e necessária. A afetividade que preside o conviver entre nós e os atores de nosso repertório, exceto a oriunda do larário e adjacências, ordinariamente se configura de singular maneira quanto à reciprocidade: se configura com desníveis entre rostos em duo, convertendo-se o contato no interesse de nosso belvedere em sondar o indivíduo que nos está defronte, em contraste com o ânimo do interlocutor que se esmera em falar de si e de coisas que lhe são anexas, e nenhuma diligência adota no sentido de nos perscrutar a face; tem acontecido que inutilmente lhe propiciamos alguns elementos que lhe incitem a curiosidade sobre nossa efígie, mas sem forças para prevalecerem no decurso da palestra. A experiência nos tem revelado que o nosso vulto inspira a ocasião de virem à baila, nas assembléias de amigos, uns gêneros de relatos e de confissões, como se da parte dos companheiros houvesse o intento de se eximirem de assuntos que nos vulneram a sensibilidade; mas, não é bem isso, pois que muitas histórias e considerações classificadas de acordo com a nossa presença, nos magoam em profundidade; sem sabermos com exatidão a que atribuir a incidência, em nossa escuta e em nosso olhar, de enredos e gestos que se avizinham a despeito da diversidade dos comunicadores, temo-la por originária do puro fisionômico em nosso rosto, existindo relações imponderáveis entre a natureza dos contos ou ditos e a figura que os recebe; inserindo-se também na hipótese a circunstância de nunca suspendermos o ritmo de quem fala, razão por que em verdade alguns atestam o precioso de nossa efígie no episódio de que deverão participar, parecendo insubstituível o semblante que lhes deferirá a conduta e o silêncio atenciosos. Todavia, no complexo das conexões humanas, se o nosso miradouro se dispersa a colher o procedimento de estranhos à nossa modalidade interna e externa, deparamo-nos a cada passo com pessoas que nos ferem impiedosamente, pois ainda lhes não circunda a atmosfera de adaptação, na maioria das vezes despercebida, entre a nossa lupa e a face em desempenho; poucos são aqueles que, no inicial encontro, se revestem de compostura neutra ou inofensiva ao nosso belvedere; em geral se apresentam como indivíduos que não cultuam as regras de um código de transcendente importância para os convívios: qual seja o que ordena, para o melhor lugar de um vulto no repertório de outrem, o comportamento necessário à sua conservação em memória reconstituidora, assim esmerando de maneira misticamente adequada, os painéis que, por fatalidade fisionômica, hão de morrer na morte de quem os possuir. A fúnebre melancolia, que tanto aperfeiçoa os recessos de nossa humanidade, procede, não só do registro de que faleceu alguém de nosso repositório, como da certeza de que a extinção em causa inclui a nós que residíamos nesse alguém; de onde, para cultivarmos a liturgia da tristeza, no tocante ao desaparecido, urge que beneficiemos a imagem de nosso rosto que nesse alguém tem uma vida a depender de nós, uma existência que se nutre dos retábulos que acumulamos nesse depósito que nos é caro em virtude de poder, sem prévio anúncio, anteceder-se ao nosso perecimento, este o último e o insubstituível, em nós. A cerimônia fúnebre, para a qual nos preparamos, redunda em propósito que concerne ao ser de nossa efígie: o de rendermos, na possível morte de alguém que nos possua, uma reverência póstuma à nossa imagem partida para sempre tal como era no vulto extinto, e conforme os delineamentos que havíamos imposto às nossas interpretações na lupa de seus olhos: uma versão de nossa personalidade integralmente prescrita para usufruto desse miradouro, que alia à sua morte a de nosso rosto, nele existente, cumprindo-se, dessa forma, a destinação que déramos a este quando nos situávamos em sua presença; tudo a resumir-se ao contato de nosso belvedere com o velório que também corresponde ao nosso corpo. O vulto nosso, que criáramos para efeito de existir nesse alguém, e por conseguinte limitar-se à duração que coubesse a este, a nossa efígie morta com o seu falecido continente, fôra o produto de intenções e iniciativas que visavam ao nosso propósito de bem perecer em condigno sudário; na decorrência das mortes, destituímo-nos do papel de sermos a lupa em que todos virão um dia a falecer — a contemplação que desaparecerá com todos os seus objetos — para investirmo-nos na posição de conteúdo do olhar que escolhemos com o fito de compartilharmos juntos em um mesmo funeral.

6 — No entanto, por depender de nós a existência das figuras inscritas em nossa contemporaneidade, o ritual da tristeza, que por acaso exibam os sobreviventes ao nosso semblante, será algo a nos escapar, portanto inconcebível ao contexto da ordem fisionômica, em outras palavras, a póstuma liturgia não há-de inserir-se em nosso repertório; entretanto, à guisa de compensarmo-nos da ausência dos painéis que sucederiam, com o rótulo de nosso nome, e em tarja à nossa lupa, a imaginação vagueia em torno de possíveis modalidades que desempenharão os atores que melhor se houveram em nós, cenas em que eles deplorariam as suas perdas concomitantemente à de nosso vulto, em retábulos onde cada rosto a si estende a prece que nos devota, em coro, se reunidos nos consagram o velório das recordações; também o devaneio nos habilita a configurar entrechos com os intérpretes, sem embargo de sua inclusão no índice de nosso álbum, a exporem a indiferença perante a nossa morte que talvez minorasse se souberam do irremediável dano que os atinge com o nosso perecimento; quer hajam sido participan-

tes de agradáveis ou de desagradáveis painéis, de todas as maneiras é a existência das personagens o que mais importa, aluindo-se os seres de nosso elenco, sem distinção dos papéis que lhes coube no estrado, no instante em que nos aluirmos. Com o pensamento dirigido à conjuntura de estarem os rostos à mercê da gênese que lhes damos, em claridade que supõem lhes pertencer, quando de fato eles se integram no existir em virtude de nosso miradouro, tanto em sua presença, tanto pelo intermediário de anúncios ou de efígies em outorga, com o pensamento motivado pela injunção de falecerem conosco os que restam do antigo fichário e os que, já desaparecidos, vêm a desaparecer agora definitivamente, passamos a dedicar, a todos que registramos, um quase afeto que vem apor-se, ainda, aos transeuntes indiferentes, neutros à criação que, em nós, lhes propicia a nossa lupa; muito nos interessa, estando em causa um vulto que amorosamente distinguimos, alentar pretextos para irmos à sua procura, e, trazendo à ocasionalidade um aspecto que não evidencie o grau da contida ânsia, proporcionar ao ser que vai nos abrir a porta, e à nossa efígie que o contemplará, o mútuo ensejo de os dois repositórios coincidirem na instalação da face diante de cada um, o nosso rosto em sua lente, a sua imagem em nosso belvedere, ambos movidos pelo mesmo sentimento de guardar o painel daquela hora, fundidas as lupas sob igual significação; a exemplo das vezes em que nos demorávamos no domicílio de F..., e lhe dizíamos que a freqüência das visitações se fundamentava na intenção de recolhermos os seus conhecimentos de história regional, coonestação apenas ardilosa, pois o principal intuito consistia em impregnarmos o seu miradouro — nos derradeiros flagrantes que a doença permitia — da nossa individualidade que assim, despertando nele a alegria intelectual que era a maior de seu ânimo, se aureolava da mais intensa simpatia, do melhor adorno para dentro em breve perecermos ambos no seio de sua morte; simultaneamente, entre outras captações que favoreciam o objeto amado, sempre em alto relevo em todo o nosso repertório, anotávamos a circunstância de F... a nos expor as vésperas de seu fim, os últimos instantes do colóquio de há muito instituído, e cujas interrupções foram insuficientes a impedir a impressão de que se tratava de um só e único episódio, sem mácula e sem debilitamentos, através de tantos anos; não atinávamos com suplente algum ou sósia que viesse a substituí-lo depois do retábulo do enterro de nós e de seu corpo, e quantos cuidados e encarecimentos não avocaríamos para efeito de, com novo intérprete em seu lugar, vermos, reposta, a cena de nosso desvelo e capitulada em artigo de morte; portanto, urgia que assinalássemos os gestos, as vozes do rosto em via de perder-se, deferindo à lembrança, que o álbum nos veicula, o privilégio das restaurações, e ao mesmo tempo construíamos o nosso próprio desfecho na lente preciosa de F...; o plano de bem nos inserirmos no final de seu repertório, representava uma fatura

CAPÍTULO 4

semelhante à processada pelo escritor quando, chegado o momento de promover a conclusão da obra, faz convergirem, em curvas de encerro, as linhas dos caracteres e as situações à página última em que nada mais sobra que convenha ao título; dessa forma, púnhamos como principais elementos da palestra, as condições de determinado acontecimento histórico, exatamente aquele em que F... era mais versado; as quais conhecíamos isoladamente quer de leituras, quer de escutar dele as repetidas narrações, sem contudo havermos até agora intentado reuni-las a ponto de obtermos a unidade, a síntese de toda a urdidura onde existiam, e se prestavam à justificação da insistência junto a F..., antepassados nossos que, enquanto o escutávamos, iam e vinham em nossa imaginação, de envolta com as conjunturas do evento; assim, em plena e assimilada reconstituição, a tessitura se apresentara recomposta na vivência devida, senão a real, ao menos segundo os termos de F..., muito bem conectivos uns aos outros os painéis do mosaico; víamos no olhar do interlocutor a satisfação em não morrer — ele sabia da extensão da moléstia — sem antes nos deixar a par da verdade íntima e de suas ondulações nas ocorrências heróicas; enquanto de nossa parte havia o empenho em fazer coincidir o desfecho do repertório de F... com o desenlace daquelas conversações que estendíamos em doses correspondentes ao esvanecer de sua lupa; resultando de nossos contatos a justaposição, algo simbólica, de dois fins a se efetivarem diante de nós, um a conferir no outro a marca de nossa presença, à maneira de processo para ilustração de nosso comparecimento naquela morte. Compõe a liturgia de nosso perecimento em outrem, a combinação entre a conjuntura do rotineiro e os escólios do símbolo ou da metáfora: as entrevistas entre nós e F... se desenrolavam, ora vindo à saliência a posição dele no painel da resignada sorte, ora substituindo-se pelo retábulo — produto de nossa mente, mas a exercer-se através de nós ambos — da reconstituição histórica em apreço; situação esta elementarmente construída sem quadros nem recursos técnicos que distribuem o enredo aos espectadores, entrementes dois protagonistas; apenas um — o nosso semblante — a influir, com interrupções insinuadoras, para a obtenção do desejado fim: a coincidência entre o término da vida de F... e o término da recomposição histórica.

7 — O arranjo do símbolo ou da metáfora no decorrer da cena, quase nunca se perfaz a contento do participante, misto de ator e de contra-regra, por lhe ser difícil reger a cadência do rotineiro, da realidade, sob a aferição do ritmo a ela justaposto, no caso o do assunto em artifício e entranhado nos mesmos

intérpretes; torna-se raro regular esse artifício à objetividade que nos surpreende, senão em largos entrechos, no mínimo em pormenores que embaraçam, quando não impedem, o curso do episódio a acontecer simultaneamente em nosso miradouro de dupla atividade. Em casa de F..., os encontros sucediam-se favoravelmente ao nosso programa, a fortuidade recolhera-se de modo a nenhum acaso surgir em dano do desígnio em vermos encerrar-se com a história em narração a existência do respectivo narrador; mas o tempo utilizado para a narração não coincidia com o prazo ainda a dispor o companheiro, que assim retardava a nossa morte por força de sua vida; na exploração de determinado tema, sem embargo de o escritor senti-lo completamente esgotado, com as idéias preponderantes e suas transcorrências de todo explícitas e ordenadas no conjunto, apesar de aos leitores parecer a obra tão íntegra que um aditamento qualquer representaria a violação ao puro e ao acabado, para o seu criador entretanto, ao relê-la ou ao meditá-la com demoras, sobejam pensamentos que lhe não acudiram ao escrever; e ali não estando, deixam-lhe o ressaibo de lacuna comprometedora, e em seguida o levam à decisão de, no trecho mais oportuno, incluir os novos elementos; mas só então, se a obra com efeito é legitimamente artística, lhe chega a impressão de que a fatura, tal como evidenciavam os leitores, era insuscetível da mais tênue complementação ou reforma, logo desistindo de nela aplicar os reclamos de autor sempre a olhá-la sob o ângulo de uma invenção contínua; ao verificarmos que as dúvidas e desconhecimentos foram desfeitas e supridos graças a F..., e como conseqüência nos víamos sem mais assunto para o colóquio, pelo menos sem algum que apresentasse o mesmo interesse a ambos os interlocutores, de preferência a F..., cuja autoridade sobre aquele tema era conhecida alhures, ao pressentirmos que se escoara o motivo das conversações, lembramo-nos de revolver a palestra em vários pontos que mereciam mais relevo ou mais agudo esclarecimento; mas essa idéia cedo eliminamos porque, além de exigir de F... as perquirições da memória ou a consulta a documentos e livros, maculavam o concerto de sua dissertação que, embora se houvesse interrompido tantas vezes — cada contato, entre nós, vinha a ser um capítulo da grande aula em painéis — não perdera a unidade; se agora escolhêssemos um elemento para efeito de ampliação, o equilíbrio de suas partes naturalmente ruiria, e malgrado a natureza da matéria estimular a desenvoltura das compensações, desde que a análise de mero pormenor suscita o advento de outras minúcias, não só na parcela em apreço e sim também nas que lhe são colaterais ou opostas, qualquer sugestão de retorno àquela agenda parecia-nos desaconselhável; tínhamos, portanto, por inexeqüível a pretensão litúrgica, em face do desencontro entre a nossa obra, no caso a comum preocupação do sucesso histórico nas duas mentes, e o fato de ambos desaparecermos na morte de F...; contudo, a fim de não privarmo-nos de todo quanto ao ritual em foco, persistimos na intenção de ser aquele tema o cerne dos derradeiros contatos; pois atendendo à inoportunidade da primeira forma, demos início à prática de outro comportamento, qual fosse o de obter de F... uma breve relação do que melhor se escrevera concernente ao assunto; se este não nos proporcionava a pretendida duração, todavia facultava-nos os complementos de sua absorção perfeita, o preito sem dúvida à cerimônia recém-cumprida; a circunstância se assemelhava, em termos fisionômicos, à do sacerdote que após descer do altar e estando na sacristia, se esquece, ao atender a alguém que o procura, de remover do corpo as vestes com que se mostrara à missa; o qual, assim facialmente posto como se não terminara o culto, o alonga nesse alguém que assimila nas suas palavras, por sinal que referentes a corriqueiro mister, um tanto da venerabilidade que há pouco assistira de joelhos, tudo conforme cenas que se passaram na Igreja da C..., na cidade do R...; o cabedal de F... com respeito à bibliografia, impressionava-nos pela extensão, e, ao ouvi-lo, orgulhávamo-nos da estima que nos dedicara o historiador, tal a limpidez da memória ao nos relatar o volume ou o ensaio em consideração, detendo-se a ratificar ou a contradizer as afirmações de cada um dos autores, enquanto acolhíamos no vulto de F... o melhor de quantos especialistas se aplicaram ao acontecimento ora em lembranças; acrescia ao valor dos ensinamentos a certeza de nosso privilégio em captar, por meio de preleções metódicas, o acervo das revelações; dirigindo-se a nós somente, F... demonstrava possuir, naquelas horas, a perfeição de quem se despede, porque antes apenas se dispersara em monografias que se mostravam longe do que nos vinha agora: a integral sistematização de uma efemeridade ocorrida há muito; esse apêndice de nossas entrevistas se procrastinou além de uma semana e mais se prolongara se não recebêssemos numa noite o aviso que, em outras palavras expostas pelo mensageiro, nos informava que desde então éramos perecido em F..., e em conseqüência extinto ficava o rito de nós ambos a tratarmos do histórico assunto; exprimira-se a nossa interveniência, nas vésperas de seu falecer, como algo dirigido em profundidade ao nosso vulto: a preparação, enfim, com que nos apressamos a acompanhar a outrem em sua morte; tanto assim que, ao retornarmos do duplo enterro, abrimos o caderno de nótulas, e na página que compete ao corpo recém-ido na total extinção, apusemos um asterisco a esclarecer que novamente nos contemplamos em auto-exéquias; certo fizemos ao cuidar de nossa conclusão nos olhos prestes a se fecharem, ao revestirmos de zelo o nosso rosto perante o ser que não o veria jamais, e que no entanto nos inseria em seu repertório, como o nosso o inseria a ele; era-nos imensa a convicção de que, em F..., na folha correspondente a nós, ele nos inscrevera favorecidamente, pois nos preparáramos para as vésperas de morrermos ambos.

8 — A nossa vida, a exemplo da vida de cada um perante as óticas dos respectivos circunstantes, dissemina-se nas lentes das testemunhas, sem haver exata coincidência entre elas quanto à forma de nos terem em seus álbuns, visto que nuns e noutros nos estampamos em maior ou menor índice e sob diversificada angulação; às vezes lá nos situamos sob o aspecto que lhes dita interposta imagem, sempre com o sermos-em-outrem a prevalecer na qualidade de essência de nosso acontecer fisionômico; através do qual vemos os protagonistas de nosso repositório ao mesmo tempo que nos refletimos neles, e presenciamos as modalidades assumidas por nosso rosto na enorme seqüência desses reflexos. Considerando que toda a lupa encerra, no conjunto das participações pessoais, um ciclo por meio do qual se não alia inteiramente a outro belvedere, senão a si mesma, que só ela é presente ao seu respectivo corpo, o nosso olhar adota, como o primeiro do mundo figurativo, aquele vulto que lhe está em perene contigüidade: o de nosso próprio ser em sua função contemplativa e em seu mister de expor-se em espetáculo aos demais atores; por conseguinte, o ciclo fisionômico de cada um interpenetra-se com o de outro, ora assemelhando-se em cada qual os episódios que viveram, ora em divergência a natureza dos painéis que desempenharam, não obstante os mesmos atores haverem comparecido às telas em ingerências mútuas; de sorte que determinado miradouro, quando consigna as ocorrências verificadas diante de si, relaciona a passagem, por seu território, de algumas porções de ciclos pertencentes a outros vultos; tais ciclos, entornando-se dos olhos dos correspondentes detentores, se espalham fora dos limites de suas solidões, vindo conseqüentemente a configurar o repositório, o conteúdo facial daquele miradouro que, à similitude dos demais, nunca se reduz às fronteiras da própria efígie; ao inverso, homologa-se no ser em virtude dessas migrações de rostos, desses fragmentos de ciclos que se incorporam a ele, auferindo-lhe o estar em existência. Apreciamos o convívio junto aos idosos que através de rememorações nos transmitem, sem entretanto perceberem a síntese que dimana dos vocábulos — referimo-nos a alguns velhos que constam de nosso repertório — verdadeiro sistema, pela unidade que transpira das narrações de seus painéis, a despeito da variedade dos cometimentos; síntese tanto mais clara à nossa receptiva quanto acolhemos do confessado texto a impressão, sobre quem assim nos fala, de que lhe repousa, desaquecida, a curiosidade em promover novos conteúdos ao já satisfeito continente; acentua-se neles, dia-a-dia, a convicção de haver sido encerrado, portanto valendo agora apenas a soledade de seu corpo a seus olhos, o ciclo não anfigúrico e sim repleto de teias harmônicas. Detendo-se na imaginária interna, um recuo maior do belvedere talvez lhes consentisse ver a aglutinação de todos os tablados sucedidos: as diversidades, supostas quando lhes sobrevieram, transformar-se-iam finalmente em conexões intrín-

secas ou extrínsecas, por força do belvedere que veio a modelar as variações à medida do pessoal aferimento; então se aparentariam entre si, perante esse belvedere, as figuras, os gestos, os enredos, as nominações que surgiram à sua presença. Assim como a percuciente testemunha não se obriga a acompanhar até o último instante a cena que de logo lhe externou o cerne do significado, sem perda para o mérito do depoimento que discorrerá depois, o ancião, que se deixa observar à nossa escuta, dispensa-se de trazer a si outros retábulos que, inéditos, não contribuem para a assimilação daquela síntese, já completada pelos recursos que outrora lhe apareceram; como lhe apraz, em vez de se pôr a ouvir a descrição, por outrem, de quaisquer episódios, oferecer ao interlocutor um ou mais painéis de sua coletânea, ocorrendo em muitos casos repetir o que antes já dissera a esse mesmo interlocutor: a indigitar assim que o processamento da liberação do ser através de palavras — a devolução, ao exterior, do repertório que lhe trouxe o belvedere — se efetua, inclusive, contrariamente às normas do conduzir-se com versatilidade junto às pessoas em confronto, preferindo repisar histórias perante o mesmo rosto e isto ainda ao lembrar-se de que na hora pratica uma redundância; sem embargo de esse rosto, em voz ou em gesto, lhe confirmar a ciência do enredo, ele prossegue até o último capítulo o relatório que tanto o impele a transvazar; ordinariamente, os que se excedem nesse vício, conforme a qualificação que lhe dá o vulto a quem o fato aborrece, sem todavia desconfiar que o mesmo sugere estudos sobre a natureza da memória que tem a faculdade de escolher o gênero de coisas a conservar, bem como o gênero daquelas a esquecer — operação delicada e que foge à espreita consciente — os que incidem na reprodução de retábulos, nem sempre encontram diante de si o escutante arguto que venha a dosar o sintoma do íntimo repositório; e de uma parcela em exibição, empenhar-se por obter uma idéia acerca de que ordem seletiva é o museu das proferidas lembranças: sempre a galeria de variegadas amostras, mal arrumadas e em tumulto, mas que reserva, em recanto à parte e de melhor iluminação, os objetos que têm algo de comum, e para esse compartimento, que o zelador expõe e reexpõe, costumam transferir-se, vez por outra, algumas peças das amontoadas e sem catalogação uniforme. Esse algo de comum existente nas que estão em preferencial recesso, pela extrema sutileza, apresenta-se em formas que à primeira vista se não ordenam; entretanto o depositário descobre-o nelas, por motivo talvez de freqüentes contatos ou de insinuações das de maior apreço; dessarte, ele emerge à tona da memória, quando, excitado por estimulações da palestra, o ancião estende, à efígie que se lhe situa defronte, a etiqueta única a denominar o teor de sua síntese. A larga experiência de nosso belvedere, no convívio de retábulos em que o interlocutor nos veicula enredos já proferidos por sua voz em outras oportunidades, em cujas decorrências coube o principal papel à sonda que intencionalmente dirigíamos, à procura desse ponto que se faz ubíquo em todas as peças de tal modo externáveis, o exercício das conversações, de preferência com as pessoas idosas, nos tem revelado que as narrativas em redundância se constituem, na generalidade, de pequenos ou grandes painéis nos quais o ator, que os relembra agora, se conduziu de maneira merecedora de aplausos, a sua memória resumindo-se no instrumento com que alardeia o vantajoso aspecto de sua interpretação, ou o raro privilégio de haver sido testemunha.

9 — À base da agenda que se reduz para efeito de voluntária manifestação, álbum devidamente composto para uso de quem, possuindo-o, se vê na necessidade de apor, com depoimentos, o relevo de sua individualidade na conjuntura da palestra, alteia-se a vaidade que o detentor nunca esclarece a si próprio, mas que não consegue dissimular: a vaidade de parecer o protagonista central na cena em que outros estiveram; e, segundo ele, se bem que o não diga expressamente, nada mais foram do que os comparsas de atributos menores e cuja importância residia, em termos fisionômicos, em haverem propiciado a saliência de sua participação. Os coadjuvantes não comparecem ao retábulo em que ele os rememora, nenhum vem a testemunhar a reconstituição de seu desempenho no antigo episódio, mesmo porque o restaurador eximir-se-ia de cometê-lo em face dessa presença incômoda, e portanto, cumpre-lhe aproveitar os ouvintes que estão a conhecer o entrecho através de sua exclusiva narração; sem estorvo, ele oferece o melhor dos arranjos, o passado mais conveniente, de acordo com as leis de sua preservação em outrem; restando, obscurecidos na parte esconsa da memória, velhos fragmentos, velhos teores sonegados à amostra em público. Nós, que o escutamos, às vezes interferimos com insinuações a que se reporte a determinados painéis em que sabemos haver ele figurado, e que não colidiriam com a espontânea verve; mas, a nossa solicitação, se atendida, não gera no detentor de retábulos o sestro de reproduzi-los quando, épocas depois, viermos com pretextos intencionais a fim de que volte à descrição de anteriormente; o que desejávamos se exclui da galeria que se comporá tão-só dos sucessos que lhe coube escolher; para a seleção devem ter contribuído urdiduras da intimidade que nem ele mesmo, se argüído, pudera explicar, mercê de as fontes correspondentes, formadas de episódios, encontrarem-se esquecidas entre as coisas imprestáveis, em recantos de impossível devolução, por motivo de estas não contarem na fatura da obra; sem o denotar, ele visa à positivação de sua existência a seus próprios olhos, expressa nos entrechos que ele

salvou, por serem os mais consoantes com a natureza da respectiva lupa. A índole da personagem institui-se do bem exibir-se à vigilância das platéias, sendo os espectadores tão necessários à sua existência como os utensílios que lhe facultam a atividade, apenas divergem o gosto por suas auto-estimações e o gosto receptivo de quem as acolhe; tal a situação entre o nosso vulto e a efígie de C. L..., ambas as lentes muito diversas no modo de inscreverem na duração as conjunturas que se lhes têm oferecido; discordância a servir de causa aos encarecimentos com que, ainda hoje, nos pomos ao sabor de sua naturalidade, em visitas bastante valiosas ao estudo, que empreendemos, a fim de nos associarmos ao espírito que modela a qualidade de seu repertório; isto concomitantemente à eliminação, que pratica, de fatos de nosso prazer e marcantes, segundo nós, de sua vida e de seu caráter. No aposento de C. L..., estão fixados nas paredes alguns restos de existência marítima a que se dedicou por vários anos; mas, em palestra, com exceção dos descritivos sobre mares, suprindo, dessa maneira, os vazios do caderno quanto a um passado que não tivemos, a conversação recaía em episódios sucedidos em terra, os intervalos de sua carreira predominando às expensas da rotina, esta, sem dúvida, a que deveria ser o vasto reservatório da saudade e das rememorações. Pela circunstância de os portos significarem os relevos em face da monotonia do cotidiano, ele nos aparecia vulgar, a despeito de nos emitir o que supunha excêntrico, ao insistir no descaso aos painéis de sua vida a bordo; isto porque a obra de arte — a síntese, que vislumbramos no álbum de cada um, assemelha-se à obra de arte — pouco se erige às custas de raros e preciosos momentos, antes se estratifica na matéria do ordinário acontecer; no caso em foco, para que se desse, a exemplo de fenômeno artístico, a paridade de aceitação, como valor comunitário, entre a consciência de C.L... quanto à qualificação de sua fatura e o nosso juízo em face dessa mesma fatura, teria ela, a paridade, que ser insofismável; porém, a desconcórdia reinante na predileção dos motivos, nós, à procura do mar em sua lembrança, ele a nos impor o domínio das cenas em terra, impedia a identidade de nós ambos em presença de um único alvo; em compensação, o insucesso transformava-se e transforma-se ainda — C. L... e o nosso vulto freqüentam-se hoje como outrora — num mérito de outra predicação: o de consentir, de nossa parte, o exame incisivamente neutro com que o miradouro, como que isento de seu próprio objeto, se aprofunda, excedendo os limites do retábulo em visualização, para demorar-se no ser íntimo de quem o trouxe aos nossos olhos, na natureza, enfim, dos elementos de que se compõe esse mesmo interlocutor; os episódios constantes dos relatos não se revestiam de importância superior a congêneres, sabido que nas conversas o corriqueiro das situações não desestimula o semblante ansioso em se fazer ouvir; faz-se habitual, diante da investidura de atores diferentes, o nosso testemunho acerca do domínio de uma só significação, ocorrendo, inclusive, que há muitas a atuarem incessantemente aqui e alhures: trata-se da ubiquação de determinadas peças no transcurso do tempo; as de C. L... foram vistas e revistas desde que a navegação se intervalou de portos, mas ele as configurava como acidentes inéditos, mercê da ofuscação com que o corpo, em real desempenho, oblitera as similitudes havidas, prevalecendo a exclusividade como a condição de sua conjuntura; tal o gozo de C. L... em dessa forma se sobressair, na crença de que o espanto modelaria o nosso aspecto diante de suas palavras; para não desiludi-lo, a resposta fisionômica revelava a destreza em, no mesmo gesto, correspondermos à expectativa do narrador e ao desencanto de nossa receptividade; ao analisarmos o nosso desapontamento, descobríamos outra fonte que lhe era originadora, embora desculpável em C. L..., que nunca se voltava para a meditação de seus recursos, o que redundaria em processo de se autoconsiderar artisticamente; a fonte consistia em não perceber o expositor que os painéis de seu agrado eram compostos por efeito de existir o mar, ausente com o seu conspecto, mas condicionador de tudo quanto lhe parecia evidenciável; era o demiurgo de toda a encenação, desde as minudências aos contornos genéricos; o fundo criador, C. L... desdenhava, descumprindo mais uma vez a norma que estabelece, no narrador de algum entrecho, o programa de não se preocupar apenas com o libreto que aponta os atos no suceder da peça, mas subentendendo, à medida que informa as atitudes, a categoria a que pertence a representação, articulando o tema ou o assunto à ambiência que o torna possível: ambiência que, da distância onde repousa, projeta infalivelmente o contágio de sua índole, indicando, assim, de maneira clara, o seu envolvente aspecto em cada recanto da narrativa, como a insinuar que se lhe deve o preito da atenção, de comum somente cabível aos elementos no grifo da atual motividade; sentíamos que o repertório preferencial de C. L..., não muito extenso, o bastante para esgotar-se em duas ou três palestras, possuía o ar de anedotas efetuadas, dignas conseqüentemente de circular através da numerosa cadeia dos transmissores, entre os quais ele supunha nos inserir com a satisfação prévia de saber que o seu nome se comunicaria aglutinado às situações; ingênuo, ao ignorar que muitos dos veiculadores avocam a si o privilégio de havê-las desempenhado, quando não atribuem a outros histriões as prerrogativas da comédia; significando esta prática um modo inferior de estender-se além de si próprio, de registrar-se na coleção de painéis existente em cada um dos ouvintes, e, por intermédio destes, em repositórios outros, indefinidamente; quem nos provara que as confissões de C. L..., não seriam a adaptação, a seu rosto, de seqüências passadas com outras figuras, ou por ter ele presenciado ou se inteirado em anteriores conversações, as quais, por força de repeti-las, ele mesmo assimilara como autênticas de sua participação; procedendo à similitude daqueles que, a fim de aliar o emocionante da história à veracidade indiscutível, se libertam das noções do escrúpulo, e, ante o pasmo dos circunstantes, professam haver estado entre os protagonistas do estranho enredo, sonegando aos presentes a ocasião de expedirem a menor ressalva ao que vem lhes dizer; acatamento a que às vezes um dos escutantes se submete por efeito da caridade em consentir o deleite no autor do engano; desconhecendo a verdade quanto aos episódios de sua escolha, se bem o tivéssemos como exagerador das cenas que vivera, e fôssemos convicto de que ele, igualmente às pessoas de vastas peripécias, nunca se contentava com as que existiram, acrescendo outras ao repertório já de si suficiente a surpreender a muitos, no entanto pouco se nos dava quanto ao legítimo das atuações, desde que nos importava a predileção de seu belvedere, o substrato do conteúdo cênico; este podia se compor de painéis adquiridos ou pela própria imaginação, ou por suprimentos de terceiros, à margem dos fornecidos pelo real cotidiano.

Capítulo 5

1 — *A presença ofuscadora.* 2 — *Os obscurecimentos da face.* 3 — *A criação por testemunho — A tautologia.* 4 — *O nome tristeza — As testemunhas.* 5 — *A unidade imposta pelo ator.* 6 — *A morte mental e fisionômica.* 7 — *O cultivo de cenas passadas.*

1 — Assim como em afresco de antiga época se mostra o figurante de quem nenhum outro retrato existe, a não ser este que ali está em desempenho de algum motivo ou enredo, e por isso de não haver uma estampa outra que venha a dizer à posteridade acerca do aspecto desse vulto em universal admiração, a face do entrecho remoto se deixa retirar de seu papel para servir de rosto isolado à lupa que, estritamente curiosa sobre o indivíduo em causa, abandona de seus olhos o teor daquela composição, tal a efígie que se inscrevera em alguma de nossas situações em ato, se transfere da nominação, que lhe aplicamos, para a consideração insulada que nossa lembrança cultiva agora, ao relermos no caderno a folha que corresponde ao retábulo. Enquanto percebíamos desenvolver-se a situação em ato, o nosso belvedere demorava a sua vigília sobre a interpretação que se expunha no painel; mas, à vista do ator estagnado no acervo de nosso repertório, podemos retirá-lo da participação e por conseguinte obter, sem contágios que derivam dela, a feição que lhe é singuladora e faz jus ao seu nome próprio. O semblante em apreço não nos consente, nos minutos de atender ao papel que lhe impomos em pleno retábulo, estabelecer o específico de seu corpo, de tal forma assimilara a sua contribuição esse protagonista de nosso libreto; ao passo que, se o intérprete, em virtude de proximidade maior, ou por conhecermo-

lo de outros encontros, permanece identificável em nossa lente, se nos torna agradável o exercício de, após tantos anos, compararmos a aparência com que se nos dera outrora, à aparência que ele na atualidade nos faculta à maneira do paralelo que traça, quanto a uma fisionomia sobrevivente e ao que ela fora muito antes, o manuseador de velha coleção de retratos. Ocorre-nos ainda a eventualidade de — se não temos em lembrança as minúcias, ou melhor, o ar inconfundível, de certa personagem exposta em situação de há muito, e hoje sobrevinda à nossa memória — indagarmos de nós mesmo se alguém de igual tipo e recém-impresso em nós, ressalvadas algumas modificações que o tempo incisa, não era precisamente o vulto que se modelara conforme os nossos ditames, o ator que à sua revelia se louvara neles, na ocasião da peça; inútil abordá-lo em acareação, pois de nenhuma forma o notificáramos do desempenho que se reduz à platéia de nossos olhos; jamais se opera, no que diz respeito às situações em ato, a ação homologadora com que um intérprete, ao ser apresentado a algum teatrólogo, lhe comunica — sob o júbilo de assim promover intensidade ao novo conhecimento, vínculo que em particular lisonjeia o escritor — que, em tal data e em tal localidade, o seu rosto perdera o nome de batismo e em troca recebera o de certa personagem que ele, o dramaturgo, estraíra da ficção; e a partir de agora, o autor, ao ouvir ou ler alguma alusão à peça, imediatamente o vulto desse ator surgiria como a encarnação natural do papel, tão ligado ao produto da mera invenção como a pessoa viva à identidade que lhe é própria e indissolúvel. Se acaso o índice de reconhecimento, de muito elevado, nos incita a maiores vizinhanças com o rosto que diante de nós, insinua, em termos faciais, haver pertencido ao contexto ainda hoje amorável em nossa recordação, com que interesse convergimos a palestra ao esclarecimento sobre a estada de seu vulto no dia e hora em que se verificou a situação em ato; acontece que, se as respostas do interlocutor não coincidem com a suspeita de nosso belvedere, nenhum dano sofrerá o episódio, de si perfeitamente composto com o anonimato dos figurantes; de alguma sorte é preferível que o anonimato se mantenha, pois, ao inverso, toda vez que em releitura ou em improvisada lembrança, reconstituíssemos o estimável entrecho, a restauração vulnerar-se-ia, porquanto o intérprete, que outrora se não individualizara, passaria, depois da autenticação, a contagiar a cena por força do relevo e do colorido de sua parcialidade; o elaborador de uma peça, ao se lhe apontar a efígie que em alguma exibição exercera uma das personagens, que tanto pode ser das precípuas como das insignificantes, pode manifestar-se descontente por divergirem a figura que lhe está defronte e aquela desenhada em sua idéia desde o instante em que a imaginara; ele sente na dessemelhança uma infidelidade ao teor da obra, a despeito de a ninguém mais haver acudido a dissonância entre o papel e o ator, ao contrário, as palmas estrugiram no momento de fechar-se o pano; assim, numa situação em ato, a descoberta, porventura evidenciada, de ter sido o semblante, em foco atualmente, o verdadeiro participante do painel, conjuntura em extremo escassa, decepciona-nos por efeito de ele não constar de nosso caderno, com a nitidez que ora nos ostenta; decepção que perseveraria até na hipótese de — uma vez homologada a adequação desse intérprete à personagem de outrora, em virtude de lenta acomodação da efígie aos contornos gerais que antes eram os únicos prevalecentes e sob consonâncias oriundas dele próprio — assimilarmos ao antigo papel a investidura desse novo protagonista. Como fato incomum, existe o painel que bem merecera o nome da descaridade, em cujo decorrer um corpo, ao ajoelhar-se em busca de alguma coisa no chão, dera-nos, com o adjutório dos demais comparecentes, o teor do contrito a solicitar perdão à moda da dramaturgia de outras eras; analisando agora o ator que se propõe, fisionomicamente, a ser reconhecido como a figura que, no primitivo episódio, se inclinara perante o rosto impassível ao espontâneo rebaixamento, deduzimos que, se removermos da rememoração a efígie vaga que a preenchera, e pusermos em troca esse rosto da atualidade, a situação do pretérito se contaminaria das atitudes que, de tão claras e persuasivas, nos compelirão a lente a deter-se em demoras que prejudicariam a unidade de todo o velho urdume.

2 — O álbum de nossas recordações não goza do privilégio, apresentado por outros, no que tange à iniciativa de vultos em preencher o vigilante miradouro; ao considerar a freqüência entre o nosso belvedere e as fisionomias que perpassam, confessamos a inópia de intérpretes que, de sua vontade, se encaminhem a nos bater à porta; como se no íntimo de cada um, a par da indiferença corriqueira, se unisse, intencionalmente deliberado, o propósito de inscrever-se, no mínimo possível, em nosso repositório; e, por conseqüência pouco se aterem ao fichário a que recorremos, ao empreendermos situações, curtos enredos, com a matéria facial que nos prodigam os semblantes; alguns estão profundamente sondados, temo-los por adstritos a determinados papéis e atuantes sempre que um assunto nos obriga a trazê-los à baila; convocação a que atendem tão solícitos, que ocorre a simultaneidade entre o chamamento e o ato de comparecer, parecendo a alegoria da coesão entre o vulto e a nominalidade; outros, porém, ainda não nos ofereceram muito de seus gestos, o que possuímos deles é insuficiente para utilização em acentuadas desenvolturas. Várias nominações ficam à espera de diferentes atores, que os já conhecidos não aproveitamos, pois que no momento exigimos, no intuito de recreio maior, a

versatilidade no elenco, e em sua obtenção há o prazer de assistirmos a novidade das estréias. No cotidiano das ruas e do domicílio, jamais acontece nos procurarem os semblantes, no intento de, registrando-se na galeria dos rostos, alimentar a nossa imaginação quando esta, nos exercícios do devaneio, costuma ordenar as trilhas que percorre o vulto mais adequado à essência do próprio devaneio; nunca se verifica o que era de bom tom nas famílias que, ambiciosas de se perpetuarem em pintura, em vez de se decidirem a meros retratos, havendo, se muito, uma paisagem além do primeiro plano, preferiam representar uma composição de índole religiosa, fundindo, à reprodução da figura, o devoto mister de a mesma ser em santificação. Nessas telas, a um tempo que encarnam o prodígio do enlevo e da beatificação, cujo arranjo cênico é mais irreal que inúmeros de nossa inventiva, não dispensam a identidade de suas figuras que, entretanto, os pósteros se descuidaram de manter, a tal ponto que hoje as legendas, que as explicam, nada informam, salvo algum nome de pessoa que o leigo desconhece onde recai, um sobrenome geralmente, enquanto as faces repousam em mistério, investidas no mesmo ar de ficção com que nos surgem as que foram pintadas sob modelo anônimo. Ao se aprestarem à visão do artista, se cobriam os piedosos com as roupas mais opulentas a fim de se tornarem condignos do pretexto, e também a vaidade os conduzia ao magnificente aspecto, unicamente restando agora a preocupação primeira, pois a segunda se desfizera na dissolução da identidade; a impressão desalentadoramente inútil, que suscita o luxuoso panejamento, se transfere de cada um desses semblantes em particular, para se compreender melhor no vago e indistinto da humanidade inteira. Ainda sobre a destinação desses entes em nossa curiosidade, existe — no caso do indivíduo ser integrante do místico episódio e não haver indicação precisa quanto à face que lhe corresponde — a dúvida com referência à vera identidade, circunstância que eles, de certo, não desejavam por ocasião de suas vidas; ela, a dúvida, rege todos os contatos entre os nossos olhos e a tela onde figura a cena que no instante de compor-se ninguém pensara que o seu nome diluir-se-ia em completo desconhecimento, só atenuado pela idéia de que, nas rebuscas de arquivos, o nome próprio, que se perdera, venha de novo incorrer na sua face, após tão longa ausência. Mesmo nos retábulos em que os participantes se confundem hoje com os seres da pura ficção, por terem desaparecido as legendas que eternizariam as suas identidades, compreendemos que a principal preocupação do pintor e dos semblantes retratados, consistia na procrastinação dos vultos além do prazo de suas respectivas existências: sobejando o significado do painel como algo de menor valor, pretexto apenas a que se empregaram na intenção de assim aparecerem favoravelmente aos espectadores; contudo, agora, para os casos em que não sabemos de seus nomes, nem tampouco nos impele a indagação acerca de possíveis reconhecimentos, só o significado vem a ser o objeto de atenção, os vultos que no retábulo se localizam e compõem o condensado enredo, bem que poderiam revelar-se outros: eles se despiram do que em começo fora a razão de suas presenças, para se incorporarem no prodigioso anonimato com que nos inspiram, em vez da análise, se porventura os nossos olhos se movessem à identificação dos intérpretes, a leitura estritamente, no decorrer da qual os signos operam por anulação de si mesmos, com o fito de que transluza, na qualidade de exclusivo conspecto, o pensamento que neles está contido. Não são muito raras as vezes em que a nossa efígie, supondo registrar-se com o seu nome em pleno repertório de alguém que nos vê e, tudo indica, há-de nos gravar individualmente no painel, nada obstante o contexto de profundas sugestões, se resume tempos depois à simples estampa como se jamais denominação tivera: mais anônima ainda que os retratados de outra era, porquanto hoje, além de esquecido o nome, nos diluímos conscientemente na vala dos contornos genéricos, em uma presença enorme que se nutre de inidentificações; sensibiliza-nos o amargo de entendermos, portanto, que nem sempre à vontade de permanecermos em outrem corresponde a vigília desse outrem que nos contemplara; então, o episódio em que nos expuséramos — o havido na cidade de O... — assemelha-se ao quadro que tintas inconstantes aluíram toda a ordem caprichosamente desenhada, subtraindo-se talvez de seu conteúdo uma efígie que atuais investigadores se dariam por jubilosos se a desvendassem; a tela, no entanto, se recusa, com o negro das manchas, a exibir o rosto que, durante a feitura do painel, nunca imaginara obscurecer-se em companhia de seu nome, tudo equivalente ao que perscrutamos no desvão da memória de I....

3 — A gesta nos ministra a conjuntura do primeiro homem diante de quem as coisas não eram ainda denominadas, possuindo o seu belvedere a receptividade de todo isenta de heranças que lhe condicionassem a ótica e portanto os aspectos das referidas coisas; daí dizermos que a presença dos olhos iniciais equivalera verdadeiramente a um ato de pura visão, por isso mesmo que os vultos não tinham nome e se permitiam figurar, inéditos, em miradouro que assim lhes gerava a própria existência; do olhar primeiro afirmaríamos que atuara criadoramente, não por haver sido a causa física de tantas aparições, mas em virtude de tê-las convertido ao seu repertório, numa espécie de criação por testemunho: não influíra em tantos surgimentos, mas trouxera-os ao repositório de sua lupa. Diferen-

temente dessa longínqua data, conduzimos conosco a suma de outros belvederes que nos contagiaram, e então não nos é possível entreter com as faces em cena a imaculação igual à daquele contemplador que as abrigara de maneira fisionômica; sucedendo que, a cada passo, os rostos vêm a repetir os mesmos desempenhos, bem como se nos oferecem ungidos de nominações, muitas das quais não provêm de nosso léxico e sim do legado que recebemos; os elencos do cotidiano se formam de uma série de protagonistas animados e inanimados, dentro da qual a morte de algum espectador em nada a modificaria no tocante à existência dos espectadores restantes: esta acepção, geralmente adotada, e que envolve a comunidade e a mutualidade óticas, não impede de nos parecermos um tanto com a personagem que foi a primeira lupa sobre a terra; com efeito, avizinhamo-nos daquele olhar, que era tudo no plano da existência, toda vez que, refugindo à rotineira concepção de sermos em comunidade e mutualidade de vistas, intitulamos com outras nominações os entrechos que nos ocorrem, formulando de nossa parte uma galeria de cenas que, embora dispondo dos mesmos atores, se cobrem de nomes saídos de nosso engenho; como tais, se integram existencialmente em nós, à similitude daquelas coisas que, observadas imediatamente pelo primeiro homem, se investiram no significado que este lhes inoculou, sem a coadjuvação de ninguém. Crente de que desempenhara o que lhe ia no entendimento, B. R..., entretanto, fornecera-nos o necessário ao painel que de logo se compôs em nosso espírito, graças às estimulações sobrevindas com a atitude inicial desse ator a estender as mãos em gesto que para nós se anotou no título da solicitação pungente; na tarde do mesmo dia, quando estávamos a transcrever no caderno a seqüência que se nos oferecera, consoante o nosso miradouro, adveio-nos, à lembrança que, na véspera e na antevéspera o tema em causa fora constante em vários episódios; encontrávamo-nos, por conseguinte, imbuído daquele assunto, que assim demonstrava serem as analogias, principalmente as da contigüidade cronológica, as resultantes da disponibilidade a que se inclina o nosso pensamento, enquanto selecionador e condicionador de formas que lhe correspondam. À maneira de impressão muito forte que nos leva a interpretar como sendo de igual sentido as analogias geradas pelo objeto em modelo, como se a acessibilidade das coisas, em nós, se protegesse à base de coincidências que por si nos forçam, dada a perseverança, a descrer da objetividade livre de nossa posição testemunhadora, à maneira das ressonâncias afetivas que determinado episódio nos inocula, uma tendência a ver em posteriores retábulos a repetição do teor que antes nos acontecera, persiste conosco, a dificultar a vinda de novas motivações, sem embargo da certeza de que, em lugar do número de temas, é a densidade de alguns o que mais importa. A experiência do sentir nos tem ditado as significações mais próprias a permanecer contagiado-

CAPÍTULO 5

ramente em nosso âmago, e desde que uma delas se infiltra em nossa lupa interior, ficamos apto a dizer que, no instante, um retábulo do mesmo gênero está a acrescentar-se lá fora no campo da imaginária externa; a outros de diferente espécie, não será vedado o incluir-se nela, mas, tudo indica, será o episódio afeito à nossa alma aquele que englobará melhor e profundamente as figuras que se afinam ao contra-regra de nosso miradouro; entanto, o exercício de pressagiar a natureza de painéis na conformidade do que atua ainda dentro de nós, apresenta-se falho, e é com alguma decepção que nos surpreendemos com entrecho desconsentâneo com aquele que se aglutinara, momentos antes, ao nosso íntimo belvedere; registramos, unidos, os ditames de certa maneira lógicos, e as preferências da alma, preferências que ora se deixam emergir, ora se escondem, mas sem desaparecer de todo. Efetivamente, o conspecto de B. R... no dia em que nos trouxe a solicitação pungente, equivalera a uma participação repetida, desde que há duas datas o nosso espírito compunha entrechos cuja significação essencial era uma única — a da solicitação pungente — divergindo apenas os atores que figuravam em cada peça; entretanto, revistos agora, temo-los por modalidades daquela substância — a da significação única — que perdurava sem sabermos quantos atores e subnomes pareceriam suficientes para ela saturar-se em nós, até quando cessariam os painéis obedientes à índole de nossa sensibilidade; término de difícil verificação, tanto mais que nos conhecemos de fácil acesso às afecções da tristeza e bem poucas se nivelam, na temática da melancolia, a esta de dolorosa súplica; ela pressupõe, pelo fato de exibir-se densamente, a face de outrem a negar a quem mostra a atitude das mãos, à guisa de B. R..., ou a quem o faz em grandes ou em mínimos gestos, às vezes na simplicidade do corpo em silenciosa expectação. Quem sabe se a tautologia quanto à pungente súplica, a unidade de sentido que está na composição dos diversos entrechos, não é apenas a parcela de uma entidade infinitamente maior, dentro da qual se diluem todas as significações, todas as nominações que vimos de anotar com o nosso belvedere: entidade absoluta a decorrer através dos muitos retábulos que, possuindo os mais vários nomes, se manifestam como formas diversificadas desse rótulo incomensurável em sua aplicação, conspectos tautológicos a ratificarem a ubíqua motivação a que nenhum ator recusa o desempenho: a de serem em véspera do perecimento em nós, conosco.

4 — Assim como a luz não apenas unifica, mas desordena as faces que a ela se expõem, aluindo-lhes a fixidez radical,

o nosso belvedere, enquanto sob a influência de uma nominalidade, elimina das figuras em interpretação as harmonias que lhes são próprias: as singularidades que também irão ressentir-se em outros belvederes que, semelhantemente ao nosso, não costumam vê-las como se elas fossem isentas de quaisquer outras visualidades. As relações primeiras de sujeito a objeto, que nascem nas ruas, nas avenidas, no aposento mesmo, quando surdem rostos inéditos ao olhar de quem os distingue, são eivadas de precedentes, com as personagens a fazerem implícitos, nelas mesmas, sem entretanto os revelarem, os desempenhos ocorridos antes da ocasional exibição. As efígies da eventualidade representarão o texto que tanto nós como elas ignoramos ao sairmos todos de casa, inteiramente na insuspeita de que nos acharemos reunidos alguns instantes depois; cada uma dessas personagens subposta ao respectivo nome, está no desconhecimento do libreto a cumprir perante o nosso miradouro, libreto que traduz, nada mais, nada menos que a interpretação, por esses vultos, do motivo que se demora no interior de nossa sensibilidade; as fisionomias devotadas à peça de nosso engenho, resultam ser evocações que a objetividade aliena de si mesma e nos concede em proveito de nosso íntimo, a exemplo de assembléias que, pressentido o comparecimento de personalidade a quem tributam os circunstantes comovedor respeito, se alteram repentinamente, e um dos figurantes recita versos dele, se poeta o recém-vindo, ou entoa música de autoria dele, se compositor o recém-chegado, todos os presentes a se conduzirem ao módulo do homenageado; vale rememorar a situação de M. O... — outra face que no período da solicitação pungente se inscrevera no rol dos protagonistas — ao penetrar no salão onde muitos o aguardavam: em vez dos gestos usuais em recepções dessa ordem, eis que entre palmas e gritos, ele se curva em direção ao centro do espetáculo, a fim de que pudesse esconder o esgar de emoção, que o momento não admitia; mas os provocadores, malgrado saberem, por anteriores experiências, que M. O... não a conteria, eram impiedosos em desprezar o constrangimento do ator ao comover-se; julgavam dessa forma os promotores que assim lhe consagravam preito merecido, embora o gênero da manifestação só em parte os absolvesse do sofrimento que impunham. As coincidências entre a peça da objetividade e a peça da mental fatura, favorecem de preferência a derradeira, agora alimentando-se com tais facilidades o teor que havia dentro de nós; no painel em causa, por certo não alcançaríamos um desempenho superior a esse em que M. O... se pungia em postular, dos presentes, que não prosseguissem na constrangedora homenagem, apenas, em nosso auto não existiria com relação ao intérprete, o desamor em lhe consentir as lágrimas; os episódios subseqüentes nenhum estímulo proporcionaram ao enredo de nossa invenção, desde que o ator, minutos após, com a mesma presteza dedicada ao abatimento,

CAPÍTULO 5

a empregava agora em atitudes de espontânea alegria, cenas essas que afastamos do miradouro, no intuito de não se contaminar a feição de nossas tendências; esta, a despeito de figurar no capítulo da tristeza, tinha para nós o encanto, difícil de o buscarmos fora da melancolia, de certas delicadezas de representação que dispensam maiores habilidades no ator, antes, qualquer um as apresenta com excelsa perfeição. O privilégio que o nome tristeza possui nos elencos a nosso dispor, é tanto maior quanto o seu predomínio, entornando-se das devesas onde atua normalmente, chega a evidenciar-se em situações antípodas; como, por exemplo, nas vezes em que, ou a inoportunidade da pilhéria, ou a frustração em elastecer até o fim o gracejo que premeditara, substitui no protagonista a comicidade em programa, abatendo-o o acanho por ver-se tão mal desincumbido: impressão desagradável que envolve toda a cena e inclusive os espectadores, e assim ocorre prevalecer um dos graus em que a consternação se dissemina. Se aliamos à freqüência dos descaridosos teores a circunstância da misantropia que se insere habitualmente em nossa lupa, e que tem na piedade da forma a sua mais assídua externação, melhor compreendemos porque o pesar assume em nosso repertório uma ingerência quase ubíqua, no transcurso da qual se articulam a vocação de nosso belvedere e os entrechos não construídos por nós mas caroáveis a ele; tudo, enfim, a nos propiciar sutilezas de desempenho a que, se porventura se solidarizam os que estão conosco, acrescentamos, de nosso lado, o reconhecimento de que os respectivos painéis se ratificam através de outros olhares: ensejo em que o amor se alonga e atinge a esses assistentes, por efeito da piedade em comum. A fraternidade da platéia não acontecera em presença de M. O..., durante as cenas que se seguiram, ninguém mais estendeu ao ator em desajuste a ternura especial que estava a merecer; se, para nós, tal lacuna nos movia ao desapontamento, para o próprio M. O... significava alívio ao seu temor de mostrar-se em aflição; e a conduta dos comparecentes se originara talvez, superiormente à nossa, do caridoso mister de lhe sonegar a prova de que sentiram a sua contrafeita posição; tanto assim que, ao encerrar-se a assembléia, escolheu, dentre muitas, a nossa companhia, e no trânsito até a esquina da rua, outra coisa não lemos em seus gestos que a muda e pungente solicitação ali formulada, a fim de que removêssemos de nossa agenda a impressão verídica, mantendo em discrição a cena de ainda há pouco; ao despedirmo-nos, ficamos certo de que, se alguém lhe indagasse quanto à pessoa que menos se houvera em seu agrado àquela noite, a nossa lente, que lhe compreendera o ânimo, seria a indigitada, por isso mesmo que era a única, de acordo com o seu convencimento, a conservar o risco de propalar o que se dera com ele no instante de penetrar no recinto em festa; o nosso miradouro lhe parecendo o único a poder, inclusive, revendo com as testemunhas a memória dos fatos, corrigir a tradução de todas, retificando-lhes conseqüentemente o juízo a que chegaram, tudo em favor da impressão legítima de nosso belvedere.

5 — Ao assistir a confissão que nos propinou S. R..., adveio-nos a conjectura de que entre cenas mais diversas, desempenhadas e relatadas por um só ator, existe uma unidade que se nos expõe por efeito de tratar-se do mesmo protagonista; talvez ele não se haja caracterizado devidamente para cada uma delas como de comum se vê nas representações teatrais em que o intérprete, de tal forma se modifica em aparência que, não fôra o seu nome no cartaz à porta, crêramos estar no palco figura estranha às peças já exibidas por ele; as efígies de nossa mente revelam o contrário, o que nos faz conceber a sua atuação como algo que transcende aos respectivos aspectos, às minúcias faciais que se fixam no semblante; prevalece, nos atos da reconstituída interpretação, um modo de estar que é a unicidade de ser nas aparências com que se versatiliza o ator; com a permanência dessa unicidade, os rostos atendem à modalidade do narrador, concorrendo à investidura na ignorância de que assim procedem. A unidade de cenas através do protagonista, veio-nos sob a feição de S. R... a perseverar como o constante de inúmeros quadros, o ponto de presença que atenua a disparidade de painéis. O vulto narrador, que participara ou que testemunhara, é, antes de tudo, o traço de união que firma unicidade nas diversificações cênicas em que se achara. No caso de S. R..., o que mais interessava nos entrechos da narração, à medida que o escutávamos com a mente predisposta a acolhê-los consoante o molde de suas palavras, eram os episódios desiguais no arranjo, mas regulamentados por um olhar único, a permanecer ubíquo no curso dos retábulos, e o molde se impusera e sustinha-se, sob a denominação de S. R...; dessa maneira, ele convertia a objetividade ao módulo de seu semblante. Dentre os sucessos referidos, um se ostentava singularmente, próprio a estabelecer a nossa convicção acerca da atmosfera emitida por alguém às coisas que ele abrange; ele se faz o originador e o contra-regra das significações que vê e registra, a exemplo do painel que salientamos por se evidenciar melhor que os outros imbuídos também da personalidade de S. R...; o qual sucedera sem a presença dessa efígie, à margem de qualquer interveniência porventura induzida por ela, porquanto se efetuara a muita distância dele e de possíveis agentes em interposição; o que ouvimos a esse propósito, compunha uma peça em torno de nominação que estivera em muitas outras. De quanto pudemos concluir, o álbum de S. R... preenchia-se tautologicamente, se não em totalidade, ao menos em

CAPÍTULO 5

parcelas de si bastantes a imprimir em nós o teor de sua humanidade, um perfil que depois muitas atitudes homologaram; isto é, inseriram-nos a crença numa redundância superiormente dotada: à sua irradiação convergiam faces divergentes, todas à procura de temário a que nós, o escutante, não éramos alheio, pois em vários capítulos de nosso álbum ele figura; tal coincidência nos habilita a considerar S. R... como alguém sob a outorga de nosso ser, a ponto de, quando observadas as significações comuns, movê-lo ao uso de nosso nome, que o seu rosto e o nosso vulto atenderiam, iguais, ao som de um único apelativo. Ele nos contara a cena que lhe dizia respeito e desenrolada a muitas horas do recinto em que se localizava, mas a teia que de longe urdia S. R..., alimentava-se ainda de seu corpo a despeito da distância e de nenhuma providência em, de sua cadeira, interferir sobre quanto se passava; o painel tinha a semelhança do evento que uma pessoa amiga à outra proporciona, para isso cuidadosa em lhe trazer apenas se coisas do agrado; no entrecho que se fizera segundo o teor de S. R..., o motivo predominante não se manifestava para deleite deste seu configurador ao longe, contudo era a expensas dele que a composição se desdobrara, se bem que a não pedira nem os vultos do elenco ofereceram a peça em louvor daquela figura, provavelmente nem sequer se recordaram de seu nome ao tecerem o episódio que dir-se-ia planejado antes pelo mesmo S. R.... Se a confissão, que se processa, tem, em delicada combinação, a face de quem a emite e o rosto de quem a escuta, nesse retábulo de nós ambos — um a falar, o outro a ouvir — a parte de nossa intromissão, com efeito, persuadia o interlocutor a desenvolturas de um quase monólogo isento de platéia, pois que as nossas lupas se irmanavam no tocante ao gênero do aludido entrecho, e assim, divulgando-o a nós, ele o repetia a si mesmo; mais do que nunca, vimos a acreditar que nos relatórios proferidos defronte de quem os pode receber com adequada e íntima compreensão, ao lado da providência em transmitir alhures o objeto que transcende as fronteiras de um só miradouro, há ainda a necessidade de sabê-lo estendido diante de si, mas na tela caroável a uma assimilação idêntica. Lembramo-nos hoje, após tantos anos decorridos da data em que dividíamos a satisfação — esta não confessada abertamente — de sermos ambos em comunidade afetiva e cujos repertórios se entrecruzaram muitas vezes, rememoramos, neste momento, de certo dia em que não expôs surpresa nem incredulidade, quando, em palestra a sós, lhe referimos a nossa atitude em procurar, numa hora de passeio, alguém que nos restituísse a face de L. L... quase extinta em nossa memória; o nosso esforço pretendia reavê-la através das exibições que nos propiciava a rua, a avenida; o nosso olhar a mover-se em busca da multidão onde tivesse facilmente à vista inúmeros rostos, dos quais algum nos daria o desenho indicador que retirasse L. L... do fundo do esquecimento; L. L...

se reduzia, em nós, a pouco mais que à certeza gerada pelo nome, e inúteis se mostraram as tentativas de reobter a face por meio de coerentes associações, de afinidades no tempo e no recinto; endereçávamos os olhos a cada vulto como a elemento insinuador, precário, sem dúvida; todavia não renunciávamos a tão pequeno e escasso índice, e, estimulado por tão pouco, a unidade de cada fisionomia nem sempre era o alvo de nossa investigação; ocorria-nos desprezá-la, no intuito de descobrir em algum fragmento do rosto, a parcela decomposta, que, no momento da pesquisa, redundasse mais fértil ao milagre da semelhança com o que restava e conseqüentemente à claridade sobre L. L... e o retábulo perdido, do qual fora um dos intérpretes. Empresa fatigante, equivalente à que nos acontece quando a procura se destina a corpo familiar à nossa memória, e à falta de sua presença para nos oferecer a nitidez simultânea das minúcias, tentamos compensá-la com os instrumentos da própria lembrança; mas sem consegui-lo, porque ela, à maneira da fortuidade que nos recusa um leve modelo ao inconformado olvido, nos proporciona um trecho apenas, que se sobressai na condição de o resto permanecer fugidio, inapreciável: tristeza que se remediaria se porventura tivéssemos à mão o retrato, com o trazê-lo, célere, à mira de nossos olhos; no decorrer das relações junto a pessoas que se enterneciam à mera pronúncia de determinados nomes, estranhávamos a omissão de nunca se dirigirem ao álbum onde os vultos correspondentes podiam com limpidez expor os seus conspectos, com a vantagem de serem, ali, como eram na saudade das rememorações; mas, a desnecessidade de nutrir o afeto por meio da figura real e sobretudo consentânea ao tempo, talvez se explique por se prestarem melhor aos entrechos do puro pensamento as efígies em molduras de névoa e cada vez mais fugidias ao exame de suas formas.

6 — Quando a face de alguém se dilui na morte — e o nosso belvedere, carecedor de recursos para salvar o que vai perder-se, inclina-se em direção àquele ser deserto de sua corporeidade — há-de prevalecer o nome em substituição a ela, a princípio na qualidade de designação cujo conteúdo nos esforçamos em restaurar; mas, do setor do apelativo — sendo profunda a época interposta entre nós e a fisionomia em causa, e suprimidos os elos entre um e outra — nada mais extraímos depois que a mera sonância, parecendo o espólio tão irreconstituível que a denominação se torna algo em si mesmo, sem alimentar-se de qualquer correspondência no que tange à matéria; isenta, portanto, de contexto figurativo, à guisa daqueles que se localizam na História e aos quais nenhum ilustrador se

decidiu a dar certos ou presumidos semblantes. Efetivamente, o cotidiano manifesta-nos, a cada passo, nomes vazios de seus rostos, porém estes são recuperáveis de alguma sorte, desde que nos resolvamos a recolher aqui e ali os dados que os recompõem, obviando-se incontáveis os colaboradores que deles possuem estampas ou informes suficientes a nos propiciar, senão o aspecto verídico, ao menos o bastante a uma fatura aproximada e a poder da imaginação; positividade do miradouro que não sucedera na extrema velhice de M. M..., cuja senilidade se perfazia, afora outras demonstrações, em ater-se à nomenclatura de seu álbum, em detrimento dos respectivos rostos que esquecera, imitando assim o nosso belvedere em presença de letras que constituem algum apelativo outrora repleto de seu conteúdo e hoje dele abandonado. Era, para nós, estranho e confrangedor sem dúvida, testemunhar, quanto à nossa efígie, o desencontro entre ela e o nosso nome, apesar de outrora ambos coincidirem sempre; mas o miradouro prestes a desaparecer, não excluía de sua enfermidade o nosso corpo, não obstante houvesse ele sido, nas duas últimas décadas, um dos mais freqüentes ao campo de sua visualidade; o mais assíduo a episódios regulados pelo afeto, os quais bem poucas vezes surgiam, perante M. M..., sob a interpretação de outras faces que não a nossa, a todo instante solícita em retribuir-lhe sinceramente um tanto dos favores que recebera, em mister a que se uniam a autenticidade do querer e a gratidão; a despeito de tudo, no belvedere de M. M... o nosso nome e a nossa efígie se desarticularam da mesma forma que os nomes e as efígies dos demais que lhe compunham o repertório; era o escorço, em vida, da absorção de todos os seres na morte em vala comum, sem lápide e sem quaisquer meios a atenuar-lhes as indistinções: denso painel que nos apresenta, de modo antecipado, entre os incontáveis protagonistas, o nosso corpo e o nosso nome extintos em conjunção com eles. Com que sentimento deparávamo-nos com M. M... ou a emitir o nosso nome fazendo-o sobrepor, em vez de nosso semblante, a outro, e isso com segurança tão natural como a procedia corretamente à época de sua infalibilidade; ou a estender em nós o nome de alguém, tudo enfim a significar a prematura morte que ele determinava a todos, mesmo antes de se lhe apagarem os olhos; M. M... nos permitia, ao nosso rosto e aos demais, ver o nada de nossos desempenhos perante a visão de quem nos dera a morte; parecíamos espectros que nos conta o fabulário, e, em termos da ordem fisionômica, tratava-se da disjunção entre o existir real e o perecimento, em sua plenitude, de nossas efígies e de nossos nomes, em M. M.... Quando falecemos na morte de algum rosto, associamo-nos a ela para todo o sempre; em funérea aliança com o vulto a nos transportar consigo sem no entanto ele presenciar o sepulcro de dois — porquanto a figura da cessada lente não assiste o nosso corpo sob a vestidura do mesmo sudário — a nossa efígie testemunha o saimento de nós ambos, e depois, por toda a vida de nossa imagem, a perseverança dela no interior daquela morte; nas visitas finais a M. M..., não sendo possível no transcurso das indiferenciações faciais e nominais algum instante de clarividência que implicasse, inclusive, na moderação de tais desacertos, a sua boca silenciava o acontecer de nosso falecimento; e dentre as coisas não escutadas por ele, havia aquelas presas ao nosso falecido estar, como, por exemplo, o dizer parco e insignificante, ou melhor, a mudez de nosso vulto em face de M. M... e outros fatos de nosso conspecto ante os olhos irreceptivos, fatos em que transmudamos o protocolo doméstico por outro que se compunha de iniciadas exéquias; de ordinário, o nosso comportamento se traduzia por lacunas, ao sonegarmos-lhe os gestos e frases que dantes eram assíduos, e entretanto agora se calavam como se M. M... não existisse em frente de nós; em nosso corpo, tudo a cancelar-se da lente daqueles olhos, transformando-se o nosso comportamento em conduta inédita, só apropriada ao teor dos velórios; com efeito, nas visitações a M .M..., nada do rotineiro cotidiano nos movia a entreter algum esboço de palestra; conduzíamo-nos como em presença de estranho, sem nenhum pretexto a alimentar o colóquio; mais ainda, o ser que nos retirara o nome e nos perdera o rosto, equivalia a algo inanimado, a um dos móveis do aposento a que porventura nos dirigíssemos, e ao qual nunca relatamos a história do respectivo uso nem exprimimos os valores da qualidade; lembramo-nos de que outrora, o falar da vida de M. M... agradava-lhe muito, no entanto, ao resultarmos prematuramente morto em sua antecipada morte, nenhuma alusão ao costumeiro assunto se continha no silêncio de nossa estada agora junto a ele; nem tampouco às novidades que, se sucedidas antigamente, de logo lhas transmitiríamos, tão profundo era o nosso conhecimento das coisas que o alegravam; mas, então se fora quem as podia abrigar em seu belvedere: ele mesmo, pois ninguém transfere a outrem o cabedal de suas recepções, o conteúdo, enfim, onde se encontram todas as existências.

7 — No capítulo das relações, institui-se a amizade, mercê de sentirmos que entre nós e o vulto, com quem convivemos, há comunidade de painéis que revigoramos pelo que nos toca e também na parte que ao outro compete; dobrado esforço, cuja necessidade é óbvia se temos em vista que, em todo elenco do álbum, raríssima é a pessoa que se dedica à litúrgica de promover assiduamente a conservação dos episódios em terna mutualidade; contudo, a despeito de o semblante ignorar a tarefa que empreendemos e lhe deveria caber se entrementes dividisse conosco a empresa do ritual de nós ambos, usufruímos

assinaláveis proveitos contando apenas com recursos de nossa atividade; esta geralmente incita, no interlocutor, prazeres inegáveis, quase sempre traduzidos pela festa com que nos acompanha as ocorrências rememoradas, e às vezes até pela solicitação, que nos endereça, de alongarmos a recordação dos entrechos que nos pertencem aos dois; com singular contentamento, verificamos não serem só os retábulos o motivo da insistência, mas a maneira com que deles nos lembramos costuma valer para interessar a efígie, que nos ouve, sem desconfiar que a forma de lhe dizer os acontecidos, promana de treinos a que nos aplicamos para o fito de melhor dispor o companheiro ao regozijo pelas nossas expressões: adestramento ainda mais útil quanto a prática nos informa que nem sempre as evocações de painéis coincidem em nosso gosto e no de quem despertamos, muito embora se trate de pessoas íntimas; assim sendo, a modalidade com que proferimos as memorações, reguladas segundo o módulo da fisionomia em frente, vem a compensar, nela, a indiferença por fatos que tanto nos merecem; ocorre ainda que, em muitos casos, não contamos com a figura unida a nós por comunidade de cenas; o parceiro em repertórios localiza-se à distância, incabível conseqüentemente a idéia de o convocarmos à liturgia de revermos, no mesmo tom e sensibilidade, o desfile de velhas representações; o escarmento em que nos deixaram certos vultos, inclusive alguns de estreita proximidade, tem fortalecido as cautelas com que sondamos as almas que deveriam perseverar conosco no preito a determinados episódios; precauções indispensáveis, porquanto, na vez em que insinuamos a F... a ocasião de expor o seu depoimento sobre um velho retábulo, se fez constrangedora a acareação entre a sua narrativa e a registrada em nossa lembrança; isto, menos pelas dissimilitudes dos entrechos, as quais eram breves, que por motivo do nenhum encanto em reproduzi-la, negando-se a aceder ao ritual pretendido, o de consagrarmo-nos os dois à cena que se dera em face de nós ambos; enquanto isso, apreciávamos os seus relatórios acerca de painéis que não testemunháramos, assimilando ao nosso amor as conjunturas que ele proferia docemente; esse aderir ao prazer da evocação, era o mesmo que aderir à saudade de outrem, tema tantas vezes encontrado em nosso caderno e a prevalecer sempre que os descritivos se amoldam ao ser de nossa personalidade que, vazia de tão belos acontecimentos, os traz a si como se os observara e recebera com o próprio belvedere. Aspiráramos que em duos desse gênero o interlocutor se ungisse dos episódios que lhe contamos, a saudade vindo a enternecer-lhe a escuta, como nos enternecemos ao ouvi-lo dizer as coisas que não tivemos, porém que se ajustam ao nosso espírito; compensação que parece fácil de adquirir, desde que quase nunca lhe comunicamos nada que lhe contrarie o gosto; contudo, raramente nos felicitamos por possuir algo que provoque em outrem o desejo de o possuir também. Quando o interlocutor se enleia ao compasso de nossa história, e esta inclui-se no índice de quantas lhe formam o álbum, sobrevindo a perfeição de reger conosco, em palavras oportunas e gestos correspondentes, o assunto que ambos presenciamos em certa época, a amizade acrescenta-se, nesse instante, de um fluxo que fora inexistente na ocasião em que se verificou o entrecho ou a série de entrechos agora relembrada; trata-se de um afeto que só a comunidade de ser explica, e acreditamos mesmo que, na decorrência de nossas relações, tem havido, como espécie de corte na correnteza do tempo, as conjunturas de fraterna rearticulação com outrem, e alusiva ao que contempláramos. O semblante mais estimável parece aquele cujo número de recordações mais coincide com o de nosso repertório, à condição de, em momentos adequados, não opor escusa nem indiferença ao reclamo de nossa efígie a rememorar com ele, em duo, os episódios que, entrementes, assumem o privilégio de nos fazerem, a ambos, idênticos por efeito da uniformidade de ungirmo-nos de tais dedicações; que dizer da hora em que o nosso rosto e B. N... — este separado de nós por cerimônias que o ligeiro conhecimento alimentava — se surpreenderam à pronúncia do nome de S... e com ele o desfile, em nossas lembranças, da seqüência que os dois soubéramos de terceiros, mas tão penetrável em nossos recessos que ambos a guardamos com o mesmo devotamento; ali, em conversa pela primeira vez, e em seguida ao doce espanto, compreendemos que nos unia, embora em oportunidade efêmera, a densidade de um políptico entre os milhares que cada um encerrava em seu caderno. Posteriormente, pouco nos vimos, apesar dos muitos elos postos à disposição, mas nenhum pretexto houve para se repetir a estreita contigüidade; todavia, a pessoa de B. N... inscreve-se como aparentada ao teor de nosso vulto, especificamente indicada a nos servir no anelo quanto a S..., hábil a exercer conosco a litúrgica da rememoria, a promover, ao nosso lado, o rito da terna reassimilação, malgrado ele consistir em revivermos a seqüência que nem sequer testemunhamos. Assim como B. N... é uma reserva a que um dia poderemos recorrer, competindo-nos escolher o instante de lhe buscar o auxílio, muitas outras figuras, das mais íntimas até às menos avistadas, integram-se no rol das necessárias às liturgias; porquanto em cada qual se inoculou um painel que possivelmente há-de impor, a nós, a preocupação de trazê-lo à baila perante o nicho do interlocutor, em geral vazio de zelos na formação da ritualidade; apenas, dessa quantidade de disponíveis atores, quase nenhum se prestará a satisfazer o gesto que implicaria no contentamento não só de nosso vulto e sim desse mesmo interlocutor, sem o que não se cumprirá o episódio da liturgia que é sempre uma facial acareação e análoga à que acontece no interior das igrejas. No caderno das anotações, situam-se episódios suscetíveis de serem recordados, alguns deles revindo-nos à lembrança sem que o folheemos, e à margem de cada um, senão no interior de cada cena descrita, figuram os nomes das personagens que os perceberam; porém, na maioria dos casos, se algum leitor das nótulas, ou nós mesmo, convocássemos as testemunhas de determinado painel, na mais favorável das hipóteses elas comunicariam à sua feição, e despido de enleio, o transcorrido cometimento; vale dizer, o culto não se verificaria, inútil portanto o intuito de acolhê-las à palestra sobre tão delicado motivo, pois que se fere a nossa sensibilidade quando alguém, adstrito a coadjuvar a litúrgica, se permite fazê-lo sem adequação, embora não exista no mau desempenho a idéia de menoscabar a natureza da cerimônia. As alianças obcecadas, que estreitam cada efígie ao presente onde estão, mostram-se as responsáveis pela indiferença ou menosprezo com que ela atende a alguma volta ao passado, as atrações de agora não consentindo que empregue a mesma dedicação às coisas já desaparecidas; ainda, o efêmero de que no instante ela se nutre, se mais tarde quisermos reavê-lo sob a modalidade do rito, apesar de tantos encarecimentos àquela data, por certo no-lo recusará com a moldura saudosa que prometera quando do original surgimento. A prática em relação às teias que articulam o semblante e a cena que ele observa, aponta-nos as vezes em que o contemplador, pelo estilo de contemplar, a insculpe em seu repertório com a fatalidade de um dia volvê-la nostalgicamente à sua preocupação; esse belvedere agradecerá comovido a quem, como nós, lhe acompanhar a ternura no ato da rememoração, e sabendo inclusive selecionar a hora, antecipando-se-lhe no mister de recompor o retábulo que fôra mais dele do que propriamente nosso. Um tanto à similitude de deambulantes que, indo à igreja em solenidade fúnebre, lá se aplicam em orações ao morto que nem sequer viram ou conheceram, e oferecem a piedade bem maior que a de figurantes de preto e mais vizinhos do altar, o nosso rosto se atém aos semblantes que encerram algo de perecido e entretanto merecedor de regressar sob a liturgia do embevecimento; sanamos as incorreções e falhas oriundas do exclusivo ser de agora, avocamos a empresa de iniciar o culto que fazemos nosso, a exemplo dos solidários transeuntes, que, ao saírem das exéquias, conduzem o teor de haverem sido os mais dedicados na efetuação do preito.

Capítulo 6

1 — A existência única em nós. 2 — A surpresa real. 3 — Os desempenhos originais. 4 — As contribuições figurativas.

1 — Uma vez pensamos esboçar, com recursos de arte empírica, a ilustração da presença tal e qual se delineia na ordem fisionômica, mas tal modelação nos resultaria impossível: não havia como colocar no papel alguma forma que representasse, livre de legenda e autônomo, o que a atualidade visível possui no tocante a seu aspecto incontrastável e, principalmente o que ela encerra de quanto existe alhures: a virtualidade, enfim, que se contém em cada rosto surgido aos nossos olhos. Não obstante a prática no manuseio e observação de gravuras, estampas, fotografias móveis e imóveis, nada nos indicava a presença como a consideramos; as próprias fusões, com a figura a passar na transparência de uma outra, conforme expõe o cinematógrafo, redundavam insuficientes e sem a exação que sentimos nos diretos confrontos; em virtude da inviabilidade, desistimos da intenção, mesmo porque não derivava de urgência de nosso miradouro, pois a necessidade de suster-se do semblante que junta ao conspecto os de outros que estão fora dele, era e é suprida a cada momento, desde que o olhar se una ao pensamento da virtualização e em cada pormenor obvie existências que ficaram à desmercê de nossa lupa; em outras palavras, temos diante de qualquer entrecho a própria representação daquela presença; e assim, toda vez que nos acode o alvitre de contemplar o além miradouro, concretiza-

mo-lo nos efêmeros contatos; e em seguida é à escritura — arte ideal — que recorremos, consignando, a modo de verbetes, as ausências que se situam virtualizadas na efígie ou no painel em enquadração. Dessa maneira, figura no caderno o rosto de B. N... e à margem o registro das insinuações do além belvedere que pôde o nosso olhar colher, entre elas a da flor que ele levava, e provinha da planta que M... lhe dera há meses, agora de releitura tanto mais aprazvel quanto a página inteira nos informava do urdume que fôra tecido com inumeráveis lianas; todas a convergirem do fundo de cenas que os parágrafos reconstituíam, cada uma em seu plano de afastamento, em gradações de relevo que nem a perspectiva da pintura nos proporcionaria melhor, apesar de inquirirmos de nós mesmo se algum leitor estranho aos fatos as assimilaria com igual perfeição; a propósito, púnhamos em reexame a experiência em face de romances, novelas, contos, relatórios, tudo que em frases nos adveio com variações de estada na imaginação; a lente a agir como o estojo a formar-se à medida que os objetos entram em seu bojo; todavia, o esforço em lembrarmo-nos das maneiras de recepção às diversas leituras, muito pouco nos diz se a tessitura, a partir da flor de B. N..., inculcará no leitor estranho a espécie de perspectiva que nos sobreveio enquanto a descortinávamos naquele intérprete; com efeito, ainda considerando que em outrem se verificasse idêntico tipo de impressão que nos gera a página descritiva, temos que, na leitura, há necessidade de o advertir acerca da ubiqüidade de alguns pensamentos enquanto desfilam os painéis que, dispensada a advertência, não se externariam, como pretendemos, em sua condição substancialmente tautológica. No geral dos escritores, os episódois valem pelo que ostentam os aspectos em si mesmos estanques; raramente uma especulação se extrai da urdidura contínua ou descontínua, não se cuida de converter, em permanência no genérico, o efêmero dos retábulos, nem inseri-lo sob a coberta de mais densa e profunda nominação. No caso de nossas descrições, estimáramos que as fisionomias e entrechos se exibissem à mente do leitor com o rótulo da peça em desempenho; o rótulo lhe propiciaria a idéia e as semi-idéias, o tema e os subtemas que, em última instância, convergem à unicidade da vista, a clarear, para a existência, as situações e os seres de nosso repertório. Aparecem-nos nesse instante, no devaneio, as figuras que, em assembléia móvel, se encaminham a determinado logradouro; e a fim de mostrarem aos curiosos uma unidade de aparência que corresponda à conjuntura de estarem em união de objetivo, pompeiam a mesma indumentária e procuram, sem se consultarem antes, expor análogo comportamento nos gestos; tudo a dizer que pertencem à outra localidade e atendem a raízes forasteiras que agora se detêm em similitudes que lá se não descobrem; dispersos na extensão de todo o relato, os entrechos todavia se aparentam sob o estímulo de nossa individualidade a esclarecer — quando a ninguém, a si própria — que os harmoniza a circunstância de se terem deparado conosco; nesses minutos, o emblema que os uniformiza, onde quer quer estejam, é o nosso nome, no momento, abrangedor em seu mais alto grau, e os restantes, os demais apelativos, os nomes que se ajustam aos significados que nos coube assistir ou receber por interpostos semblantes, incluem-se como subtemas do dístico mais amplo: o nosso nome que os inseriu na existência única em nós. Ninguém poderá, no curso de nosso repertório escrito, desvincular um painel, uma figura, do miradouro de nossos olhos: sem este, nada se daria à contemplação do leitor em quem refletimos o cortejo de nossas aparições; ao leitor nos aliamos não só à maneira dos que, situados no mesmo ponto e sucessivamente, observam a mesma perspectiva e portanto se fundem em identidade de visualização, e sim também a modo de quem narra com o intuito de sentir no interlocutor o acolhimento, a seu álbum, dos painéis a ele trazidos; assim, o nosso repositório em outrem repete a geral aspiração das efígies em propagar-se além de seus contornos. Sobressaem-se, dentre os processos da divulgação de nosso rosto alhures, os quais possivelmente chegarão a algum leitor atingido por eles, os desenrolados por motivo de imposições que os misteres comuns obrigam a cada passo; formas de difundirmo-nos, que, na falta de preparações condizentes, com certeza bem raro alcançam a fixidez do nosso vulto em plena exibição ante o olhar que nos alberga; tais processos se desenvolvem sob o império da contingência, que nos tem ali ao dispor de interpretação que depende tanto de nós como do outro protagonista; acorrendo-nos a cogitação de que tal estampa incompleta, desagradável muitas vezes, poderá gravar-se no repertório desse alguém que ora nos fala e escuta. O cotidiano propina inúmeros ensejos para registros de nosso vulto, sem que nos resguardemos para efeito de melhores desencargos; isentas do controle de nossas iniciativas, as situações rotineiras vêm a corresponder aos modos que nos aplicam, com muita freqüência, os belvederes que se nos defrontam; em conseqüência, nos prolongamos em outrem, sob os riscos da diuturnidade, sem obtermos, nessas inscrições, uma legenda que nos informe sobre a feição de sermos em seus álbuns. Ao leitor incumbirá, entretanto, o privilégio de possuir o museu de nossos fatos e com ele a intenção de irmos além de nosso corpo, de sermos na galeria de cada um dos semblantes que nos têm em seu olhar, esses mesmos semblantes que formam o elenco do nosso belvedere; ao leitor que vem a conhecer o *nós* repleto de todas as efígies e conjunturas, dizemos que ele, se nunca endereçou à nossa imagem a lente de seus olhos, nem por isso se subtrai à luz de nossa existência; porquanto esta lhe clareia fisionomicamente a posição em nosso conteúdo, determinando-lhe um posto equiparável àquele que no repositório desfrutam os anônimos protagonistas, os rostos que compõem a turba, enquanto nos detemos nos intérpretes que encarnam a focalizada e breve situação.

2 — Recordamo-nos de muitas passagens em que, após o desempenho de nossa efígie perante a lupa do interlocutor, reproduzimos em nós, mentalmente, a modalidade com que de certo nos instituímos no álbum desse vulto; se lhe foi dado recompor também a natureza de nossa interpretação, sem dúvida ele imaginara que, em seguida ao ato do despedimento, fôramos preocupado com o desfecho da conversação, as palavras que ele emitira e as suas conseqüências em nosso interesse, e não apenas com a conduta dos gestos que movemos no propiciador encontro; cada contato representa a ocasião de sermos no repertório de outrem, e se não nos pudemos, em todos os casos, munir das melhores atuações, é a cena, como se verificara, o que importa nas relações entre o nosso rosto e o olhar que a ele se dirigira; a memoração porventura a recair no painel em causa, se acompanha sempre do intérprete que lhe inoculara o sentido, da figura prestes a refazer o procedimento de antes, apenas com exatidão difícil de expor-se quanto aos vocábulos expedidos; e estes, em sua restauração, alimentam-se da figura que os pronunciou, a qual comumente sobrevive às manifestações da voz. Computamos ainda os percalços a que somos sujeito na reminiscência do interlocutor, os quais tantas vezes nos decepcionam e cuja freqüência nos tem levado a sentir o precário em harmonizarmos o comportamento segundo o módulo da figura que temos defronte ou ao lado; e a burla assiduamente sofrida na convivência com tais receptores de nosso vulto, de hábito exprime-se pelo esquecimento a que nos abandonam, sem nada ou quase nada lhes restar dos gestos que desempenhamos diante de cada um deles. Em sentido oposto, confortamo-nos em saber que o depositório de nossa efígie em certa representação, a guarda não obstante os lustros decorridos, precioso agente que sem dúvida a comunicara a outrem, iniciando talvez uma corrente de publicação cuja matéria, assim transmissível, se compõe de nosso rosto, a princípio com a nitidez desenhada pela testemunha presente ao painel, e depois, tanto mais vaga, indistinta, quanto mais se elastece a cadeia que por fim se nutrirá tão-somente de nosso nome. O caderno de nótulas restitui o instante junto a C. R... e as razões para temermos o tom violento com que tal pessoa acolhia as figuras de que não necessitava, o menosprezo que expelia sempre mais

forte se mais humilde se mostrasse o ente em busca de seus favores ou de suas obrigações, que em todos os casos ele agia como se se movera a caridades; a rigor, o receio nosso era injustificado, pois em vez de irmos à procura de benesse ou do reconhecimento de algum direito, lá comparecemos com o fito de lhe franquear determinada coisa que induziria a grande apreço desse semblante que estava a depender dela; as nossas mãos lhe traziam o desafogo em tão grave conjuntura, significando a audiência, para outros que não C. R..., o motivo de imorredoura gratidão ao nosso desinteressado encarecimento; enquanto na sala de espera acreditávamos esconder a timidez que antes nos incomodava, surpreendíamo-nos contente em face de circunstantes que não podiam ter o privilégio de ser credores com tão valiosa dádiva; infiltrando-se em nós o pensamento de, para não lhe demorar o remédio à preocupação que há dias o mortificava, desatendermos à ordem do chamamento, e precipitarmo-nos no recinto onde ele, desfazendo o mal-estar da intromissão, mudaria a cólera pela brandura à vista do milagre; entretanto, curioso intuito nos conteve, qual fora a oportunidade, não muito piedosa, mas consentânea com o retábulo de ser em sala de espera, de recolhermos, em nós, a experiência de um semblante em véspera de alterar-se profundamente, e essa alteração a estar no arbítrio de nosso gesto, o desempenho todo da figura a condicionar-se aos ditames de nossa iniciativa; C. R... a considerar-se o monitor das próprias ações, o guia de si mesmo nos deferimentos e indeferimentos, eles todos ásperos, às suplicações do desfile a nos preceder; quando bastava a nossa atitude de lhe entregar o papel que ele tinha por perdido, para que a sua interpretação se desviasse do tema em foco, removendo-se para novo significado: o da alegria em face do desanuviamento dos escuros receios; ao entrarmos no recinto das audiências, o seu rosto inclinava-se à mesa onde escrevia, despreocupado com a nossa presença ou resignado por mais uma importunação entre as muitas que lhe surgiam às tardes; e quanto a nós, dispúnhamo-nos a aguardar que ele abrisse o painel da conversação, o que fez depois de alguns segundos, em tom alheio à comezinha amabilidade; esta realmente incabível na acepção em que C. R... considerava o posto, no qual, ao mesmo passo que servia, intimidava; apesar de possuirmos o recurso de lhe dizer que tal recepção não poderia aplicar-se à nossa efígie, em lugar de brusca ou moderada altivez, calamo-nos modestamente perante a conjectura de sentirmo-nos em igual situação à de todos que lhe vinham pedir o influente amparo, medindo as gradações de sua ira iniciada com o anúncio de que o tempo urgia e outros solicitantes ficavam à espera; anúncio acrescido de outro que nos admoestava, textualmente, da inoportunidade dos circunlóquios, se bem que, no momento, ao ingressar alguém com a desenvoltura própria dos que lhe eram do mesmo nível, se deixou ir em frívola palestra e com tanta naturalidade que por certo esquecera o aviso anterior, nem tampouco se advertira do contraditório de seu desempenho em nosso olhar; os intérpretes da humildade gozam, diferentemente dos interlocutores em soberba, da prerrogativa de não estorvarem a impressão, que têm estes, de estarem a sós e portanto à vontade em emitir os gestos que ocultariam aos vultos de sua equivalência; entrementes, no semblante de C. R..., ali exposto como se não existíssemos, registramos mais uma vez o privilégio de nosso miradouro que, sem magoar-se com o desmerecimento que se lhe impunha, inferia, no curto espaço entre nós ambos, a incidência de um marco divisório, o mesmo que invisivelmente se manifesta entre o ator e o público dele insuspeitado; quando em seguida à peça da interrupção, ele, dissolvendo a parede translúcida que nos separava, retomou a ira, estranhando a nossa mudez sem lembrar-se de que nos era essencialmente impossível transpor a devesa a um auto ilegítimo à nossa participação, respondemos-lhe que o assunto exigia a prudente reserva; e sob a regência da timidez que ainda nos assemelhava aos rotineiros postulantes, oferecemos-lhe desculpas em face de havermos lido o documento; para amenização do frenesi por efeito dessa indiscreta atitude, explicamos que, independente dela, não identificaríamos o nome de C. R..., o destinatário, que tudo permanecera no sigilo que obrigava o gênero do contexto; tanto assim que, em vez de portador ou de processos anônimos, acháramos melhor, para o seu convencimento quanto à autenticidade da discrição, trazê-lo com os olhos que o tinham encontrado; ou por impulso de gratidão vulgar, ou por motivo da perfeição com que exercêramos, até a ocasião, o comum teor da humildade, C. R... tirou da carteira o que imaginava ser o prêmio a que fazíamos jus; o procedimento do interlocutor, malgrado corresponder ao verídico de nossa interpreção, pungiu-nos de dor aguda: antes desejáramos a frustração de nosso desempenho; assim, dentro de nós, o texto preconcebido se revelou inconforme com o plano real em que C. R... agia livremente de nosso belvedere; em outras palavras, o primeiro se aluíra ante a densidade do segundo, a modo do protagonista que no tablado sente a platéia inferior à qualidade de sua representação, e ao prosseguir, não o consegue à maneira do seu autodiscernimento, nem à maneira do almejado pelos espectadores, resumindo-se o restante numa conduta cênica a ele e a todos descontentável; com efeito, denotava a atitude de C. R... a falta de grandeza nas pequenas coisas, e embora o gesto de nos gratificar de forma abrupta, sem antes auscultar a sua repercussão em nós, incidisse no plano que nos traçáramos, pois o retábulo tinha o nosso vulto por centro das irradiações interpretativas, quiséramos, não obstante o ótimo de todo o quadro, que o seu comportamento contradissesse o programa que estabelecêramos; que sobreviesse de sua parte, em vez da ratificação ao papel de que nos incumbíramos, o lapso do ator que não escuta o ponto nem decora o libreto, e por conseguinte altera a lógica de quanto passa, tudo para constrangimento, em primeiro lugar, do interlocutor surpreendido e atônito no jeito de conduzir a dialogação que sobeja: tal, no entanto, o acontecido conosco e expressado por um gesto de recusa tão mal proferido que um observador atento entendera como inédito nas manifestações de nosso rosto: o gesto verdadeiramente não participara dos treinos múltiplos a que nos dedicamos.

3 — Ainda a propósito das atas das frustrações, há a relatar o malogro de nosso desempenho junto a B. S... que a si adjudicara, com certo direito, o costume de servir-se de nós sempre que uma dificuldade lhe sugerisse a nossa intromissão; e, o que redundava interessante e o fazia esperto aos nossos olhos, os embaraços, a que íamos urgentemente, eram de natureza consentânea com as possibilidades de nosso descortino, jamais nos convocando a transtornos a que não pudéssemos ser útil, inclusive nos dispensava até de simples testemunha em questões que nos transcendiam a compatibilidade; as nossas contribuições se tornavam satisfatórias na maioria das conjunturas, e a elas acrescentávamos o prazer de sentirmo-nos devedor de tão fundo conhecimento acerca de nós, fato incomum na história de nossa efígie; portanto, sempre que nos dirigíamos à execução de um painel por ele idealizado, suprimíamos a timidez que está às vésperas de algum desconhecido episódio; pouco se nos dando, em muitos casos, o gênero de protagonistas a figurar conosco no mesmo elenco, porquanto só prevalecia o significado da futura peça que o nosso monitor esboçava em pequenas linhas; a certeza de o convite corresponder à qualidade de nossos gestos, premunia-nos de investigações mais pormenorizadas a respeito dos interlocutores; mesmo porque, no curso de tais experiências suscitadas por B. S..., nada obstante a variedade de motivos, mas seguro de se assemelharem os entrechos suscetíveis do mesmo rótulo, adotávamos algumas regras de procedimento que descobrimos serem infalíveis à espontaneidade que os vultos devem expor em consistórios, cujo estilo é o da compreensão mútua e cordial: verdadeiras fórmulas de proposições e atitudes que, empregadas nos precisos instantes, reduziam de muito o esforço a práticas inéditas; a convicção de sabermos que, no final, tudo sairia a contento, não quanto ao êxito intrínseco do encargo, mas quanto à boa desenvoltura do painel, originava-se da permanente vigilância com que batíamos à porta da programada cena, so-

bressaindo-se dentre os cuidados o de vermos se algum dos figurantes já anteriormente nos observara em igual conduta, a fim de que a seus olhos não repetíssemos o mesmo desempenho, que o exercitando, deveras lhe pareceríamos, além de banal, inconvincente para a unicidade do papel que nos cumpria exercer; de fato, cada entrecho que se interpreta na vida, posto que igual a muitos que têm o mesmo nome, encerra, na hora da representação, tal força de ser que não só os participantes como as testemunhas o flagram único, exclusivo, dentro do milenário cortejo das situações, reservando-se para depois os comparativos, as rememórias que lhe atenuam ou apagam o vigor primeiro; sentarmo-nos a um concílio, que todos consideram de absoluta assim sendo, nada mais inoportuno e decepcionante que apreoriginalidade, mantendo à vista de algum dos circunstantes o teor de gestos e de palavras já do conhecimento desse vulto que então não se impedirá de sentir uma réstia de falsidade em nosso proceder; dirá de si para si que atuamos um tanto a exemplo do profanador a desrespeitar a mais séria das cenas litúrgicas; preferirá ele, talvez, a mácula de alguma ofensa às atitudes já sabidas e das quais a hipocrisia costuma despontar; acreditamos que B. S..., ao escusar-se à nossa companhia em certas ocasiões em que a sua presença em nada iria alterar a urdidura do painel — a sutil perspicácia de B. S... em tantas delicadezas, nos habilita a esse convencimento — pretendia evitar que ao seu belvedere se descortinasse o entrecho de nosso rosto a proporcionar-lhe as mesuras e as inflexões da voz que de si mesmo ele possuía em sua imaginação e que foram as das vezes iniciais de N..., terra onde a advocacia o notabilizara; cremos hoje que se constrangera se reproduzíssemos, em solene painel, a naturalidade que ele vira em outra composição; demitira-se da peça desde que a prefigurava tanto quanto conhecia ao ator, a sua sensibilidade não suportando o repetitivo de nossa participação; esquecido, contudo, de que, perfazendo-o, éramos dúctil às circunstâncias e à qualidade dos intérpretes, e se ele por acaso nos distinguisse em plena representação, surpreendera-se com o espontâneo e os conectivos de todo o elenco; entanto, é de presumir que depois de várias experiências, no decurso das quais nenhum defeito em nossas investiduras o demovera a prescindir de nós, sendo-lhe fácil o conhecimento de qualquer debilidade em nossas persuasões, em virtude da pequenez da cidade onde vivíamos ambos, é de presumir que a B. S... transparecesse o nosso engenho em nos mostrarmos, sempre que possível, inédito em cada episódio; de tal pensamento se originou a iniciativa de acorrermos à solução de certo desacordo na própria intimidade de B. S..., e cuja desarmonia já se propalava em dano do companheiro, ferindo-nos também pela injustiça que, segundo nós, agravava esse ator a quem tanto nos devotávamos; íamos, por conta própria, interceder em painel equivalente a outros que ele mesmo nos apontara, todavia, no de agora, o nosso desempenho havia de desenrolar-se diante dele, B. S..., cujo miradouro, por nos parecer extremamente agudo, nos determinava a preparações em extremo delicadas; pois, além de devermos urdir a cena de modo que ela se expusesse ao olhar daquele vulto, sem que ele se lembrasse das incumbências que nos conferira, o que sem dúvida ofendera o aspecto e o teor únicos do entrecho — a novidade que os protagonistas e espectadores atribuem ao retábulo em foco — havíamos que atender à qualidade do outro circunstante a fim de que este não vislumbrasse em nossos gestos e expressões da voz um tratamento em excesso aplicável à efígie de B. S...: prerrogativa cênica a retirar da tessitura a espontaneidade fisionômica, necessária a B.S... que estimaríamos não nos observasse cuidadoso e prevenido em lhe sermos diferente.

4 — Fomos à casa de B. S..., onde sabíamos encontrar os atores do episódio, dois apenas, ele e a outra figura; ninguém mais era preciso ao assunto prestes a desenvolver-se, não obstante haver existido nos bastidores alguns intérpretes cuja estada no entrecho tínhamos entretanto por inconveniente ao intuito que nos levava; íamos sem a convocação a que nos habituáramos, e movido tão-só pela crença de que, a qualquer instante, a boa acolhida nos abrigara; convicção por demais lisonjeira, pois que vimos, atrás das mesuras da recepção, os sinais de que esta se fazia sob forte descontentamento; e se ficamos, embora a contrajeito, fôra em virtude de não nos parecer afável, com o gesto de imediato despedimento, a confissão de havermos compreendido a mal simulada aspereza que até então nunca se externara no tocante a nós; a circunstância de mau humor teria sido de previsão realmente fácil desde que, mantidos em colóquio, há-de perseverar em dois protagonistas o ressentimento insolúvel que se verificara entre eles, em geral sob o aspecto de surda contenção: chegáramos à residência de B. S... de todo desapercebido quanto à atitude a adotar, em os encontrando pouco dispostos a outra manifestação além da cólera reprimida com que cada um se automolestava à sua maneira; ao sentarmo-nos, éramos decidido, em face da surpreendida situação, a mudar de tática; assim, em vez da peça que trazíamos arquitetada, promover o advento de outra que diminuísse a densidade de sombras difícil de aturar-se no grêmio de três; mas, para tanto, se requeriam ensaios, treinos da imaginação impossíveis de efetuarmos àquela hora, entre outras coisas, por vermo-nos desarmado ante a surpresa e o constrangimento reunidos em nós, que nada mais balbuciamos que alusões destituídas de força e de curiosidade: referências corriqueiras a questões do dia, totalmente inadequadas ao módulo que sempre

ritmara os nossos encontros, as quais não mereceram ecos nem tampouco aluíram a frieza mal oculta no patamar; ou porque não suportava o dano que lhe ia interiormente, ou porque comprendera, perante o ar e a vigília de nosso belvedere, o inútil do silêncio e da tergiversação, B. S... inflamara-se, como se fôra em monólogo, dado que não lhe parecia estorvo a presença do segundo intérprete; quanto a nós, por efeito de ele desviar a vista de nosso semblante, firmára-nos na acepção de espectador, talvez querendo ele, com aquela atitude, nos admoestar que o nosso comportamento deveria melhor ater-se à neutralidade da platéia; se em tal contingência podíamos permanecer, a outra personagem entretanto não se dispunha a ser mero assistente; ela, a princípio com os olhos, com os vocábulos depois, insistia em figurar na cena, em transformar o solilóquio em diálogo, e por maiores que sejam as recusas em deferir ao rosto o propósito de penetrar a rampa, só por esse fato de expor tal desígnio ele o consegue em face do miradouro perscrutante; a conduta de ambos os atores indicava-nos elementos que perderíamos se nos intrometêssemos no estrado, de onde os vagares de nossa investidura na peça, se bem que a vontade, ao dirigirmo-nos ao consistório, era a de sermos o ator único do retábulo e eles os espectadores; e não acontecia pela primeira vez: redundava mais importante a renúncia do existirmos em outrem, do que a renúncia do existirem em nós; enquanto o belvedere oscilava de uma a outra efígie, o nosso pensamento, infiltrando-se nas malhas do painel em urdidura, detinha-se de instante a instante na idéia de uma arte — a do puro cinema — que se extinguira em começos e que nos facultaria a ritmação daqueles dois vultos a aparecerem na mera sucessão de suas faces, sem a presença da parede do fundo e dos móveis que se juntavam a eles na captação que promoviam os nossos olhos; e cuja invalidade cênica era tanto maior quanto influência alguma eles exerciam em ambos os semblantes, que almejaríamos isolados em seus respectivos teores; os dois semblantes, no entanto, mostravam-se de tal sorte prevalecentes que os desvios de nossas conjecturas bem depressa terminaram, cedendo ao entrecho o posto que lhe dera a nossa ótica; logo depois, aquele intento de restarmos, como espectador, fisionomicamente neutro a quanto se cometia, inclusive com o privilégio de devanearmos acerca de melhoras na apresentação da peça, substituiu-se pela intromissão de nosso rosto em plena tessitura do retábulo, em desempenho que saíra espontaneamente diverso dos que aplicáramos em circunstâncias congêneres; além disso, perfeito, não obstante a ausência de qualquer ensaio, a modo daqueles que fazíamos, em mente, quando a caminho do espetáculo; de tal forma — segundo entendíamos — assimiláramos o ser íntimo de B.S..., que automaticamente fluíam de nós os gestos e as palavras que lhe deviam corresponder; a nossa integração em outrem, no caso B. S..., era mais do que nunca significativa, pois que o transe por que ele passava, o papel ora imposto à nossa efígie, importava em exceção extrema, jamais prevista por nós que, mesmo nas práticas da imaginação, ao encarnarmos com atores conhecidos certas ações arbitrariamente soltas no desvaneio, não o adotáramos; todavia, nenhuma ressonância obtivemos em B. S... quanto ao exímio da interpretação: as nossas qualidades de ator, que ele era o primeiro a proclamar, não lhe serviam ao painel em que o seu vulto se salientava como o principal protagonista; antes, o puseram em aversão, numa aparência de quem se escusa a envolver-se em comédia que delineara a outros, inconformado com ver-se colhido em trama ardilosamente artificial; o seu aspecto a dizer que falhávamos nesse mais recente propósito de união; na atitude com que assistia o nosso desempenho, líamos o similar que outrora nos oferecera N. R..., quando, em seu domicílio e na semana do nojo, manifestava mais penetrante luto às pessoas de seu nível, enquanto às subalternas expunha menores tarjas, como a supor que ele se diminuía em revelar-lhes o sofrimento, sem embargo de todos os pêsames refletirem a mesma sinceridade, e no momento não caber o orgulho.

Capítulo 7

1 — *Os entrechos surgidos para determinados olhos.* 2 — *Conhecermos o nosso vulto em outrem.* 3 — *A imitação dos gestos.* 4 — *A luz criadora.*

1 — Há entrechos que despontam para determinados olhos e nos impelem a lamentar a ausência da figura a quem competiria recolhê-los; tal o episódio de B. S... a centralizar o triste assunto a que nos dávamos também, o qual se inseria na ordem das predileções de R..., que aliava à crueza dos sentimentos o sabor especial com que nos via em certas desventuras; por má distribuição da casualidade, os painéis que se destinam fisionomicamente a certo miradouro, incidem com freqüência em lupas que lhes são alheias, constituindo um dos processos da amizade a intenção com que alguém, ao prever uma conjuntura adequada a outrem, o convida a desfrutá-la, valendo-lhe, esse prazer de unir um rosto ao seu natural objeto, como satisfação que, em última análise, significa o seu próprio encontro com uma cena que lhe diz respeito. Ao anotarmos a ausência de R... na exibição que se efetuava às custas de nosso pessoal constrangimento, púnhamos em relevo o malogro de não assistirmos a um retábulo conveniente aos nossos olhos: o da confrontação entre o espetáculo e o consangüíneo espectador, o de uma coisa a outro correspondente e a transitar todavia à mercê de estranhos à sua qualidade; quando, a rigor, deveria caber tão-só à lupa de quem a assimila, e não são escassas, nesse tocante, as vezes que temos registrado em nótulas e alusivas ao contato entre o objeto e a lente que lhe é o consentâneo estojo; entretanto, se a falta, na platéia, daquele que faz jus à cena, representa a ocasião perdida de observarmos o rosto em aliança

com o seu retábulo, compensamo-nos dessa ausência com o fato de o legítimo assistente haver acudido a nós — à maneira da coisa que nos impõe, na imaginativa, o invólucro em que de ordinário se contém — em outras palavras, ter comparecido não em si mesmo, porém sob a modalidade de sua virtualização na forma que lhe é apropriada. R... não estava presente com os seus olhos no auto de nossa desolação ante a conduta de B. S..., mas fôra como se lá houvesse testemunhado toda a urdidura; surpreendemo-nos a ser conforme o estimava R..., cumprindo-se dessarte um dos poderes de nossa existência: o de prender e avocar ao verdadeiro dono o painel que vagueia alhures e nos alcança por momento; sentimo-nos limitado ao nosso corpo quando o episódio em causa não se ajusta a qualquer das efígies que no repertório aponta; neste caso, neutro permanecemos, de nada contribuindo as averiguações através de terceiros, porquanto a descoberta, de quem lhe possui a propriedade, unicamente se verifica sob a condição de ele se identificar em nosso repositório. No capítulo das contemplações harmônicas, há muitos retábulos em que nos vemos em desconsolo por estar longe o vulto que o entrecho nos sugere; a certeza da conexão envolve o reconhecimento de nossa habilidade em termos sempre conosco as receptivas de quantos claramente se inscreveram em nosso álbum; pois, afora as coisas que nos acompanham e se referem exclusivamente a nós, transportamos o cortejo de inúmeras almas, cada qual adstrita ao seu teor; de sorte a resultar freqüente que uma delas venha a aflorar de seu abrigo em nós se a face, o painel, o panorama, se descerra para melhor caber nessa pessoa ausente; ocorre sabermos, pelo acúmulo de tantos episódios, que rara cena se afastará de nossa lupa sem antes repercutir, senão em nosso próprio recesso, no íntimo de alguma das personagens que se situam distante e compartilham de nosso repositório, tudo através de nós e em nós. No instante de conceder à alguma a aparição que lhe é devida, expressamos o ato com que nos desincumbimos da saliente significação de nosso ser enquanto claridade a correlacionar, em nós, os fios de todas as existências. Ao cumprirmos a facial delegação, é o outorgado — a nossa efígie — quem se engrandece no decorrer da prática, isso em virtude de elastecer-se, em nós, a consciência dessa representação em que se incluem a prerrogativa da unicidade e o poder de fruir, como se fossem nossas as diferentes almas, a natureza daqueles objetos que, tendo os seus donos respectivos, também se revestem de nós; se descobrimos em vulto, em cena, a indigitação do visualizador que lhe corresponde, confunde-se o fato, na hora precisa de lastimarmos a falta do espectador, com a conjuntura de o convocarmos, porque o nosso continente encerra todos os seres no instante impossibilitados de, conosco, diretamente assistirem o episódio natural a nós ambos. Sem comunicabilidade com ele, tudo indicando que depois não iremos relatar-lhe o acontecido, o vulto ausente ignora a atuação que tivera por nosso meio; mas, em nosso álbum, ela se registra quer sob o contentamento, quer sob a tristeza, porquanto a versatilidade de nosso belvedere se distribui em oscilações extremas; ele, a si, avoca pretextos que, embora destinados a outrem, nos dosam suportavelmente o índice de tolerância, já de muito despendida com a soma de nossos próprios e inalienáveis painéis. Recordamo-nos que um dia, transmitindo a certo rosto a cautela que estendemos de ordinário a nós, evitamos que ele se dirigisse ao proscênio onde se desenrolaria um episódio sem embargo consentâneo com a índole de sua lupa; o nosso comportamento a justificar-se por efeito de várias situações da mesma ordem e sucedidas a pequenos intervalos, por isso que o novo entrecho, com a densidade superior à dos antecedentes, haveria sem dúvida de consumir-lhe o normal vigor do belvedere; mesmo porque, ainda, uma das personagens dolorosas que havia no elenco, era do rol de suas mais estreitas relações; posteriormente admitimos que no modo de agradecer pela omissão que à véspera lhe impusemos, se achava implícito o desgosto por não ter afrontado o escuro painel; as inclinações de seu miradouro prevaleciam sobre a cordura pertinente à sensibilidade, ao inverso de nosso rosto que tanto se previne ao mero anúncio de retábulo em que figura, com risco de prejudicar-se, algum semblante de nosso amor. Rememoramos também uma passagem em que B. G..., até então indiferente ao nosso vulto, depois se uniu a ele por motivo de havermos ambos admirado enternecidamente o mesmo episódio, com o acréscimo de nos termos entendido no tocante à cena que reproduzia, no contorno e em diversas minúcias, uma página do escritor R. P...; são fortes esses traços de aliança que hoje em dia, a despeito de inúmeros outros haverem articulado mais ainda a amizade mútua, se conservam sob a modalidade de amiudadamente nos volvermos à sua reconstituição; anotamo-los no capítulo em que se colocam de par em par os entrechos propiciadores de feliz comunhão; painéis que, recaindo simultaneamente em óticas em consangüinidade, estimulam nelas o impulso de, sobrevindo o ensejo, uma dizer, como quem deplora irreparável exclusão, da pena de não estar a outra, ali, para contemplarem juntas a face, o cometimento.

2 — Um dos misteres a que submetemos as figuras, consiste em fazê-las portadoras da dição de pensamentos nossos, não que a executem na realidade, mas no silêncio de nosso devaneio, quando assim nos ocorre auferir um sucesso que se reduz aos termos do solilóquio. Há uns anos atrás, escolhemos L. L... como a efígie a, em nosso pensamento, emitir, com o

jeito pessoal, a idéia de que determinada situação redunda adequada a certo miradouro, estando equivocada a circunstância de ela se mostrar a outrem que não ao seu natural continente; por instante, afastávamos de nós o pensamento que nos era exclusivo, para cedê-lo a quem jamais soubera de sua presença em nossas conjecturas; pois que ninguém se imagina a representar em meditações alheias, e L. L... não possuía recursos para desconfiar de tão especioso desempenho, tudo restrito à rampa de nossa imaginária interna. A alienação de tal ideamento a L. L..., proporcionou-nos a vivacidade que ele, o ideamento, não exprimia quando recluso a nós, inclusive nos deu a intuição de seu mérito como coisa literária; tal e qual à maneira de outras ocasiões em que esse processo de transferência nos impeliu na abordagem de nominações, de temas, e até de singelas frases. Em face da prestimosa conduta de L. L..., e a modo de quem se aproveita de fácil inclinação a certo encargo, incumbindo-se de sobrepesá-la com outros mais embaraçosos, todavia condizentes com a apresentada vocação, decidimos prescrever-lhe alguma tarefa superior e que se efetuaria não mais no recesso de nosso devaneio, mas em externa atividade; apenas, sob o ditame sugerido por nós, o qual se resumia em ele nos comunicar o episódio de que fosse testemunha, e que lhe parecesse congruente com a qualidade de nosso miradouro. Portanto, o vulto de L. L..., desprovido de dotes mais apurados e humanos para uma penetração bem íntima em nosso repositório, passava a erguer-se com o aditamento que ora lhe deferíamos: no começo, o de pronunciar, em nossa conjectura, a idéia que lhe impusemos, e depois a interpretação realmente objetiva de uma peça com um ou mais de um entrecho; a ductilidade do protagonista era de todo obsequiosa, tanto na primeira como na segunda exibição, visto que ele era um vulto igual aos que ladeiam a cena, e qualquer outro, sem dúvida, nos propinaria a mesma disponibilidade; íamos, portanto, oferecer a L. L... a oportunidade de, segundo ele, apontar as aparições que nos correspondessem; promovendo-nos ainda a ocasião de aumentar o não pequeno acervo de identificações, de confrontos legítimos, muitos dos quais se perderam em virtude da distância havida entre os objetos afeiçoáveis à nossa lupa e a maneira, o ângulo de nós estarmos; objetos que no entanto podem vir a incorporar-se a nós, tardia e indiretamente, sob a forma de ternuras especiais no instante de ouvi-los de terceiros ou de assimilá-los através da leitura, enfim, sob a forma de saudades recaídas em circunstâncias a outrem pertencentes; com o intuito, haveríamos de alcançar, em L. L..., o seu discernimento acerca do que imaginava de nosso rosto, das modalidades de contemplação que ele presumia nos caracterizassem; alentamos o desígnio de nos vermos nos depoimentos dos que nos conhecem — inclusive se a testemunha, a exemplo de L. L..., se ressente de acuidade de observação — à margem de profundos

CAPÍTULO 7

enredos, de autos consistentes, interessado que somos na vida de nosso vulto no transcorrer dos mais diversos receptores, dentre os quais os desprovidos de quaisquer atenções com referência a nós. A indiferença, que nutrimos quanto a certos corpos, muitas vezes oriunda de gratuidades que poderiam, com esforço de nosso zelo, transmutar-se em produtivo empenho, tal o número de pretextos que suavizariam a aversão ou a neutralidade de nosso belvedere, a indiferença todavia vem a ser explicável se a submetemos ao propósito de desfazê-la, coonestando-se a nenhuma saliência com que a princípio os situávamos em nosso caderno; uma descoberta, que a posteriori conseguiríamos, está em a figura sob experiência nos sonegar o que pensamos de nosso próprio ser; surge da prova, ainda mais isento de consangüinidade conosco, o vulto que, por misteriosa incomunicação, nunca se aliara de todo ao cerne de nossa sentimentalidade. Seguramente à falta de descortino no trato das urdiduras, sendo-lhe incorrigível a pobreza de fabulação quando tentava acrescer aos comentos as estampas ilustradoras, L. L..., em vez de nos indicar algum motivo cênico dentre os adquiridos na realidade ou na improvisação, circunscreveu-se a paisagens que supunha as consonantes com o nosso gosto; preferência estimável sem dúvida, porquanto o gênero paisagem tem abrangido em nosso repositório muitos exemplares sob desvelos; contudo, os panoramas designados, e bem conhecidos de nosso belvedere, estavam longe de ser equivalentes a uns que ainda hoje convocamos na imaginativa para efeito de nos facilitar docemente o sono; ao mesmo tempo que as palavras de L. L..., sem acuidade e revestidas de incompreensão, não recompunham os painéis que nos contentavam particularmente, foi-nos dado manter a memória sobre os que na véspera utilizamos para aquele fim; então percebemos que na maioria desses devaneios, as lembranças em encantamento se operavam sem o rigor das reproduções, isso porque os panoramas selecionados se permitiam rever sem a presença de nosso corpo que deambulara em seus recantos; o nosso miradouro se mantinha obsedado em reavê-los completamente vazios de quaisquer transeuntes e a desoras, em entardecer vedado aos passeantes, enfim, paisagens em que o nosso vulto não figurava, que não dependiam da estada de nossos olhos, mas que eram telas solícitas àquele ensejo, no decorrer da insônia. Ao contrário, e em outra ocasião, soubemos expor a L. L... as vistas que o alegravam sobremodo, empresa fácil desde que ele, como parcela do corriqueiro humano, não nos oferecia óbice à prática das adivinhações; correspondendo à sua sensibilidade os cromos de maus pintores, ao dizer-lhe as adequadas perspectivas, houve em sua face um gesto de feliz gratidão por lhe termos descoberto um dos momentos da alma.

3 — Visitamos S. O... com a efígie que possui o nosso nome, mas as atitudes que emitimos no curso da palestra, foram as de N... que tínhamos por apropriadas ao gênero do encontro; tanto assim que no olhar exposto ao ensejo do despedimento, vimos em S. O... a satisfação de haver estado com alguém que correspondera à ordem de seu belvedere; entretanto, quanto a nós, sentíamo-nos contrafeito ante o pensamento de que se dera o plágio; e dentre as complementações do delito, existia a memória de muitos outros retábulos onde nos expusemos com os gestos e inflexões de outrem; todavia, a freqüência das manifestações em nada dissimula, ainda hoje e perante nós mesmo, o desgosto por não nos restringirmos aos efeitos de nossa peculiaridade. Outro raciocínio que também considerávamos, prendia-se à certeza de que nenhum rosto se isenta do uso, que pratica, de copiar as configurações que não foram de sua face, adquiridas automaticamente na maioria das vezes, proporcionando a nós, que as perseguimos, interessantes passagens onde se esboça e cresce o espontâneo esbulho; tem acontecido auscultarmos depois, e furtivamente, se o plagiário, ao mover-se à usurpação, se lembrara do modelo, sucedendo negativa a resposta à investigação, tal a sutileza com que lhe penetrara o gesto obtido alhures; assim como, naquela tarde, difundíramos o rosto de N... por intermédio de nosso vulto, da mesma forma, a cada instante e do seio do convívio, costuma brotar, na ausência do respectivo dono, a mesura que alguém veio a expor com desembaraço igual ao de suas próprias exibições; quem sabe se, em muitas assembléias, a ata das aparências não consiste só em registrar as atitudes que além repousam em suas fontes e que ali apenas se entornaram, os verdadeiros autores a permanecerem na insciência de quanto, a suas custas, se integrou nos debates; as discussões havidas, os assuntos relatados de certo nunca sucederam nessas mentes de origem, no entanto os seus rostos lá estiveram de algum modo, e, sem eles, talvez a desenvoltura não se teria efetivado tão a contento; mas, se somos nós o observador que, de seu lugar, espreita o tumulto ou a serenidade dos desempenhos, e os atores do painel se deixam modelar aos nossos olhos, apraz-nos sentir, no semblante ora em apreço, o conspecto da imagem que, distante do recinto, nele se estabelece, não assinando todavia o rol dos comparecentes. Lembramo-nos de uma noite em que vários companheiros se aglomeraram para deliberações, e no coro harmonicamente constituído, embora não tenham ensaiado antes, pudemos vislumbrar, cada um em seu momento, o gesto que ao portador não pertencia: fôra buscá-lo em figura estranha ao consistório, e assim nos coube, então, assistir uma assembléia de ausentes que de seus leitos — era a desoras — não supunham que atuassem tanto: em presença do cenáculo e à vista das participações, em vez do inédito, ocorreu-nos, de fato, a impressão de que em algumas partes existiam os moldes com

que se nos expunham as faces em concílio; concomitantemente a essa verificação, sobreveio-nos o propósito de clarificar a tessitura que com certeza havia entre cada qual e o padrão correspondente; eram ao todo cinco os exemplares que se ofereciam ao estudo, acontecendo que a memoração nos apontou diante de cada vulto, no curso da sessão e fora dela, o original a si pertinente, facilitando-nos a procura que iríamos empreender logo após o encerramento do conclave; no trajeto do local da reunião ao domicílio, alcançamos, sem estorvos, recompor, em um, as teias que o articulavam a certo amigo de quem usurpara as opiniões e os gestos, e não seria em torno da discutida agenda, tão caroável à espécie de atitudes de que se mostrava pródigo o verdadeiro detentor, que a figura em causa se abstrairia de recorrer a tão pronto recurso; quanto a outro protagonista, a cujo exame nos dedicamos ainda nessa noite, vimo-nos sob o espanto de saber de determinada fisionomia, a quem auscultáramos, que o vulto em investigação de há algum tempo se instituíra desafeto do mesmo ser que ele imitava agora; revelação que nos trouxe o desejo de, entre outros painéis, descortinarmos o de ele a censurar acerbamente a ex-companhia, maldizendo da conduta que o vitimara tanto, enfim recolhendo as razões e o desamor da inimizade, tudo mediante inflexões da voz e atitudes que pertenciam, por direito de criação, a essa mesma personagem em relação a quem fazia esforços para anular ou esquecer de todo; dos vultos restantes, o que nos pareceu mais desprovido de naturalidade e que bem poderia compor-se, não em realçados meneios, mas no comum da neutralidade que sentimos na platéia de indivíduos imóveis — uma como que inapetência em participar de assuntos restritos, e a espontaneidade de ser na planície dos desempenhos com efeito não significava esbulho — um dos figurantes que sobejavam, a despeito de nos haver ladeado até a esquina, sem mais relacionamento com os assuntos da sessão, não soube reprimir, ao nos dizer adeus, a mesura que o seu antecessor tivera ao despedir-se de nós minutos antes, por aquele repetida alegremente através da vidraça do automóvel; e ao cúmulo de parecer sugerir que, conhecedor da averiguação que nos assoberbava, e querendo oferecer-se como objeto solícito, se demorava no flagrante que melhor nos convinha, ao mesmo tempo que deixava entrever a consciência dessa passividade; após a deserção de todas as efígies que naquela data vieram em homologação ao nosso intento, ficamos a tecer os motivos por que, sendo tão fácil a desenvoltura das imitações, não se manifestariam analogamente hábeis em fazê-lo no tocante a nós os atores que até se uniformizavam em bagatelas de exibição, tudo a apontar que servíssemos também de modelo em cena qualquer; todavia, ou porque a nossa presença, incontaminadora, lhes não desse o módulo da reprodução, ou em virtude de o nosso olhar só estar dedicado à urdidura em si mesma, quase nunca nos observamos em espelhos desse gênero; quando os tínhamos com o ânimo de assim os inscrever no caderno, jamais se moveram, em outrem, os nossos gestos peculiares, nem nos esclareceram se acaso os houve independentes da notação de nosso belvedere. Algumas vezes, inclusive ao longo de palestras em que nos adveio a intenção de verificar no interlocutor a prestes reconstituição de nossos ritmos, expúnhamos, sem ele suspeitar, férteis e oportunas ardilezas que no entanto se concluíam sáfaras. Não seria de todo absurdo que, naquela mesma noite, a última efígie — a que restaurara o movimento das mãos que pertencera à face precedente — mandando parar o veículo, a convidasse a irem ambas, e então emitisse o nosso gesto; mas não o distinguiríamos, nem tampouco a notícia por interposta testemunha, chegando a nós, nos satisfaria como se o contemplássemos diretamente; a propósito, recordamo-nos de I... que, ao nos comunicar um evento, com ele sucedido, durante o qual se ofendera, segundo nos dissera, por ver-se imitado pelo interlocutor, ainda expressa o constrangimento do primeiro instante; constrangimento que talvez nos ferisse do mesmo modo, malgrado o acerto porventura ocorrido em relação ao nosso corpo, como os demais passível de submeter-se ao exame de tais conformidades.

4 — Não pudemos, à luz da lâmpada, bem recolher a face que N... nos dirigia ao relatar o acontecimento que lhe ocorrera à véspera, tanto contrariava a sua fisionomia o aspecto modelado por inoportunas sombras; se manuseássemos a lâmpada, sem dúvida ela se deslocaria a fim de que o semblante, visto por nossos olhos, correspondesse ao que ele, o interlocutor, cria nos apresentar, impedindo conseguintemente que a nossa atenção se fatigasse ao distribuir-se sobre elementos diversos: os vocábulos proferidos e a figura que lhes era estranha. Havíamos, de outras vezes, experimentando alguns bustos sob a ação de refletores, os quais se multiplicavam à medida que a nossa mão, à guisa de demiurgo com extremas facilidades, vinha a mover a lanterna que assim, de raros comparecentes, fazia uma assembléia de estátuas: cada uma a ser várias outras, sem entretanto abandonar o proscênio; parados, os vultos como que emergiam de espaços ignotos, diferentes leis regendo as suas vidas; e o teor de cada qual não era aquele que conduziam até então, porém outros que nasceram lá fora, em espaços alheios ao nosso conhecimento, parecendo externar ainda perante nós, e na modalidade de vestígios, a força de que participaram, rostos perseverantes de alguma cena, todavia já realizada longe de nosso belvedere. Tantas faces quanto os deslocamentos da fonte luminosa, esta a matéria a serviço de nossa curiosidade, tal à feição de agora entre sombras a figura de N..., liberta de seu

nome que este somente entendia com o som dos lábios, a personalidade escapando assim que os nossos olhos se dedicavam apenas à nova escultura que lhe desenhava a lâmpada; quiséramos, na hora, que existisse a probabilidade de que dispúnhamos na oficina das experiências, que o interlocutor se deixasse esculpir à maneira dos bustos inanimados, inclusive cessando de dizer qualquer coisa, que as emanações da voz substituiríamos pela expressão estampada através de nossa manufatura; porém tal coisa não consentia a circunstância do momento, e assim nos resignávamos à forma que sobreviera a N... por simples acaso de sua posição e da nossa ali, obliquamente a ele; passavam-se os minutos e, para a extensão de nosso interesse, após ele falar bastante sobre o motivo que o atormentava, outra natureza de conversação introduzimos sem violentar o módulo de ser que se encontrava em N..., de tal sorte que ele aderiu de pronto, o que nos foi agradável a ambos: para N... um episódio diferente e confortador, para nós o painel ainda; bagatela fortuita e superveniente, enquanto ele nos respondia, levou-nos, para maior atendimento à nossa lupa, à mudança do lugar em que o víamos; e daí, o vulto novo de N... nos apareceu adequado a exprimir a dor com que nos batera à porta, o vulto, enfim, que devera estar logo ao iniciar-se o entrecho da palestra; por que negar o remorso de havermos sido impiedoso, quando a mente nos podia precaver no tocante ao cruel episódio, induzindo-nos à certeza que de outro ângulo acharíamos a face de N... segundo ele era em sua alma; e não permanecermos por tantos minutos alheiamente a ela, em indiferença ainda mais impermissível se atentarmos no conhecimento que do figurante possuímos de velha data; sem excluirmos o padecimento de agora, que estava, inclusive, a merecer uma saliência à parte, portanto, preferindo ele a nossa escuta para efeito de entorná-lo, nos cabia aceder a N... com solidária ternura, onde se inseriria o reconhecimento por nos ter escolhido, entre inúmeros companheiros, como o belvedere mais consentâneo à sua mágoa; à similitude de alguém que se descobre em erro, e, para anular na testemunha a desprimorosa impressão, vem a confessar o desacerto e insistir demasiado sobre a retidão que de impulso adota, decidimos, em escarmento de nossa falta, expor ao visitante e sem subterfúgios a aproveitada indiferença à vista de sua consternação, apesar de corrermos o risco de, com tal sinceridade, perder, no mínimo, a confiança de N... em painéis daquela ordem; efetivamente, a lisura resultou funesta ao ritmo de tão longa amizade, a antipatia sobrepôs-se ao crédito que havíamos em N..., predominando o princípio de que não ficará incólume, em consciência, o rosto a quem restituímos o aspecto que se desvanecera, em nós, por algum tempo; o objeto sob a volubilidade de outrem não esquece o dano que lhe advém com a ruptura — às vezes inconseqüente, tal a cometida com N... àquela ocasião — da receptividade lisonjeira com que se habituara a refletir no espelho desse outrem; a respeito, sobra ainda a inoportunidade da franqueza, em virtude do sentimento com que N... nos buscara; sentimento que repelia toda intervenção que não significasse um conforto, até mesmo o do silêncio, à atual angústia que se agravaria ante a indiferença de gestos ou de palavras; convindo acrescentar que os proferidos por nosso rosto nasceram da contingência de existir aquela angústia, por conseguinte, em aumento da profanação com que a maculamos; o remorso insinuava-se por todos os pontos que, pertencentes ao vulto em causa, se envolviam em nosso miradouro: parcelas da indumentária e do corpo, há instantes sem nenhum valor cênico, assumiam então a tristeza que a tudo contagiava; assim voltou a fazer-se, diante de nós, o coro da melancolia, e o pensamento, como que estranho ao nosso mal, era pródigo em legendas que punha à margem das observações da lupa: a mostrar-nos, com a homologação subscrita por nossos olhos, que a face inteira de N... representava a alegoria da aflição; quem porventura aparecesse à janela e verificasse o semblante de N..., por certo não ratificaria de todo a impressão que acolhêramos, desde que N... se vestira como se fôra a alguma festa; mas em nós, por isso mesmo que o vulto não sugeria para ele o retábulo da compaixão, mais se condoía a nossa alma ao vê-lo impróprio a semelhante desempenho; por conseguinte, o afeto que, de modo adequado recairia em aparências andrajosas, encontrando a disparidade, se detinha nela, sem recusas, tão caroáveis lhe pareciam os novos alimentos.

Capítulo 8

1 — *O preenchimento dos contornos.* 2 — *A matização das aparências.* 3 — *A contemplação — A efígie esculturada à nossa maneira.* 4 — *Os atores similares.* 5 — *A similitude facial.* 6 — *A substituitividade fisionômica — A presença alegórica.*

1 — Existem faces que, ou por motivo do desempenho com que se acomodaram superficialmente em nós, ou em virtude de se manifestarem alheias ao nosso belvedere, consideramos fixadas à muita distância, os contornos genéricos a prevalecerem sobre as minúcias que lhes são peculiares e que entretanto desconhecemos; elas, as faces, se nos afiguram facilmente substituíveis, apesar de ainda hoje a lembrança nos trazer, quando relemos o painel de que participaram, os mesmos corpos tais como nos surgiram, coadjuvantes efêmeros e como que esculpidos longe de nós. De umas, possuímos os nomes, porém elas, a despeito das aparições em algumas cenas, não se fizeram condignas de mais funda inserção em nosso álbum, nele incluindo-se unicamente por efeito do papel de estarem à beira do esquecimento; de outras, nem os nomes se nos revelaram após o transcorrer da urdidura, persistiram no anonimato já agora impossível de resolver-se, a perseverarem, por toda a vida, em nós, da maneira como se deram naquela vez do encontro; quem sabe se, em ulterior situação em ato, ou em capítulo de alguma história, não foi o discreto protagonista, o mesmo que antes, sob outra ou igual significação, veio a introduzir-se em nossa receptividade, de qualquer modo a inidentificação presidindo, em ambas as conjunturas, a forma de sua existência aliada ao nosso belvedere. Reportamo-nos a N. de A..., inscrita em

retábulos inúmeros, os primeiros de há muitos anos, os últimos de ainda há pouco, e tudo a informar que outros episódios nos advirão, tendo por intérprete central essa fisionomia de obsequiosas disponibilidades; se bem que não varie extremamente de representação, ao inverso, os entrechos, em que se exibe, têm de comum o saudável zelo com que, sem imprevistos, a acompanhamos do começo ao fim da tessitura; agrada-nos realmente promover esse ator a cerne de curtas versatilidades, inspiração quase monocórdica a nutrir-nos a idéia de uma objetividade menos volúvel e surpreendente que as explanadas pelo cotidiano, belo ensejo de unirmos à pessoa de N. de A... um transcendental desejo; assim, o seu vulto se integra também em nosso álbum como se fôra o monitor de si próprio, a sua imagem articulando as cenas onde interfere, e proporcionando-nos a conjectura de usá-la continuamente no curso de retábulos, a fim de que todos se ajustem ao *leitmotiv* dessa presença que a nossa intenção saberá abstrair de sucessos que temos por inadequados ao ser de tal efígie em nós; a propósito de N. de A..., deleita-nos o pensamento de que, antes de havermo-la conhecido nos pormenores da face, tenha ela podido comparecer ao campo de nossa ótica, e, no instante de colhermos os intérpretes da cena, nada nos empecer que fosse o seu vulto aquele que surdira e desaparecera sem nos deixar a identidade; consqüentemente, já a nos pertencer, esquiva e quase nada, mas a ater-se ao nosso caderno, à semelhança de uma nebulosa que, sob nosso testemunho, iria depois cristalizar-se, N. de A... vindo a cumprir, desde a origem, a sua existência criada em nossa existência. Jamais violamos as sugestões intrínsecas do seu rosto, somente estas nos induziram à fatura das situações e dos enredos, nada adiantamos que não estivesse implícito na natureza do semblante; e o puro respeito à sua índole nos tem levado sempre a escrúpulos meticulosos, um tanto a exemplo do indivíduo que, sob fraterna adoração, evita os contatos menos decorosos com outrem que lembra, pela figura, o objeto de sua afetividade; a ponto de repelir um pensamento que possa conjugar a sombrio episódio a efígie que, em nicho imaculado, o indivíduo a mantém; portanto, o pudor deve modular-lhe a conduta ao longo, senão de todas, de muitas vias, onde por acaso se apresente alguma nuança, próxima ou longínqua, do rosto que lhe metrificara o comportamento. Não conseguimos estender os olhos a todas as fisionomias que preenchem o enorme álbum da terra, bem reduzido é o número das que se registraram em nós, malgrado a vigília da lente; contudo, da galeria relativamente escassa, extraímos o bastante para dizer que na extensa perspectiva há como que uma permanente criação de formas dentro de fronteiras de contorno, que são as breves linhas da figura humana, no interior das quais se admitem semelhanças à beira da identidade; no entanto, o comum da empresa — empresa existenciada por nós e em nós — reside em pôr o máximo de diferenciações no interior dos fios genéricos do vulto; é difícil afirmar se algum esgotamento já se anuncia no persistente esforço em se diversificarem os semblantes, mesmo porque existe o cabedal de mortos que só imponderável minoria se preocupou em nos conceder os retratos. Advertimo-nos de que o trabalho se opera, desde as produções iniciais, sem atender a nenhum programa de continuadas similitudes; idealizamos o autor desses exercícios como alguém que, por prodigalidade da matéria, a adota malbaratadamente, para talvez divertir-se com o controle sobre uma tessitura tão ampla, que unicamente ele poderá sentir a unidade que porventura se contenha no decorrer da contemplação. Embora seja de limitada atuação o nosso miradouro, das faces que vimos e anotamos até agora, algumas nos têm insinuado muitas dimensões em matizes, e cujas parcelas não se articulam de acordo com o tempo que nos é normal; porém, da dispersão com que se revelam, cabe-nos o suficiente para vermos, no painel do Julgamento Último, cada rosto junto ao que representa a sua nuança mais próxima, significando tal evento do Juízo o final daquela empresa em incluir, no seio do contorno humano, um molde de variedades que todavia não o rompe, ao contrário, lhe estimula o gênero.

2 — Pena que a nossa efígie possua traços tão alheios à figura de N. de A..., e tal sorte nos impeça o factível devaneio de que no Julgamento Último venhamos os dois a ser contíguos, não por virtudes ou defeitos aqui efetivados, mas por vizinhança das aparências; como seria importante que nos uníssemos em grau estreito, com a conseqüência de vez por outra escutarmos a observação de confundirmo-nos se olhados de certo ângulo, ou mesmo em face de alguns incitamentos; entretanto, jamais ouvimos qualquer alusão a equivalências entre o nosso rosto e o de N. de A..., nenhuma réstia satisfatória ao desejo que, estorvado pelas negativas do presente, mal encontra na quimera o refúgio onde animar-se, sobejando-nos apenas a comunidade de ambos sermos em motivos que na mente elaboramos para o nosso repertório; todas as alianças a dependerem de nossa exclusiva determinação, o nosso belvedere trazendo às nótulas as situações que a objetividade em si mesma se escusa de assumir. Se em nosso vulto não pairam os reflexos partidos da figura de N. de A... — tal na hipótese de estarmos juntos no imenso entrecho — por outro lado inclinamos, em duas efígies que se assemelham a ela, a ternura do devotamento, representando N. de A... a fonte de interesses por nós dedicados além dela; por conseqüência mais um valor avocamos ao semblante desse intérprete, ligado a outros valores que lhes sobram nos domínios da face e do nome; as duas efígies ignoram a ra-

zão de irmos em sua busca nas vezes em que o nosso miradouro, pretendendo a N. de A..., não consegue vê-la, e então a uma se aplica, ou simultâneamente a ambas, a modo de quem anseia a suprir-se de qualquer forma; na ocasião de tê-las assim substitutas da principal efígie, procedemos com a receptividade que consagraríamos a esta; vale dizer, a figura de N. de A..., além de si mesma, expandia e expande em outras os dons, que lhe são próprios, de incentivar o nosso afeto em vultos fisionômicamente derivados dela própria. Curioso que as duas faces não conhecem a que as alimenta em nós, não há notícia de que ambas, ou uma, se tenham reunido a N. de A... alguma vez na existência: convencido somos de jamais se haverem posto em concomitância em frente de nossos olhos, a fim de que pudéssemos dosar um tanto o índice de matizamento que a matéria esbate nos três semblantes, nenhum contágio a presumirmos por efeito da convivência; contudo, tão imediatas as suas efígies que numa só modalidade nos manifestamos em presença delas, constituindo teor à parte essa condição de nosso vulto a repetir-se mercê de nuançados interlocutores. Longe de N. de A..., sobrevindo-nos um dos rostos sucedâneos, não nos vemos de todo afastado daquele que estabelecemos como o original de uma série advinda de sua facial substância; ao inverso, a cada contato figurativamente nos confrontamos com a dadivosa efígie que, de seu lugar distante, se promulga por meio de outrem, em nós; havendo a particularidade de N. de A..., nessas posses fisionômicas, não se expor à insistência de nosso belvedere que, indo a outros semblantes, lhe mantém a fidelidade e a preserva na incógnita em relação ao nosso desvanecimento. Há o receio de observá-las, as três, em ato único da visão: a possibilidade de engano sobre as equivalências, atuaria no caso como elemento negativo à estrutura do devaneio, e acresce que a presença de raro homologa as feituras da quimera; existindo, na face sob a mira de nossos olhos, o agente, às vezes impiedoso, que nos desdiz com a sua neutra sinceridade, sobretudo quando a lente se dirige a minúcias das feições e deixa inconsiderados os contornos genéricos. Assim como nos decidimos a evitar que semblantes se agrupem e por conseguinte provoquem desagradável significação, também em ensejos, a exemplo dos que nos presidem os confrontos com N. de A..., tememos que se efetive, perante o nosso belvedere, a cadeia das matizadas semelhanças; então predica em nós a advertência de impedir a aparição de figura sósia que, porventura surgida, o agente da diluição haveria de fomentar, em nosso respectivo miradouro, a invencível indiscrição de descobrir as diversidades que separariam a ambas. Tal eventualidade sem dúvida escapa às nossas previsões, e o tumulto dos seres ao longo das praças, das ruas, fertiliza a probabilidade de termos subitamente o vulto de N. de A... em companhia de uma próxima nuança de seu corpo, mas prevalece, em resguardo do devaneio, o cuidado de não conferirmos as similitudes que venham a ostentar-se; contudo, não nos isentamos de assistir aqui mesmo, no álbum das existências em nós, uma ponta da grande perspectiva em que os rostos, no final, se reajustariam no transcendental desenho. A apreensão em face do princípio de a realidade esvanecer-se por motivo do muito perscrutá-la, e o desejo de testemunhar o indício ou o escorço de algum painel que se nos acena, pleiteiam dentro de nós o privilégio de viger em primeiro plano; como alguém que, surpreendido com a matéria desavisada que lhe remeteram, todavia resolve aproveitá-la em fatura que não era a pretendida quando da encomenda, transferimos ao caderno, à página das coisas contraditórias, alguns entrechos em que as duas faces, sósias da efígie de N. de A..., promoveram a tessitura de gestos e de imóveis aparências, dentro de nominações de muito impróprias ao ser figurativo desta personagem.

3 — Ao desviarmos a lupa da consideração sobre as efígies, estreitamente aproximadas, para a consideração dos rostos enquanto no gênero da feitura humana, concluímos que o acento maior ou menor com que tais semblantes se inoculam em nossa receptividade, se prende à solidão que na hora a cenariza. Se o ermo, que nos circunda, não se vulnera com a presença de alguma outra personagem, a face humana que na hora nos ocupa o miradouro, acrescenta-se de qualidade que a incorpora mais ainda ao nosso álbum, quer dizer, ao mais perdurável recesso da lembrança: a qualidade de nos trazer consigo, em facial outorga, em implicitude, todo o cabedal de seres que constituem a galeria dos homens. Intuímos os vultos afastados, pelo só comparecimento deste que nos está defronte; do fundo da perspectiva, onde se situam os corpos assim virtualizados, as distinções de aparência não interferem nesse ato de íntima captação; antes, todos os entes se insinuam em nós como se foram de uma mesma unidade, misteriosas correlações a se estabelecerem entre o semblante em foco e cada um dos que, sobrevindo-nos à recordação, ou à imaginativa, se habilitam de súbito a esse proscênio que a soledade fecunda e clareia; ela é, com efeito, o condutor que torna possível, em nós, a existência fisionômica das figuras localizadas à distância, não mais desunidas nos conspectos e sim harmonizadas, por dúcteis parentescos, com este rosto que surgiu para valer-se do silêncio que nos ia em torno; igualmente a N. de A... que, acedendo à solicitação, nos veio ao domicílio, e ao penetrar na porta, havia no seu aspecto a integração dos demais, inesperadamente restituindo-nos, por esse processo, e em termos de virtualidade — trata-se de um arroubo do espírito — as presenças de que nos separáramos; a iniciativa para tal experiência não houvera no chamado que

expedimos a N. de A..., e talvez a intuição que a sua efígie nos despertou, não se teria efetivado se o apelo fosse movido pela idéia de contemplá-la assim tão repleta de outorga; em verdade, pedimos-lhe a visitação de sua face apenas, mas ela, proporcionou-nos, além de si própria, e em êxtase imprevisto, o cortejo de todas as faces; procedíamos à maneira de alguém que, incapacitado de ir à janela, ouvir e ver com os próprios olhos a multidão que lhe acena a homenagem, se comove com a certeza de que ela existe, certeza que lhe é ratificada por um mero circunstante que, saindo do tumulto e com os poderes da representação, lhe desvela com pronunciados relevos o quadro que lá fora se estende. As reações do vulto homenageado, os gestos de agradecimento, não são os mesmos que ele faria se estivesse em contato com a turba, porém feições expressamente aplicadas ao mensageiro na sua condição de ser sozinho; a voz sem se lhe altear nem as atitudes a se exibirem com grandiloqüência, a ponto de o painel parecer, a um recém-chegado que ignora o ocorrido, comum conversação a dois intérpretes; entretanto, a imaginação, a alma da figura em preito, não se restringe ao interlocutor, ela se elastece qualificada pela multidão invisível, e todo o seu interno ser, apesar da parcimônia do desempenho, modula-se ao teor do que se passa lá fora; se posteriormente encontra aquele que lho anunciara, não o reconhece, fôra como se não o vira, e valeram unicamente, no painel a dois, ele, o objeto da aclamação, e a massa exposta à revelia de sua visibilidade. Por nos haver concedido o prêmio de todas as figuras insertas em seu semblante, novo capítulo tributamos, no caderno de nótulas, à pessoa de N. de A... e dele extraímos agora o andamento da palestra que orientamos por sugestão da imensa outorga; solicitávamos de N. de A... as notícias do que se desenrolara na vacância de nosso belvedere, a princípio vagas postulações que depois se cristalizaram em algumas efígies que a interlocutora escolhera para nos informar; cabendo-nos, portanto, permitir ao delegado rosto a seleção dentre os elementos que ele representava, e do universo das fisionomias, os raros que nasceram de sua preferência, puderam assumir, em nós, uma importância difícil de acontecer em outra conjuntura. Uma das modalidades da visitante consistia em isentar geralmente, do tom de espanto e surpresa, normal em descrições, a matéria que dessa forma se livrara de certas influências acaso partidas de seu próprio miradouro; daí o interesse com que lhe ouvíamos os depoimentos, sempre emitidos com objetividade encantadora, libertos de modelações e de julgamentos passionais, crônicas muito puras na superfície do aparecer, eventualidades autônomas que só a lupa delicadamente neutra se revela hábil em no-las transmitir, como se os seus olhos procedessem com independência completa da emotividade. Quanto a nós, éramos cúmplice das diáfanas externações, se atentarmos na maneira com que acolhíamos os explanamentos, so-

CAPÍTULO 8

bressaindo-se o à-vontade específico à natureza de N. de A..., singularmente adequado à ordem e ao gênero da conversação; junto a nós, não a tolhia o mais leve constrangimento, verificando-se nos contatos aquilo que quiséramos existisse nos rostos: a semelhança bastante próxima do idêntico. A propósito de eximir-se N. de A... de sempre se expor sob a forma de transcrições, por ela, dos cometimentos incluídos em seu álbum, rememoramos a efígie de L... que, opostamente àquele ser, extravasava em excesso o estilo de propagar os eventos de seu particular cotidiano; L... se preenchia de fatos em concordância com a individualidade de sua lente, abolindo do repertório as coisas que a contrariavam; extremando-se às vezes em mentir, se o dia o não favorecera com algum painel merecedor de propalação, conquanto nos trouxesse, vinculado aos entrechos proferidos, o rótulo de sua personalidade. L... imergia na convivência de sorte a publicar depois o que fizera e o que assistira, condicionando, por conseguinte, à ulterior exibição, a conduta presente; e nós, que o conhecíamos tanto, ao suspeitarmos, na confusão de alguma assembléia, que determinado acontecimento, condigno dele, iria desenrolar-se, atraíamo-lo à contingência, e correndo tudo conforme os termos da previsão, resultava fatalmente certo que na data posterior, ou mesmo logo após, a circunstância estendia-se de seus lábios à escuta de outrem; até de nós ele esquecia, não precisando de nos tomar por testemunha do que houvera, sendo-lhe mais forte o impulso de narrar do que a coonestação que porventura fornecêssemos; outrossim, o vulto de L... desdenhava de ouvir as descrições inadequadas ao seu temperamento, convindo-lhe apenas as que lhe agradassem difundir depois; estranho cadinho, a figura de L... que, estando morto há alguns anos, sem dúvida quase nada de nossa efígie notadamente o acompanhou na morte, pois éramos escasso em conjunturas factíveis à sua lente; e a nossa pessoal conduta não encerra nenhum conto ou cena que lhe tenhamos adaptado ou feito ao gênero de seu miradouro, salvo aqueles episódios que movíamos para o nosso entretenimento. Por singular coincidência, o caderno tampouco informa sobre nos haver L... alguma vez proporcionado, com o surdimento de sua fisionomia, a intuição de abranger esta as demais que permaneceram ausentes do colóquio; a omissão talvez se explique por efeito de a exclusividade de sua lupa nos ter anteriormente dissuadido de ver além de si mesma, portanto havendo desfomentado, em nós, o efêmero plexo de recebê-la no papel de outorgada, sendo exígua em relação a outras, a figura de L.... À medida que indagávamos de N. de A... acerca de vultos que sabíamos em anteriores contatos com ela, em vez de, observando as suas palavras, estendermo-nos imaginadamente ao longo dos painéis sucedidos, os situávamos em segundo plano: eles valiam somente como pretexto à bela movimentação dos traços, ensejando-os a nos promoverem, do translúcido da oralidade, o ser límpido de N. de A... que, nutrida por nossas intencionais insinuações, atendia a passados intérpretes; apenas, era a pessoa de N. de A... que, discorrendo sobre entrechos de seu caderno, esclarecia sobretudo quanto ao respectivo rosto, significando este a matéria em causa e a única a nos interessar profundamente, ao contrário do comum das entrevistas, quando vigora menos o interlocutor que o assunto em agenda; no tocante a N. de A..., dispúnhamos de seu repertório como o instrumento para colhê-la em dons peculiares, no teor fisionômico segundo o possuíamos através de costumeira lente, invocando-lhe a memória sempre solícita, com o intuito de manter a personalidade de sua efígie dentro de nossas nótulas. Algumas ocorrências que ela nos veiculara outrora ou mesmo no dia anterior, pedíamos-lhe que as relatasse novamente, e ela, supondo que nos contentara o texto, propinava-nos em repetição o desempenho dos gestos; indo o nosso conhecimento, sobre o quanto N. de A... nos podia favorecer, a índice tão alto que, se na hora, mercê de ocasional escolha, lhe preferíamos determinada luz no olhar, era determinado evento que solicitávamos nos dissesse ainda uma vez, jamais se nos insurgindo contra o desejo, antes, quem sabe se por vaga apreensão de nosso intento, como a procurar satisfazê-lo, N. de A... reproduzia o painel com o encanto que, segundo ela, nos parecia melhor. Sobressaía-se dos colóquios, entre nós ambos, a singularidade de nos atermos à humildade de sua efígie em todas as conjunturas, quer exteriorizasse diversão do espírito, quer preocupação de tristeza.

4 — Com referência a efígies que se assemelham em nós, houve duas que constituíam a raridade de serem fungíveis entre si, de se consentirem permutar em muitos entrechos, induzindo-nos ao pensamento de que uma força incógnita as unia em mutualidades fisionômicas, estabelecendo-se mais um prenúncio do nuançado painel: aquele em cuja perspectiva teriam de enfileirar-se os rostos mercê da só vizinhança facial; ocorrendo, com os dois semblantes, delicados estorvos nas ocasiões de virem de seus atos ao campo de nossa inventiva, quando os utilizávamos no espontâneo dos desempenhos, a fim de os trasladar ao caderno das anotações. Os mesmos óbices há de ter sentido o empresário que dispõe, para um papel, de mais de um ator igualmente próprio à personagem, e na impossibilidade de escolher, não obstante necessitar de decidir-se, fá-lo por injunções de outra ordem, de todo alheias aos requisitos da figura: solução que encerra afinal o mérito de não desmerecer os concorrentes preteridos no que tange ao valor de seus corpos e ao acerto com que se candidataram. Diante dos sósias que nos aparecem sucessivamente, ora nos surge a impressão de que procuram

em nós o mesmo papel que temos a incorporar, ora nos insinuam que o motivo representado pelo primeiro intérprete não findou inteiramente, ainda resta qualquer coisa, tanto assim que o equivalente, o segundo ator, nos impõe a diuturnidade do contexto e de modo tão persuasivo quanto o que nos proporcionaria o antecedente, se este insistira em continuar perante os nossos olhos. Com efeito, a cena persevera enquanto um vulto retardatário se propõe à investidura no nome por outrem realizado, e esta é a razão por que vários motivos e contos de nosso repertório costumam ressurdir à baila, estando os painéis e urdiduras sujeitos ao retorno em nossa ótica, sobre eles vigendo a lei da tautologia, a qual impera com maior facilidade quando atende a repetições à base de similitudes entre o protagonista e o seu êmulo. Muitas vezes, o painel em causa, ou a história, nos compunge ou nos constrange com tal excesso que pretendemos esquecer, usando, para isso, dos meios naturais à obstrução da memória como seja, subtraindo-nos à presença de algum ator que participara do acontecido, ou do semblante que fora testemunha dele; mas, eis que um rosto de sua contigüidade, sobrevindo de repente, nos impele a recapitular o episódio e sobretudo a prolongá-lo em desfavor de nosso sentimento, com semipainéis onde se podem agravar os danos da original tessitura. Por desdita, cujo remédio nos escapa, um dos figurantes compareceu outrora a uma situação que ainda hoje nos molesta, e a nós coube assisti-lo à guisa do espectador que, durante a exibição da peça, tendo num dos protagonistas o ser por excelência de sua amizade, bem pouco recolhe de quanto dizem e gesticulam os demais intérpretes, todo ouvidos e olhos restritamente para a efígie de seu sobressaltado interesse; com relação ao nosso miradouro àquela data, a natureza do painel foi-nos oferecida tão abruptamente que redundou impossível o dosarmos as condições de B... quanto à significação de que ia investir-se; e em troca de tal expectação assomou em nossa alma a tristeza aguda e imediata de sabermos que o ator era hábil na execução do papel; o inesperado que se lhe acrescentou, nos atraiu, ao cúmulo de só vislumbrarmos nos demais participantes o estímulo para que ele, o prezado semblante, melhor desenvoltura apresentasse na interpretação que nos feria, como se as maldades tivessem estabelecido antes o ardil de serem em coincidência com o rosto adequado de B..., a dolosa harmonia a visar ao triunfo do ser em deplorável mister; em seguida ao evento, quando a memória assume os poderes de reconstituir o retábulo, a nossa lupa, cumprindo ordinariamente a sua tarefa, repôs as figuras, além das meias-tintas, em pleno relevo de suas coadjuvações até ao extremo de demorar-se em cada uma delas; assim, com o entrecho gravado na matéria do pensamento, passamos a ter, entre as fichas mais acerbas, a cena de B... a se macular, em nós, para sempre; em outras palavras, o cometimento é acessível a dolorosas recordações, desde que, sem contarmos as coisas mínimas que as despertam, algum remanescente do episódio venha a sobejar, depois de tantos anos, mesmo que na hora participe de representação diversa e o nosso miradouro se esforce por apenas atender ao atual espetáculo. Mas, também existem outros instrumentos que nos incutem o episódio que dessarte nunca se faz extinto, dentre eles a face que mantenha, com qualquer dos precedentes atores, uma conexão de similitude em índice às vezes imponderável; e portanto mais ativa se porventura o ente posterior e em parecença o é em grau tão próximo quanto o de G... em comparação a B..., as duas personagens que ainda agora se identificam na reelaboração daquele assunto em nosso miradouro, bastando para isso que o segundo intérprete se deixe observar à rua ou compareça à rampa de nosso domicílio; oportunidade que nos permite avaliar a quanto está sujeito o sensível belvedere que, muito cauteloso da fragilidade, redescobre então o inútil das premeditadas defesas, tão arbitrárias e indóceis se lhe inculcam as efígies da objetividade; também multifária é a nossa existência que a tudo abrange, inclusive os atores de peças ainda não programadas e nem sequer escritas; as folhas em branco, que sobram no caderno, são escassas para conterem os rostos que são, no momento, protagonistas em potencial, e são escassas também quanto às peças vazias de integrações, que o tempo e o espaço nos impedem de preencher, enfim, a todo o universo das não testemunhadas nominações. Pobre de variações, o nosso álbum, que devera suprir-se de mais diferentes painéis — mesmo à semelhança de museu didático que, em virtude de exíguos compartimentos, recolhe tão-só um indivíduo de cada espécie — acumula em si diversidades que se guardariam sob um único nome; o proceder uniforme do belvedere talvez se explique mercê da sedentária atuação; porém não se mostra alheia à unicidade a conduta dos figurantes que consigo aduzem, com modulações individuais, a essência de uma peça adstrita a nós, em última instância o exclusivo espectador, o único a ocupar o seu próprio e imanente ângulo.

5 — Apesar de freqüentemente surpreendido com as composições do acaso, temos que elas se incorporam à nossa criatividade — criatividade por testemunho — e nada as desliga do prazo de nossa existência. A todo minuto, os rostos nos aparecem como a provar que o nome, em que se envolvem, é privilégio da objetividade, competindo-nos apenas a vez de, aproveitando o elenco, formar dessa urdidura algum painel segundo nós; isto no caso de não nos atrair a história ou conto que nos fornecera a fortuidade, pois, atraindo-nos, não haveria porque modificar a teia exposta; entretanto, permanece em nós a certe-

za de que essa realidade, de que também desfrutam outros belvederes, analogamente se capitula na unicidade de nossa visão, vale dizer, na unicidade de nossa própria existência; localizam-se, em nós, os sucessos cujo surgir, desenvolver-se e acabar-se se fizeram à revelia de nosso consentimento e de nossa previsão. Estimaríamos que muitos não acontecessem, e os recursos com que contamos para nos livrarmos das cenas pesarosas nem sempre atuam a contento; convindo esclarecer que a responsabilidade sobre tais eventos, recai às vezes em protagonistas que, muito avizinhados de nós e conhecendo portanto os limites de nossa tolerância, deveram sustar um pouco, ao menos, os impulsos da cólera e a morbidez da suscetibilidade; tolher-nos-iam de prover várias folhas com episódios onde se registra, afora desagradáveis papéis, a posição de nossa sensibilidade, bem ofendida de tudo quanto ocorre; com o agravante de prorrogar-se em nós o seu prazo de vigência, a mais do que obtivera na memoração dos verdadeiros responsáveis. Há, em nós, o escarmento de termos experimentado, tempos depois da configuração do entrecho, que certas personagens dele oriundas, se acaso se lembram de alguma coisa, a exteriorizem com vocábulos e gestos onde lemos fria neutralidade que as diminui, e isso à proporção que a nossa memória se avoluma com a mesma intensidade que a lente despendera na ocasião da cena; motivo por que determinados rostos nos apresentam, ao lado das saudações da visita, o selo da inoportunidade que nos aborrece por entendermos que está presente um vulto humanamente escasso. Pessoalmente nada nos constrange por causa do conspecto de G..., porém a sombra que ele vem a entornar, derivando tão-só de sua fisionomia equivalente à de B..., suscita-nos o não recebê-lo como faria jus o mérito de seu nome; por mais que nos apliquemos a mover os predicados que o tornam ilustre, o pensamento nos deixa interstícios onde se alojam ressaibos que da distância o vulto de B... alimenta com o seu perseverante papel. Lamentamos a conduta de nosso belvedere, mas não conseguimos evitar, em nós, que o fato da semelhança venha a sacrificar, na ordem das relações afetivas, o semblante de quem, por ironia que nos vulnera mais ainda, costuma, em certo dia do ano, bater à porta, consigo trazendo algo a ser, concomitantemente, a dádiva das mãos e o estímulo a nos recordarmos dele quando estiver ausente. Com o correr das efemérides, já possuímos uma coleção de coisas que são outorgadas da figura de G...; e por um desses arranjos automaticamente feitos e que todavia encerram conveniente e aliviadora metodização, os objetos em galeria se justapõem num único móvel, como a nos subtrair da contristadora ubiquidade se os víramos, em disseminação pelo aposento, expostos em cada ângulo do percurso doméstico, refletindo a cordialidade de G..., mas impregnados do vulto de seu sósia, quando do negro e já diuturno desempenho. Sedimentara-se, em nós, o retábulo que, fisionomicamente, tanto era de B... como de G...; após viajar e encanecer-se em duras provações, B..., o inicial protagonista, se nos apresentou vantajosamente inovado nos dotes que lhe compunham o nome, indo ao extremo de nos confessar o remorso que o corroera ao dosar, na reformada consciência, os prejuízos que dera aos outros e a si mesmo no instante do pervertido espetáculo; contudo, os painéis densamente vividos são inapagáveis no teor do caderno, embora a coonestação ou o arrependimento surja com o fito de atenuar ou de dirimir a significação que manifestaram, com o esforço de modificação ou anulação muitas vezes provindo de nossa própria diligência; se B..., em seguida à expressada contrição, passou a merecer uma exegese bem mais favorável no domínio do nome, com referência ao rosto permaneceu o conspecto com que se nos mostrara, resultando insuficientes os óbices que se opuseram à lembrança daquele dia; as costumeiras opacidades transformando-se em desfavor de nosso interesse — que no íntimo desejávamos B... como nos surdia agora — em transparências que lhe perpetuavam o relevo em dano da nova contextura. A diafaneidade dos estorvos atingia a face de G..., nunca, pelo que sabíamos, a cumpliciar-se com assuntos de inferior valimento; a propósito, recordamo-nos de que B..., durante o escuro episódio, enquanto se esmerava na execução do papel, recebendo da motivação as mesuras por ela sugeridas, reciprocamente fomentava a nominação, emitindo-lhe corolários que se olvidariam se não fôra ele o causador, vindo conseqüentemente a alongar em história a cena já de si mesma deplorável; o excesso contagiara o vulto de G..., nenhuma lei existindo que, defendendo a circunstância da similitude, detivesse o primeiro ator a fim de proteger, em nós, o segundo e inocente protagonista; à feição de quem pretende — suavizando a maldade, sem entretanto em alta voz dizê-lo, em contrição da própria culpa — minorar a veemência dos ditérios, em diversos pontos do caderno imiscuímos a figura de G... em participações que todavia não se efetuaram, mas que constituem, quando os relemos, o repouso para o nosso belvedere. As páginas da inventiva, em nós, a favorecerem a um, favorecem também ao outro que dantes, em cena da objetividade, livre portanto da fantasiosa idealização, se exibira em insuportável dolo; lembramo-nos do ator que, pela semelhança com o principal intérprete, o acompanha nos bastidores a fim de que, não indo este ao espetáculo por motivo de superior contratempo, o substitua na interpretação; assim, valendo-nos da similitude, e mais pelo gosto de vermos alguém em reabilitação, temos deferido a B... certas conjunturas que são melhor adequadas ao merecimento de G....

6 — No capítulo das similitudes, havemos de ponderar sobre a natureza que está, em nós, a todo instante, no propósito de, em seu plano aparencial e fisionômico, prover lacunas que ela determinara no começo das coisas; de sorte a afirmarmos que entre dois seres tidos por nós como passíveis de atender ao mesmo papel, pode ela abrir no seio de suas igualdades um vão explícito onde vem a caber inesperado semblante, mais próximo de um que o outro considerado o sósia; tal já aconteceu em nós, não acerca de B... e C..., mas de duas outras efígies que ecoaram pouco em nosso ânimo, se bem que nos deram a conjectura de que existiram e existem em alguma parte inúmeros rostos que subsidiariam vantajosamente os que utilizamos: vultos que nunca recolheremos, mas de seus recessos eles nos insinuam que a nossa obra não será perfeita quanto ao absoluto da correspondência entre a face e a nominação. Fora mesmo do plano da similitude, quantas vezes, ao folhear o livro de estampas de algum pintor, não sentimos que umas figuras se conduziriam melhor em nossas confecções que aquelas tomadas na feira da convivência, o gesto imobilizado em pintura antiga a ser a mais própria sugestão ao mister que vai em nós; mas, as imagens da pintura não ultrapassam o mérito da simples indicação, não as vemos se moverem ao ritmo de seus módulos, dos interesses e das preocupações, tais como vimos a experimentar no exercício do cotidiano. Cientificamo-nos de que alhures há, disperso, um elenco de atores mais condignos: certeza que não nos embaraça, por ser a ordem fisionômica extremamente pródiga de meios para a efetivação de tessituras, ou motivos apenas, que se não condicionam, por necessidade, aos perficientes intérpretes. A rigor, lidamos com faces substitutivas, cada entrecho a se povoar de vultos que poderiam ceder a vez da significação aos que mais se prestassem facialmente à juntura entre a efígie e o nome: probabilidade que nos ocorre por enquanto, ao percebermos que no painel da timidez desempenhado por V. L... há poucos instantes, teria sido melhor que em seu lugar estivesse o rosto de N. de A..., a cuja esquivança o tema em causa se endereçaria como ao seu vero estojo; a intuição a nos incutir que nenhum outro semblante nos propiciaria a doce renúncia senão ela, N. de A...; se tivesse comparecido N. de A..., à idéia de ela ser contígua figurativamente a V. L... e mais vizinha ao lema que nos importava então, o da fuga a um prêmio que se atribuía a V. L..., se ocupasse a rampa N. de A... e nos ferisse o insatisfeito pensamento, a ressalva se resolveria com a substituição de V. L... por N. de A...; este último rosto, que era, para nós, a alegoria da amorável timidez, a encarnar, em si, a quintessência da motivação; o dispensá-lo da tarefa implicaria, sem dúvida, em desfavorecer a sua índole de tal maneira se impregnara do nome renúncia que ela tanto alegorizava; a grandeza nas pequenas coisas a nos emocionar sempre que a possuímos através de seu desempenho, a fortui-

dade sendo positiva em nos trazer, com N. de A..., o bastante em pretextos para que o seu vulto se eleve em nós, sem se retirar da modéstia. Na ocasião de contemplarmos o painel que elegemos, estando nessa escolha implícito o autêntico da personagem no que tange ao papel de que se incumbe, a intuição nos persuade do completo acerto com que o ator se exercita; no momento, ela nos impossibilita certas conjecturas, como esta de existir sempre, em algum logradouro, uma figura mais propínqua da significação que a exposta à nossa lupa; idealidade que se tornou ausente nos instantes de aparecer N. de A... excluída de vaidade qualquer, em entrechos que a apresentavam em companhia de cerimoniosos recém-chegados, desafeita na obtenção de atitudes que condissessem com a modalidade dos visitantes; se houve decorrências mentais a partir da sensação de termo-la em exímio e incomparável desempenho, elas se resumiam na dúvida de sermos nós o causador do ar de submissão e espanto, o mesmo ar quer ela estivesse entre alguns, quer diante de muitos. Tal suspeita, entretanto, de logo se obliterou ao sondarmos a impressão dos que a viam sem o nosso comparecimento: a feição de ela ser perante o nosso olhar, era a mesma com que surgia nos demais miradouros, pertencendo-lhe portanto a origem de seus próprios gestos; as poderosas influências que a cercavam, oriundas de contagiadores que transformam a cena em auréola de suas particularidades, as figuras em torno de N. de A..., primavam em se excederem nos momentos de participação, eram agentes contaminadores que desperdiçavam os reflexos ante a personalidade humilde em si mesma, pois não lhes ocorria imaginar valor no anônimo desprendimento; porque se mostrava o intérprete sem surpresas nem equívocos ao desempenhar o cotidiano, quase lhe não demos no álbum as variações de ser que geralmente atribuíamos ao comum dos semblantes: raros os painéis que, em nótulas, no capítulo das faturas do devaneio, contam com a presença de N. de A...; esses mesmos talvez houvessem acontecido, porquanto se regulavam pelo módulo de sua real conduta, isentando-nos, por conseqüência, de aproveitar em outras urdiduras, que não as sucedidas na objetividade, esse vulto que gratamente inserimos no repertório; é-nos contentadora a verificação de que a realidade e a quimera se teciam do mesmo teor quando as interpretava a efígie de N. de A.... Prestes agora a deixar para sempre o campo de nossa lupa, indo ausentar-se em logradouro que não nos sugere a possibilidade de vê-la novamente, ela nos obriga à satisfação de a determos diante dos olhos, a fim de que a nossa memória se nutra o máximo de tão precioso alimento; sem que lho revelemos, diligenciamos fornecer, em reciprocidade, alguma lembrança ainda mais amiga de nosso vulto, superior às que por acaso ela aviva generosamente em seu caderno; enfim, o nosso comportamento se institui com ritual consentâneo aos da véspera de um perecimento.

Capítulo 9

1 — *As nominalidades — O painel do Julgamento Último.*
2 — *A morte aliciante.* 3 — *A liturgia fúnebre — A indiferença.* 4 — *A imanência do nós.* 5 — *A identificação incompleta.* 6 — *O recolhimento dos passos.* 7 — *Os recintos selecionados — A abstração do ambiente.*

1 — Os assuntos, os nomes, são entidades que vagueiam, corporalizando-se nas figuras pertencentes ao nosso repertório; neles se insere o nosso próprio rosto que, a exemplo dos demais, passa e perpassa na teia das nominações; consignamos a existência desse universo que, considerado à parte, e sob tratamento diverso do que aplicamos ao da realidade empírica, altera a visão costumeira sobre a posição das faces no tempo; o nosso repertório integra-se numa acepção que é atestada na maneira de se nos exporem vários entrechos; os quais, acontecidos em épocas diferentes e por meio de diferentes atores, estão, a despeito da aparente descontinuidade, unidos sob o mesmo rótulo; tais entrechos se exoneram de suas temporalidades de aparecimento para obterem, em nosso álbum, a ordenação que lhes dita a natureza dos temas, dos enredos, das histórias, do nome, enfim. Na apreciação desse universo, de logo ressalta a impossibilidade de estabelecermos, sobre determinada situação, se ela chegou ao esgotamento, se a conclusão a encerrou nos limites de suas fronteiras; e, em analogia ao semblante que temos por nuançado no tocante a outro, a similitude não sendo tão primorosa a ponto de crermos que nenhuma efígie pode intercalar-se entre ambos por igual efeito da parecença, um assunto, que decorreu, fica em disponibilidade para ulteriores participações em seu âmbito; outra coisa não sugere a leitura de dramas

antigos em que os temas se desvelam ainda hoje a fim de receber, em distintas encenações, novos seres que se propõem como atores daqueles velhos significados. Cabe-nos dizer que o arrependimento, a ira, a humildade, o contentamento, o perdão, continuam sob os nossos olhos, e os investidos nessas entidades, supondo exercerem lemas inéditos, apenas colaboram em nutrir a perenidade do nome. Do só ângulo dos significados, presenciamos resolver-se a pretensão à novidade, ao ineditismo com que se exornam os participantes da temporalidade; não obstante presumirem viver consoante a atual e restrita consciência, contudo eles nada mais diligenciam do que as suas atuações nos enredos que os envolvem, em nominalidades havidas desde milênios, permanentes urdiduras que conciliam a todos em razão de sua congênita prestabilidade; atores estes que geralmente se descuidam da repetição da peça, sem se darem ao esforço de conferir o seu espetáculo com os de outros que os devem ter cumprido da mesma forma; tudo a nos esclarecer que a lei da tautologia vige com jurisdição imperiosa por serem tantos os intérpretes, e tão persistentes no cotidiano certos retábulos, e também histórias a vários painéis. Normalmente, a repetição do assunto pelo mesmo figurante nos leva à sensação do já havido, enquanto a assídua mudança de atores alimenta a vivacidade dos velhos temas; prevalece portanto o princípio da variedade dos intérpretes como a necessidade do nome no fito de preservar a sua vigência; o vigor trazido por novo participante vai ao extremo de incutir na platéia a impressão de que há no ator uma importância independente do papel desempenhado, porém os aplausos devem se dirigir à adequação ao texto, e não àquele valor de estréia do semblante no assunto já por outrem exercido. Quem sabe se no entrecho do Julgamento Último não venham a catalogar-se, de acordo com as nominações a que se submeteram, os figurantes que no tribunal, para completa exposição do que cometeram em vida, hão de restaurar os episódios segundo os termos que os intitulavam; e as sentenças, metodizadas pelos nomes, a se proferirem agora pelo mais abrangente espectador que não se iludirá quanto à correspondência entre a face e a denominação do desempenho; as sentenças pesarão as espontaneidades, as iniciativas, os constrangimentos com que se ativeram os protagonistas ao longo da enorme tessitura, computando nesses elementos, com absoluta fidelidade entregues ao Juízo, a circunstância de suas condutas em comparação às de outros que se integraram no mesmo tema: um tanto à maneira do freqüentador que se preocupa, comprazendo-se ou descomprazendo-se, em equiparar o intérprete de hoje com os demais que vira na encarnação da mesma personagem, liberando-se de simpatias e de antipatias para melhor avaliação do êxito entre os rostos e o papel por eles representados. No transcorrer do confronto, surgem de seus recessos, e então unidos pela primeira vez, atores que nunca se avizinharam porque o tempo, na tarefa de disseminar os que se ungiram do nome, os situara em diferentes eras e desconhecedores das equivalências que, no entanto os ineriam em profunda fraternidade; aqueles que, por coincidência das conjunturas, seguiram as mesmas direções e até os gestos se pronunciaram sob o mesmo ritmo, terão de comover-se caso se verifique o reconhecimento da mútua identidade; isto em dose comparável à obtida por figuras que se deram, em ocasiões divergentes, ao espetáculo de certa melancolia e que depois, em efêmero colóquio, se confessam escarmentadas da escura provação, o suficiente para transcenderem esse minuto em duradouro afeto.

2 — Perante o nosso olhar, pairou muitas vezes o nome da morte aliciadora, em painéis de repetição quase literal; foi essa nominação que possibilitou, em nós, a aliança da face de R... com a face de N..., que em suas existências nem sequer uma veio a informar-se da outra; mas agora contíguas, em nosso álbum, por se haverem revestido do mesmo assunto, de igual modo tocantes no centro do retábulo, silenciosas enquanto os coadjutores se esmeravam na disputa da mais perfeita participação nesses dois belvederes, tão delicados que a menor imprudência lhes causaria irreparável dano; as enfermidades que os acometeram, se bem que diversas, tinham de comum as prevenções aconselhadas para que as notícias de chocantes acontecimentos lhes não apressassem a morte; situação de si mesma encontradiça em várias folhas do caderno, um caso de motivação a estabelecer a identidade episódica de cenas que sucederam e sucedem aqui e alhures; mas, a significância do exemplo em causa reside em que R... e N..., ultrapassando o fato de serem fragilmente expostos à final extinção, iam mais além, a ponto de ampliarem o mero entrecho a uma dimensão maior de continuados painéis, verdadeiras seqüências de uma e da outra personagem, em semanas e meses, a ouvirem dos respectivos circunstantes apenas aquelas coisas oportunas à ocasionalidade de ambos; surgiam, nos momentos dos conclaves, a quem, sabendo as injunções dos bastidores, enxergasse o desempenho das efígies, interessantes ocorrências de natureza fisionômica e à similitude de escólios à posição dos principais atores; os pormenores colhidos pela manhã em casa de N... e à noite na de R..., o nosso miradouro os recebia sem separar de cada um a sombra da tristeza, tanto mais incisiva quanto eram alegres as atitudes e as informações prestadas pelos acólitos; enfim, o engodo amável se fazia o tema das conversações, até havendo algum que, livre de exagerado comedimento, se excedia em graciosas inverdades, contudo isentas de imperfei-

ções, tanto assim que, nem o próprio alvo nem qualquer dos escutantes, argüiu, na hora ou depois, a mais leve censura ao saliente e hábil intromissor; o alongamento do inicial entrecho descobrimos em outras e equivalentes conjunturas, portanto, à proporção que as seqüências se prolongavam, novo nome ligava-se ao primeiro, em face do elastecimento do núcleo original; ainda uma vez a extensão designativa — o nome de cumplicidade ao lícito engodo — firmava a existência de painéis com semblantes que, após a despedida e já libertos da piedosa conjura, se entretinham, no percurso da calçada, em pretextos alusivos ou não ao amigo enfermo; mas sem se referirem à pungente comédia que representaram ou consentiram na representação, cada qual deixando mudo o obséquio de há pouco, em sinal de respeito às histrionices que, sem embargo do engano e da caricatura, os não acabrunhavam; na dilatação do preliminar motivo, registramos o aparecimento de outro nome que nos importa em especial pelo que de fisionômico está implícito nele; e na escolha que nos competia quanto à designação que viesse a englobar a todas que naturalmente se recolheriam como subtítulos, mas virtualizadas nessa de nossa preferência — a da morte aliciante — passou a prevalecer o método de nossa ordem facial, que marcadamente se nutre dos ensejos à véspera de falecer algum vulto conhecido; tal houve nos últimos convívios com N... e com R..., que íam nos levar com eles em suas mortes, e no curso da derradeira claridade, nos promoveram a seqüência de assistir o teor do perecimento; este incidia com prematuro rigor em ambos, tal o verdadeiro sentido da litúrgica de estarmos todos nós, os seus visitantes, a impedir cautelosamente que eles soubessem de fatos estimuladores da irremissível perda. Tanto N... como R... possuíam familiares cujo comportamento, sem conter-se em normas de moral a que os dois eram intransigentes, se agravara com célere divulgação nas ruas do bairro; de onde o perigo de chegar ao conhecimento de quem o não podia sofrer, e quanto às cautelas com que se preveniam, em casa, os companheiros temerosos de algum indiscreto a provocar o dano, coube-nos testemunhar painéis significativos em que o tema do receio era o nome a nos expor a variedade de seu conteúdo; lembramo-nos das vezes quando, ao soar a campainha, na residência de R... e no bater de palmas na de N..., um vulto, ou mais de um, levantava-se com olhos intranqüilos em direção à porta; havendo sucedido, quanto a R..., o entrecho que se salientou pelo desenvolvimento: o recém-vindo a escutar o vigilante que lhe pedia, em voz súplice, nada dissesse a respeito do escândalo; e o primeiro, não sabemos ao certo se sinceramente ou por delicadeza, que em si reservava o duplo mister de atender ao interlocutor e de quietá-lo sobre as ressonâncias da ocorrência, a demonstrar que esta não se difundira como se supunha; acerca de N..., fixamos o entrecho de uma efígie que todos considerávamos leviana e que, ante o aviso, se mostrou surpresa, não do acontecimento que lhe parecia imperdoável lacuna ignorá-lo, mas da necessidade da pressurosa notificação a ela, tão zelosa pela saúde de N...; exibia, com a falsa dedicação, o julgamento pessoal sobre o sucesso que, segundo transparecia da exagerada discrição, tentando nos esconder as palavras, ocasionaria a aniquilação do enfermo e a desonra dos parentes; pareceu conduzir à presença de N... a puridade prometida, contudo, convencido de que o agravamento da moléstia se verificara porque ele, o moribundo, fôra ciente do delito praticado pelo irmão, porém disso evitando inteirar-se por meios diretos, ousou, destra e malignamente, indagar do mesmo N... se alguma contrariedade, nos últimos dias, provocara a piora, e lemos no olhar da figura trêfega o contentamento por se ter apresentado tão sutil ao nosso belvedere; o visitante pouco desejável, deixou-nos ali o comum nas pessoas de seu gênero, isto é, nas fisionomias que não se satisfazem com as próprias representações, indo ao inconveniente de observar, em concomitância com os gestos, os efeitos que estes produzem em cada um dos espectadores, evidenciando assim pequena aptidão na arte da exibição; tratava-se de mau ator que, mesmo nas discussões em que atuava com justos pareceres, a exteriorização manifestada ressentia-se, porquanto os olhos pousavam nos circunstantes como a exigir deles os aplausos antes do término das atitudes.

3 — De todas as motivações extraídas dos episódios no aposento de R... e no de N..., a de lhes ocultarem os painéis havidos, permaneceu em nosso repositório, como a de mais consentâneo significado; e sem excluirmos as formas tocantes com que se nos deram, a exemplo da gradação no esconder-lhes os fatos, a partir dos salientes até os rotineiros, enfim, a ordem decrescente com que o mundo se lhes esvaía ao compasso da morte; entrementes, as notícias deleitáveis em breve se converteram em medicamentos muito fortes e portanto nocivos à debilidade em aumento; e os processos de que dispunham os familiares para impedir que R... e N... viessem a conhecer a melindrosa urdidura, eram usados cada vez mais restritamente; desta vez a não consentirem o surgimento de algum dos habituais — pois o fluxo das visitações já se desfizera, vindo a incidir nos mesmos protagonistas a revisão nos modos de atender — que, expondo a inofensiva realidade ou a anedota, se entristeceria pelo desencanto de vê-las sem o êxito pretendido, desgostando-se por não conseguir com elas o lenitivo desejado; conosco se cumprira a fórmula da recepção, e, se bem que nada trouxéssemos para dizer, tivemos a sensação de quem

se acompanhara de rol festivo e numeroso e se espanta de repente com a cassação do contato assim abruptamente deferida; a precaução consistia em vedar ao doente mais um vão onde de qualquer maneira se lhe poderia transferir, para a existência nele, um acervo de coisas que agora, subtraídas ao seu conhecimento, nos acentuavam, por omissão, o estagnado de seu repertório, perfazendo a acepção da morte dia-a-dia a completar-se; se ambos eram já mortos quanto a sombrias novidades, eram-no também quanto a ditosas conjunturas, somente lhes restando o que se pusera em seus álbuns até o minuto de o médico lhes prescrever o fim de mais outras consecuções; as obliterações no ser de R... e no de N... atingiram o cúmulo de não mais se lhes consentir o acesso à visão de qualquer um dos interessados em suas vidas, ferindo-nos da impossibilidade de falecermos, com eles, sob uma significação ainda inédita, nada podendo acrescentarmos ao que já éramos em ambos os repertórios: nenhum entrecho a mais em que aparecêssemos superior ao que havíamos sido, desfeitas todas as oportunidades, pelo menos, a de ungir o nosso vulto com a retificação de certos painéis em que figuramos, diante de seus miradouros, com descontentamento para nós e sem dúvida para eles; nessa tentativa, apenas a aspiração se tornaria lisonjeira, em virtude de confirmar-se irrevogavelmente o episódio concretizado; também nos fugia, para nunca mais, aos olhos de R... e de N..., a ocasião de homologarmos, com o simples gesto de lhes ouvir as queixas, o ritmo das cordiais relações entre nós; eles se resumiam pouco a pouco à lembrança, e talvez nem esta lhes alimentasse o repertório; inclusive, os atributos da imaginação, regidos pela capciosidade da moléstia, ou tumultuavam-lhes os moldes costumeiros, ou se enfraqueciam em elaborações sem nexo; nada evidentemente nos prometia a continuação em R... e em N..., malgrado permanecermos em nossa existência mas tolhido de contemplar, entre nós e cada um dos enfermos, o diálogo fisionômico de preenchermo-nos com a presença de outrem, ao mesmo tempo que esse outrem se preenche com a nossa efígie; a reciprocidade de sermos, em casa de R... e na de N..., se aluía no funeral de nós ambos. Na pequena assembléia que se reunia em terraço e em sala, respectivamente, púnhamo-nos a recobrir cada semblante com o luto de si próprio, quando apenas criam na eventualidade de um só nojo, o do vulto que no leito se imobilizava, despercebidos de que era mútuo o falecer; portanto, a eles todos se estendia a tarja que o nosso pensamento, em litúrgica, envolvia em gradações, atingindo os que depositaram em R... ou em N... maior ou menor quantidade de si mesmos, como as crianças que não lhe ocultaram o melhor de suas vidas recentes, e até os lutos abreviados com que se imitiam na dor os adultos e protocolares visitantes; o nosso pensamento, ainda, levava às coisas, à paisagem inteira, o fumo das condolências, e não isentávamos

CAPÍTULO 9

dos pêsames de si próprios as pessoas e os objetos que, embora nunca registrados por R... ou N..., entretanto se demitiram de toda a possibilidade de serem nessas duas existências; em outras palavras, a extinção que se fazia no moribundo, estava a abranger o universo enquanto realidade e potencialidade no ser de R... e no de N...; compreendemos que a soledade torna menos ostensiva a morte de quem se insula dos contemporâneos; mas aquelas efígies, analogamente ao comum das personagens, não tiveram a precaução de ater-se ao mínimo de autocontinência; ao contrário, se distribuíam através de copioso elenco, as suas atuações se difundindo no público da cidade; ao que nos consta, ninguém se sentiu preso à morte de ambas as criaturas, como se esta se reduzisse ao perecimento dos dois corpos; isto em inconsciência tanto mais paradoxal quanto, na prática do convívio, prevalece a norma de cada semblante oferecer, de si aos outros, o máximo que dispõe de si mesmo, para tal usando de amostras autênticas e falsas, conquanto que se fixem no maior número de belvederes. Não obstante o intuito de se propagar além, se falece um dos portadores desse vulto que se descontenta de persistir a só, a perda efetuada lhe não desperta a tristeza de se ver estar na morte referida; não o estimula saber que a vontade de unir a sua existência ao miradouro dos demais, se executa ao preço de condicionar a retenção de seu corpo, em lupa estranha, aos limites em que esta se enquadra, sobrevindo-lhe a aniquilação se acaso vem a extinguir-se o álbum que o encerra. A indiferença por outrem, enquanto depositário de seu semblante, é uma das entidades mais assíduas no mundo dos nomes, e se exercita sob múltiplas formas; entre elas, a insinceramente humana de compadecer-se pelo vazio que lhe ficou com a cessação de alguém de sua intimidade, quando este sentimento se soma ao logro de não poder o sobrevivente contar doravante com o perecido vulto como o admirador que, em generosa claridade, lhe exaltaria o êxito, perfazendo uma lâmpada a mais na hora dos encômios; outra modalidade com que se externa a indiferença, reside na consideração da figura, em via de morrer, como insuscetível de propalar o mérito da persoalidade restante, não havendo possuído aquela um círculo de relações que conviesse à fertilidade desta última, ela própria incapaz de compreender a importância de tal individualidade, tendo-lhe competido apenas conter as nonadas comuns a quem quer que seja, isto é, as atitudes que lhe manifestara no recinto doméstico; sendo-lhe até oportuna a desafetuosa idéia de que o insignificante e ingênuo rosto, se continuasse a viver, bem que deixaria escapar o inconveniente de alguma revelação sobremodo decepcionadora para os belvederes adequados a tão ilustre protagonista. Várias são as maneiras com que a indiferença, no que tange à morte de alguém em outrem, se expõe no domínio da nominalidade, maneiras que distinguimos nos velórios a que comparecemos, e onde se incluem sinceras lágrimas; porém nunca espargidas na pessoa enquanto efígie que não se prolongará na que vem de desaparecer, efígie que não se refletirá nesse continente muito precioso pela só e única circunstância de havê-la inscrito em seu álbum.

4 — Em vigência perpétua, dilata-se e contrai-se o nome, cedendo às vezes a outro nome, de natureza restrita, o mister de figurar no rótulo; mas a transferência, que se opera, não implica na anulação do primeiro e genérico nominativo: trata-se de sua presença ubíqua no curso de temas e subtemas em que ele, o nome geral, se distribui; nele estão implícitas as prescrições mediante as quais as efígies saem do isolamento para se unirem, e valerem, conquanto unidas, no seio dos painéis e das tessituras nominados. Não são muitos os nomes que de sua estabilidade vêm presidindo as teias das participações, se bem que o vocabulário seja pródigo de indicativos; mas estes se diluem em poucos nomes por tenderem os episódios às nominações mais continentes, que, em sua instância, se reduzem a alguns dilemas como o da alegria e tristeza; quem sabe se, anteriormente aos seres contrapostos, na raiz de todas as denominações, não se instala um imenso nome que aos demais engloba, enquanto de seu pouso emite as irradiações da unidade até os mais curtos e simples entrechos; imanentiza-se o *nós* como a entidade igual ao espectador que, na última fila, tem nos seus olhos, e de nenhum outro, o comparecimento de tudo quanto vê, inclusive a existência dos que compõem a platéia, obtendo portanto uma perspectiva análoga à do nós que, graças a mim, é o absoluto detentor das rampas e dos espectadores, de quanto há dentro e fora de meu atual belvedere. O *nós* tem a propriedade, ele e nenhum outro nome, de envolver a todos os existentes e existidos, resultando-lhes impossível o advento de particularidades incabíveis no campo do *nós*, enquanto nele também se entorna, dessingularizando-se, o *eu* de nosso miradouro; entrementes, à medida que este se abastece no exercício da contemplação, em cada rosto ele vislumbra o *nós*, e, quando atua de si mesmo, está incorporado em o *nós;* o *eu* está isento de exclusividades, a não ser aquela de exibir-se como o único dono da existência nele. Segundo o ângulo de consideração, a nossa lupa ora se movimenta pelos meandros das efígies então seladas com o nome de nosso conspecto, ora se retrai à iconografia interna, à lente de si mesma; em todas as conjunturas, elas acorrem ao albergue de nossa personalidade, trazendo-lhe, a fim de se imporem com as dádivas passageiras e também as demoradas, os seus apelativos

CAPÍTULO 9

em concorrência com o nosso; este é por demais translúcido nesses momentos, deixando-se ver sempre a si mesmo, sem nunca vir a perder a própria designação, a própria qualidade de fulcro do *nós*. Sempre nos resta, mesmo quando nos vemos sob o molde das figuras exteriores, algo de nós que no instante se adelgaça, como costuma acontecer em retábulos de nosso desempenho, quando esse algo pode resumir-se à mera consciência de que somos; essa mesma continuará a exercitar-se em quaisquer momentos da interpretação, tendo antes havido, no ato de nossa entrega aos comparsas do episódio, a pura e tão-somente lâmpada em que se clareiam os contagiadores de nossa imagem. Nunca nos perdemos de todo: tal convicção se acentua na hora em que, reabrindo o caderno das nótulas, nos revemos em painel de nossa diluição em outrem, e então reconstituímos a cena tal e qual se dera conosco; e se, em face da introversão que nos coube no minuto dos decisivos gestos, ela parecer desfavorável ao revivescimento da lembrança, contudo reproduzimos a composição do entrecho: é que os nossos olhos, ao mesmo tempo, enquanto se dedicavam à natureza do painel, ainda se punham a conter a si e a eventuais testemunhas, gravando, de cada uma delas e de nosso vulto, os enquadramentos no local, as atitudes do corpo e as expressões da voz, o teor de nosso desempenho não sendo bastante para entravar tudo que se passou em presença de nós. Fisionomicamente, a circunstância de influenciarmo-nos por efígies que nos pertencem, que estão no existir em virtude de se haverem estampado em nossa existência, em nada invalida a condição de serem porque somos; as reciprocidades de intervenientes, as dialogações entre o nosso belvedere e os dos interlocutores, não se opõem a que os testifiquemos na qualidade de criaturas nossas, à semelhança da obra de arte que se ostenta de modo autônomo, infundindo exigências que só lhe dizem respeito, e não ao autor da exeqüibilidade, o qual, conhecido ou desconhecido, no entanto permanece em companhia de sua obra; no decorrer do trabalho, à medida que a fatura se opera, os seus poderes intrínsecos e já libertos da preferência do criador, podem suscitar imprevistas injunções, inclinando-se o demiurgo a aceitá-las sob pena de desfazer-se, de todo, o ser livre e objetivado, mas cuja existência é devida a ele, o criador. Valores supostamente negativos, alheios e exteriores à obra — referimo-nos a uma elaboração filosófica — surgirão autênticos no decorrer da viabilidade, vêm a impor-se como atributos da programada substância: de tal maneira a feição adequada se eleva numa posição de essência, isentando-se das vulgaridades com que porventura se revestiam em habituais empregos, para, sob a nova acepção, converter-se em insubstituível matéria; esta muitas vezes surpreende o avisado leitor, o obriga a, afastando-se da leitura, trazer à mente a substância, a idéia central, e com ela recobrir o entrecho que lhe causara espanto; e logo verá o inédito de seu uso, as correlações que o estreitam à nominação coordenadora e presente a cada passo, tão próprio ao título que o autor sobrepusera na página onde ele, o entrecho, figura, que o outro nome, primitivamente aplicado a essa convertida forma, não mais corresponde ao teor que agora se exibe. A unidade de existência como prerrogativa do *nós*, em cujo campo se agregam os elencos de todas as urdiduras — essas a independerem, na grande maioria, dos ditames de nossa vontade — identifica-se com a claridade de nosso ser, a única a lhes propiciar o advento ao nosso repertório, que outro competitivamente não há, segundo a *ordem fisionômica;* todas as efígies e painéis próximos e distantes a se afirmarem enquanto recebidos por nosso miradouro que assim lhes concede o estar em seus desempenhos dentro do álbum único, intransferível, que tem o nosso nome: luz efêmera, sem dúvida; e a breve duração, que nos limita, restringirá também, e com a mesma demarcação do término, a duração de todos os retábulos e efígies, morrendo conosco o acervo das captações, registradas em virtude de nossa lâmpada.

5 — Para mais completa integração dos protagonistas em nosso álbum, vamos em busca de muitos, a fim de que manifestem, em nós, as desenvolturas que de outro modo eles nos ocultariam; o propósito que nos leva a procurar, sem convite, os rostos em acessibilidade, sobre exprimir o enriquecimento do repertório, faculta-nos variedades de posições na hora de devassar-lhes os recessos; das posições, a mais percuciente e que mais nos agrada, consiste em sermos outrem, em penetrarmos na figura que escolhemos, e, à revelia dela, exercermos a representação que lhe cumpre no episódio. Em tais momentos, a inclinação do afeto em geral decide quanto à escolha do vulto a incorporarmos; sabemos que, se nos tranferíssemos para a face a quem recusamos o terno sentimento, sem dúvida passaria este a dominar a costumeira aversão; por conseguinte, a figura indesejada ver-se-ia em rigidez menor perante o nosso miradouro, valendo, portanto, o processo de nos situarmos em outra figura, como um recurso de dócil aplicação, ao pretendermos que se estenda o nosso amor a alguém dele desprovido; então assumiríamos, no tocante à face desarmoniosa, atitudes que ela emitiria sob o temário da tristeza, pois resultam desse nome os melhores ensejos para transpormo-nos ao próprio inimigo que na véspera nos hostilizara ou hostilizáramos. Lembramo-nos de B. R..., submetido à feição de ter o nosso vulto em seu lugar, certa noite em que permutava alegrias em assem-

bléia de lazeres, cujos componentes eram todos de sua idade e se equivaliam em pretensiosas maquinações; a agenda se formava de relatórios de cada um a respeito do que fizera, em malignidade todavia pouco danosa a um professor a quem antipatizavam por justos motivos; irreverente rapaziada em que se punham a desoras, em data fixa na semana, e após o concílio, cada qual, com o semblante repleto de tudo quanto ocorrera, regressava ao aposento, e B. R..., que morava em nossa rua, deixava-se observar até a porta do domicílio; entretanto, àquela noite, retirara-se em companhia de alguém para local desconhecido, antes que findasse a reunião, de sorte que, ao chegar ao recinto o anúncio da morte que adviera à sua casa, não o ouvira; ao contrário, àquele instante ele se divertia em outra parte, em cena que de certo se lhe tornou repulsiva ao verificar, depois, o simultâneo dos dois acontecimentos; assim transitamos pela rua afora, sem a parelha do rosto que estaria, na ocasião, referto dos estouvados prazeres e sem notarmos a nossa própria presença, tão incisivo era o papel em que nos mostrávamos; a idéia de procedermos à similitude de B. R..., de sermos essa personagem, apenas sem o testemunho de nosso belvedere à distância, desde que ele se fundia em B. R... a caminhar, veio a nutrir-se de duas possibilidades: uma, de a nossa efígie se compor do contentamento de B. R... ante a qualidade das zombarias, reeditando-se o painel das outras vezes; uma, a de alterar-se o retábulo, surgindo o nosso vulto com o nome de B. R..., mas revestido de toda a mágoa que a imprevista informação devera proporcionar; embora neste caso os companheiros o seguiriam em demanda do aposento, contudo o nosso propósito se reduzia em sermos B. R..., sem a apresentação mais completa do velório, que então se antecipava; quando se dirigira da residência até a sede do conclave àquela noite, a rua vira-se de novo homologada na acepção de ser ela o estrado em que o jovem semblante regulava os gestos ao teor do que iria efetuar-se na sessão do grêmio; estando o nosso corpo a retornar em B. R..., a habitual ratificação apenas se modificava quanto às sobras do concílio que ele transportava em seu aspecto; desta vez colorida de sombras opostas, que talvez alguém, outorgando-se dos poderes do caminho, contemplando o nosso rosto em lugar do de B. R..., e sabendo do assunto a mover o novel protagonista, ou antes, a nós em B. R..., afirmasse que o sentimento, a entidade cujo nome era o da tristeza, por se revelar tão densa e aguda, possuía, como condição de sua essência, entornar-se de um vulto e esparzir-se através de outros, na ocasião o nosso a continuar a substância excessiva para um só intérprete; com efeito, no dilema fisionômico, escolhemos a representação da melancolia, mercê de ela se prontificar mais espontânea e dúctil porquanto o ator que convocávamos — a nossa própria efígie — se indicava propenso à identificação por se haver de logo associado ao nome, a despeito de B. R... não incidir em nossa intimidade; com toda essa predisposição, o desempenho que nos competia ao longo da calçada, expunha aos nossos olhos que outros, de desigual natureza, não havia; o ritual se assemelhava ao da prece na igreja, em favor do perecido que não se conhece mas se sabe merecer a oração, à vista dos enlutados que se congregam em frente do altar-mor, e a alguém entrando, ou vendo as faces na saída após a cerimônia, parecera que nenhuma exceção se dera no número dos devotados à pessoa extinta; conseqüentemente, se se povoasse a rua ao levarmos nela a incisão da mágoa, os espectadores, na ciência de todo o acontecido, e do pequeno contato no terreno das pessoais relações entre nós e o morto, disseram que uma aliança muito estreita nos unira a ambos em outra época; e nada obstante a gravidade do rompimento, o desaparecido afeto retornara mais forte do que fôra ao tempo da amizade: ainda uma vez impondo-se a morte na sua prerrogativa de reconciliar os desavindos, pelo menos enquanto, no núcleo do cometimento, figura a personagem morta; a fim de que a seqüência se completasse, fizemos de nossa ida, à casa em luto, a sucessão dos episódios de seguirmos os passos que daria B. R..., até a cena última daquele corpo, em nós, a chorar a perda que lhe sobreviera inopinadamente; como, até o instante, procedêramos à vista de pseudotestemunhas, quisemos, da mesma forma, que a dualidade de platéia e ator, em nós, se conduzisse ao derradeiro ato; na residência de B. R..., presumindo que a platéia ficasse imóvel no passeio defronte, coube-nos o eximirmo-nos de desempenho que seria exagerado, em virtude da impotência em competirmos com B. R... no grau da devida tristeza; restava-nos, tão-só, demorar os minutos necessários à efetivação dos pêsames, tendo em mira a platéia suposta que, vendo o nosso vulto a retirar-se do vestíbulo em cuja aglomeração se escondera, concluíra da sincera obrigação a que nos determináramos; simultânea à exibição a terceiros dedicada, existiria a outra que consagramos a nós mesmo, a de sentirmos em nós a personalidade de B. R...; agora impossível de realizar-se essa identificação, pois que o nome da tristeza se intensificara e urgia uma interpretação em amostra real aos comparecentes; e mais uma vez, em nosso repertório, deparamo-nos com o estorvo dos circunstantes a impedir as atitudes que tínhamos prontas para o nosso olhar apenas; o mesmo motivo que nos tolhera a identificação a B. R... diante dos observadores estacionados, isto é, o não podermos ser adequado à expectativa de seus olhos, também vigeu quanto ao nosso introvertido desempenho; ao assistente que havia em nós, sonegamos o privilégio de reter a complementação final de B. R... dentro de nossa efígie, o momento máximo de ambos sermos um na mesma dor, em nós.

6 — Recolher os passos, diz-se do regresso que faz alguém ao local de onde partiu; belo tema do capítulo das deambulações, cuja prática assume às vezes o aspecto de silenciosa liturgia, principalmente quando é o nosso vulto quem recolhe os passos, não os nossos, mas os de outrem que se impossibilitara de cometê-lo; em seu lugar, descemos a rua com o nome desse outrem e obediente de coração a ele, enquanto pessoalmente nos esquivamos na qualidade de mera testemunha de nós revestido do retornado figurante. No caso de B. R..., de auferirmos o assunto que lhe dizia respeito, a demora de sua chegada real ao velório, por se ter excedido, e fornecido preocupações de outra ordem, impedira que déssemos aos nossos passos a acepção de que recolhíamos os de B. R...; de fato, no transcurso do retorno, nos distraíramos em alguns significados não consentâneos com o rito de quem volve por onde transitara o outro rosto, sem mais cuidado senão o de ver, ainda quente desse passeante, o cenário que o contivera; havendo, portanto, na investidura, a maneira de que dispomos para sermos de algum modo a efígie que nos escapara, a ausência dela a dissolver-se um tanto nessa tentativa de nosso miradouro. Tal situação se efetiva geralmente à custa de renunciarmos ao conspecto do recém-vindo bem como às novidades porventura trazidas por ele, alguma, quem sabe, conduzida com zelo para o só conhecimento de nosso belvedere; mas, preferimos a perda do gentil propósito, a fim de, em sua substituição, atermo-nos às coisas que o viram a andar e estão ainda imbuídas de sua presença, prontas a nos oferecer, tanto quanto possível, o que eram há pouco; simultaneamente à posse dos rostos que o ladearam, adquirimos o olhar desse alguém enquanto se alimentava das figuras expostas no trajeto; em outras palavras, queremos nós, em tais ocasiões, ter a lente do protagonista que a utilizara sem a coparticipação de nosso vulto, ou, mais estritamente ainda, queremos nos transformar no que seria ele durante o percurso que não mais fizera. Se tivesse acontecido a morte de B. R... ao inteirar-se do súbito falecimento, nos enriqueceríamos da funda significação de sermos em póstuma sucedaneidade: o nosso miradouro a perceber, em devolução a B. R... em nós, os elementos da rua que ele enxergara sem a presença de nosso belvedere; cabendo-nos então uma outorga mais densa e mais grave, porquanto de nenhum modo ele tornaria ao contato dessas coisas; e o nosso vulto, recobrindo-se da face em extinção recente, acrescentaria ao papel em causa o da ressurreição desse ator por meio de nossos olhos; entrementes, sem efeito absoluto o fato do perecimento, que procrastináramos na medida do percurso para sempre vazio do conspecto real de B. R.... A unção da identidade de resto se resume a poucos instantes, aparecendo as versatilidades da atenção que nos forçam a interromper a liturgia; se bem que, em várias conjunturas, quando o outorgado rosto nos é caro,

estimaríamos que perdurasse, nas mais diferentes circunstâncias, o teor de nosso desempenho a representar, como se viva fôra, a personagem fisionomicamente liberta de sua morte; apesar da vigília com que recolhemos os passos de outrem em tais condições, nunca em nosso empírico repositório se registrou algum entrecho de todo equivalente a este, ora imaginado; sobrando-nos, todavia, as vezes em que lográvamos, com furtivas esquivanças, nos esconder da lente do recém-vindo, para, sem estorvos, melhor captar os aspectos que se lhes ocorreram no trânsito até o ambiente onde nos situávamos; a adoção do processo dos passos em recolhimento, a nos parecer mais fecunda, em sentido fisionômico, do que os painéis que ele, o recém-vindo, poderia ministrar aos nossos olhos; o exercício da virtualidade prevalecia sobre quaisquer fomentos da direta contemplação ou da agilidade em discernirmos enredos através de cenas, de episódios. A objetividade não é suficientemente pródiga a nos satisfazer em todos os reclamos da curiosidade, mas em seu bojo existem predicamentos figurativos a nos fornecer o necessário à concretização dos projetos de nossa mente; a essa possibilidade somos devedor da pequena história em que o nosso vulto, em comparsaria com o de M. M..., em determinada manhã, na cidade do R..., se ocupara em conduzi-lo a bordo, à viagem que, segundo as determinações por ele mesmo estabelecidas, afastava a menor presunção de regresso; tanto assim que, ao despedirmo-nos à beira do cais, e adicionando ao seu intuito de permanência lá fora a improbabilidade de algum dia o nosso rosto ir ao encalço de seu belvedere, o fizemos como se a morte houvesse cedido a esse último encontro os poderes da irrevogabilidade; a contar do instante em que se extinguiu o painel dos lenços, preferimos nos distanciar dos protagonistas que também lá estavam para a cena do adeus, e já iniciavam o esquecimento da figura que se partia; colocando-nos à puridade com o nosso exclusivo corpo, resolvemos consagrar ao amigo o conspecto, em nós, daquelas coisas que lhe eram habituais à lupa, instituir, em nós, o miradouro que pertencia a ele, sub-rogar em nossa lente o privilégio de dividir com M. M... algumas folhas de seu repertório; com tal fito, adotamos o processo de recolher-lhe os passos nos caminhos que percorrera, e à proporção que agíamos, as pegadas que déramos, pois ambos viemos desde a sua casa ao porto, as recolhíamos igualmente, em ritual a dois para a comunhão mais estreita de nossas efígies na identidade: sem dúvida repleta da tristeza que se acrescia ao sabermos que o término da litúrgica deambulação confinaria em portas e janelas fechadas, o prédio a nos dizer do nunca mais que entretanto tivera começo há bem pouco; realmente, a conjuntura de estar em princípio uma situação a eternizar-se, propiciou-nos uma sensação de peculiar melancolia, diversa da que nos advém com o nunca mais em pleno curso de seu viger: sentimos desta vez algo semelhante ao que acontecera à testemunha do gênese de todas as coisas, com o nascer da morte, ali, em frente da casa que se tornara deserta de seu habitante, há uma hora.

7 — Nas perambulações praticadas em certa época, sozinho, à noite, na cidade do R.., o recolhimento dos passos era uma das feições com que nos despedíamos de várias ruas, pois havíamos de deixá-las, talvez para sempre, na semana seguinte; o propósito se limitava a poucos recintos, a apenas preenchermos a véspera de partir com o conteúdo de assinaladas invocações: trechos da cidade que outrora se constituíram em proscênio de formações caroáveis ao afeto, de retábulos que, por prodígio de formulação, se inscreveram em nosso álbum tais como se deram. Com efeito, a escolha que fazia a lupa, significava um condigno despedimento à localidade que tanto suprira as folhas do caderno, a memória a recapitular, nos respectivos ambientes, as situações válidas agora, como objetos que alguém prestimoso vem de propinar ao hóspede na ocasião de ir-se; dádiva que é o estimulante, a este, para que não o olvide, tendo-a ao seu lado a substituir a terra por onde transitou; à maneira da cena desse obsequiado que no momento, a fim de externar a delicadeza em face da coisa oferecida, de si mesma pouco valiosa, agradece ao dizer que o presente lhe merece o maior zelo por simbolizar a atenciosa estadia, por conseguinte acobertando a indigência do objeto com a verdade implícita na gentileza, a cidade do R..., exuberante de sítios particularmente sonháveis, no entanto se emitia, em nós, através de ruas sem distinções consagradoras; se comunicássemos a terceiro que as preferíamos como representantes do R... em nossa ausência, admirar-se-ia de tão insólita seleção, mesmo porque ignorava o móvel que presidira a escolha: os painéis da casualidade em coincidência com o estilo de nosso belvedere. E ainda, a exemplo daquele visitante que impregnou a sua cortesia com a autenticidade do intuito, estabelecemos, em nós, a preciosidade a nos advir daquelas ruas, procurando recompor nelas os polípticos que lá se verificaram, como o ensaio derradeiro de umas peças a se altearem depois no seio da recordação, ao simples aceno do nome do R... Tão grata incumbência, que atribuíamos às ruas, veio a efetivar-se, e mesmo que não o houvesse, que o cancelamento da viagem suprimisse a ocasião da experiência, malgrado o inútil das preparações, assumiriam os tais recantos da cidade, como de fato assumiram conosco no próprio R..., o papel que lhes tínhamos destinado; as premunições desse gênero não se esvaem de todo, ao contrário, elas se conservam e produzem efeito no logradouro de origem. Certas elaborações sentimentais, tidas como peculiares do afas-

tamento, são todavia externáveis na própria circunscrição de que procedem, da mesma forma que alguns afetos da distância, em vez de serem privativos da lonjura de muitas léguas, se afirmam também no espaço de um quarteirão a outro; tudo a depender da espécie de sensibilidade, do empenho em se trazer a esta o ritmo da adequada lembrança, e de se fomentar o desapego ao prosaísmo das muitas neutralidades. Um projeto que se não concretizou, uma cena de prévia combinação e que, sem impedimento, passou a tornar-se ilusória, tem, quando relida, o sabor da possibilidade menos forte que na data de sua urdidura, porém na ordem fisionômica os idealizados e antigos painéis são exeqüíveis mercê da disponibilidade de que se inculcam os rostos em desempenhar os misteres de seus congêneres; portanto, os retábulos perdidos estão apenas em aberto a fortuitas interpretações, a importância das individualidades reduzindo-se a bem pouco; e toda vez que as soerguemos no compo de nossa lupa, o relevo por elas alcançado processa-se em detrimento da significação, da tessitura inteira. Enquanto recolhíamos os passos com a mente ungida da idéia de que eles se expunham em invocação à cidade em véspera de perdermos, o nosso miradouro desatendia aos reclamos das coisas imóveis que constituíam a rua, não obstante serem elas que deveriam gravar-se no texto da posterior rememoração; e sim demorava-se o nosso miradouro a ver a si mesmo, preenchendo-se então com a exclusiva ritualidade, liberto das figuras circundantes: preenchíamo-nos com a seqüência de estarmos em aura litúrgica, à semelhança do fiel que, depois da fervente oração, a ninguém sabe dizer o altar onde a proferira, e tal desconhecimento em nada lhe diminui a legitimidade da observância. Análoga ao vulto que se devotara tão-somente à prece, a deambulação se resumira à conjuntura de recolhermos os próprios passos; o projeto, que tecêramos, de levar alhures os recantos preferidos, viria a modificar-se quanto à matéria, com o nosso semblante a transitar intimamente alheio às figurações do logradouro. Mas, tudo se esclareceu quando as premunições se puseram à prova, com a nossa estada na outra cidade do R...; não resistimos ao fluxo dos recantos selecionados para o fim de adquirirmos, neles, a presença da cidade; e, coisa curiosa para quem via, em pleno êxito, o programa da saudade a cumprir-se integralmente, a imaginação, sem que a forcejássemos, introduzia, no percurso daquelas artérias, o nosso corpo a seguir adiante para depois voltar sobre o mesmo roteiro, recuperando as pegadas invisíveis.

Capítulo 10

1 — A face alegórica de E.... 2 — A coparticipação na morte. 3 — A efemeridade de nosso vulto continente. 4 — A escolha de um nome. 5 — A alegoria em outorga.

1 — O semblante de E..., tal como nos surgia, era composto de peculiar tristeza, diversa da que se forma de padecimentos acumulados; diante de certos motivos, que a tornavam mais profunda, ela suscitava a impressão da dor resignada por haver nascido; razão por que, dentre as melancolias que fixamos em nótulas, a desse rosto permaneceu à parte, mas nem por isso o temos dispensado de convocação se porventura o breve conto, a desenvolvermos, nos concita a procurar nele o ator que melhor se adapta à natureza de determinado papel; no caso do protagonista E..., mantemo-lo, por dupla consideração, na reserva dos especiais atendimentos: uma, porque ele possui a disponibilidade adstrita ao gênero de assunto a que pertence, outra, porque a circunstância de ser integrado em tão seguro desempenho, nos adverte da profanação em utilizá-lo em estranhas urdiduras, sendo aliás comum nas confecções o evitarmos conduzir a extremos a versatilidade geralmente assídua em cada figurante; há, ainda, para maior prodigalidade da matéria, as criaturas surgidas na imaginação, mas que achamos prescindíveis ante a riqueza do elenco que nos proporciona a ótica empírica, e por efeito de se não registrarem devidamente em nossa lembrança, o que descobrimos ao relermos, tempos depois, o perfil delineado sob a modulação da restrita quimera. No fundo, há um preito de afetividade no propósito de deixarmos quase omitido, nas fabulações, o vulto que no entanto comparece de constante maneira em nosso pen-

samento; há, talvez, o inconsciente cuidado de não insistirmos com a presença de E... em ditames que unicamente a nós interessam, e que podem vulnerá-lo de impregnação por demais acentuada; à guisa de E..., outros atores são passíveis de sofrer com a nossa morte a extinção ainda mais observável que a sofrida por quem conhecemos pouco, ou veio a participar de nossas tessituras como simples coadjuvante. Conjecturamos também acerca de uma piedade nossa em relação à face que manifesta a amargura de haver sido e de estar na terra, vale dizer, em nosso repertório; então ela se ressente de nosso miradouro, em virtude da fatalidade de ver-se perecida no perecimento que a este sobrevirá; o seu rosto expressa a mágoa de saber que desaparecerá conosco, de que existe enquanto existir a claridade de nossa lâmpada, enfim, o semblante de E... se capitula, no álbum, como a alegoria do amor — condoído amor — da criatura no tocante a nós. Nenhuma suspeita da dependência fisionômica de seu ser quanto ao nosso belvedere, se instalara no espírito de E...; entretanto, se alguém dentre as personagens, que habitam em nós, tomasse conhecimento da existencial subordinação e a assimilasse como quem assimila uma idéia com a aura de advinda intuição, sem dúvida que exteriorizaria aquele ar de piedosa conformidade: qualquer coisa a nos deixar entender sobre o precário de nossa lupa na qualidade de continente de sua efígie. À similitude do escritor que, na fatura da obra, permanece vigilante da primeira à última página, no fito de que se não confunda a realidade descrita com a metáfora que emprega para maior ressonância da objetividade, assim como esse escritor atento em promover a separação entre o assunto e a maneira de tratá-lo, pusemos, fora do índice de tantas matérias, o vulto que seria também a alegoria dos atores em concordância com o próprio querer de nossa alma; alegoria de intérmino conteúdo, pois até nas dialogações mais rudimentares, há sempre em cada interlocutor o desejo de que a personagem defronte se conduza a contento dele; no caso dos entrechos compostos de nosso belvedere e dos seres da contemporaneidade, se prevalecesse nessas comunicações a conjuntura de que estes se advertem do que representam em nós, nenhum outro aspecto das faces pretenderíamos senão o esculturado em E...; como particular desvelo ao rosto alegórico de E..., evitamos incorporá-lo a costumeiras urdiduras, e, extremando-nos em cautelas para que se não afaste de sua significação em nós, não desça do privilegiado investimento, esquivamo-nos de testemunhar muitas ações que ele pratica a breves passos de nosso miradouro, fugimos de receber informações que aludem aos seus desempenhos à revelia de nós; a ausência, de modo paradoxal, a presidir, melhor que qualquer dos graus de freqüentação, o papel que costuma exercer em nosso repertório o semblante de E..., constantemente amado em virtude da distância. Contudo, dada a natureza de nosso conhecimento da pessoa de E..., há horas em que expomos a alegoria, com a necessária atenção, aos percalços a que todo o afeto está sujeito, mas os estratagemas do não ver nos escudam de decepções, de maculações, jamais ocorridas quando o rosto de E... se nos mostra em circunstâncias adequadas ao seu aspecto, comportando-se, no caso, a modo da cor que se aprimora em presença de outra luz. As ocasiões fúnebres em que o nome da tristeza envolve a efígie de E..., temo-las por cenário que melhor se alia às feições tarjadas habitualmente; até nos sobrevém a cogitação de que existe face incorreta ao longo dos significados em que desfila, e por essa razão cai sem relevo o desempenho com que participara, exceto no dia em que um assunto, prestando-se a acomodar o ator à cena para a qual nascera, prestigia na memória do espectador o semblante nas outras vezes tão pouco hábil. Quanto a E..., a assiduidade daquela nominação lhe tem proporcionado, em nós, muitos retábulos em que o seu vulto, em ara harmoniosa que é o ser-em-nosso-belvedere, realça a legítima feição de todos perante nós, tendo em vista o convencimento de existirem em virtude de nossa existência, E... refletindo a unicidade alegórica e alusiva à fundamental tristeza.

2 — A escolha que fizemos da face de E... como a alegoria do ser em que ela habita, sem imaginar o efêmero do albergue que se intitula com o nosso nome, revela-se tanto mais significativa quanto várias outras figuras se ofereceram para tal predicamento, pois a tristeza é a entidade mais assídua de todo o repositório; isto, menos pela prodigalidade fisionômica, que a tristeza possui, do que pelo sentido de perda e olvido que nos vulnera à sombra de qualquer presença; tal sentido prevalece nas circunstâncias em que nos surpreendemos a compartilhar com um ator idêntica situação junto ao recém-morto, o ator, igual a nós a se incluir na irremediável extinção; o que suas lágrimas externam vem a homologar, em nós, o pensamento de que os nossos semblantes estão perecidos no perecimento desse outrem que nos encerrava a ambos em seu repertório. No retábulo da câmara-ardente, os protagonistas nos demonstram a validade de suas contribuições ao papel de falecer com o falecido; de cada qual retiramos, na concorrência ao profundo encargo, os valores figurativos que se prestam ao luto de si mesmo: no coro fúnebre, o belvedere nos apresenta, à medida que discorre sobre as faces participantes, as variedades de ser na morte de outrem, em exposição tão natural e permitida que nos aplicamos em mensurar, diante da amostra de cada um, os relevos que tiveram, as dimensões que ocuparam ao tempo em que a luz, agora abolida, os conservava existentes

em sua claridade. Na vez em que fomos à casa de E..., com a sua efígie a exercer o papel comum de estarmos ambos sob determinada morte, a melancolia da cena nos estimulava ao devaneio de pormo-nos na posição do vulto que se aluíra: o pensamento a avocar ao nosso rosto o apanágio de ser em desaparição, os nossos olhos a se debruçarem sobre o esquife em que éramos, em nós, o inânime conteúdo; enquanto o morto substituíamos, dos muitos coadjuvantes que lá se encontravam, a efígie de E..., acrescida da contingência de, na roupa, não ter ainda o sinal de luto, representava a que melhor correspondia ao painel do falecer conosco. Uma face sem ríctus, um semblante sem revolta e sossegado, como se estivesse a cumprir uma justa pena, um ar de quem reza não por si mas por outrem: a perseverança de seu conspecto, mesmo em retábulos estranhos ao capítulo da morte, facilita-nos a ideação de contarmos com a sua companhia no velório inaprazado de nosso vulto, porquanto a presença de E... é solícita desde agora em oferecer o que nos daria ao se apagar o nosso miradouro; até parecendo que ela o adivinha, tal a espontânea desenvoltura dos gestos em serem tristes dessa tristeza que peculiarmente se ajusta à condição de depender de nosso belvedere; por isso a inscrevemos, no índice do álbum, como o rosto alegórico de quanto somos. Não obstante a naturalidade dos desempenhos em retábulos dessa índole, e a constância de atitudes no conformado sofrimento, negligenciamos convocá-lo para desígnios de menor tristeza; há, em tal conduta, uma forma de veneração por esse raro alguém que assume, em nós, a prerrogativa de ser a imagem que preservamos para as cenas do devaneio em torno da véspera que dia-a-dia vem a espessar-se, a véspera de seu desaparecimento no bojo de nossa própria extinção. O vulto de E... prestar-se-ia a encarnar muitos dos temas e subtemas com que a tristeza se entorna pelo cotidiano, porém nos retraímos em atender as insinuações do comparecimento; admitimos, para esses pequenos entrechos, cuja brevidade quase sempre não dissimula o amargo teor, as efígies que se entregam a nós sem o acompanhamento de maior afeto; mesmo porque, as suas habilidades se desenvolvem em poder do assunto, enquanto E... fixa em sua face não a correspondência a um papel dentre outros, porém a aura de uma intuição que reside em nós, a ninguém ainda revelada; inclusive, a desconhece quem a conduz consigo, e quantos olhos, tendo registrado a existência de E..., se isentam de saber a significação que o seu rosto encerra; quando, no aposento, nos acode a divagação de que a alegoria da escura véspera se esparge em cada um dos miradouros que a tornam presente à revelia de nós, a conjectura em causa termina com a ideação de que uma personagem tão íntima em nossa ordem fisionômica, se distribui em estranhos belvederes, difundindo-lhes o nosso ser, o nosso rosto, em unicidade abrangedora sobre tudo quanto existe; entretanto, o faz anonimamente, anulando, em cada olhar que a distingue, a validade que possui com referência a nós, afirmando-se o criptógrafo absoluto porque ninguém o decifra, carecentes que são os contempladores com respeito ao códice que escondêramos da publicidade; nem ao menos desconfiando de virtualidades possíveis, desconfiança que às vezes acontece no momento da apresentação de uma figura à outra, momento em que a face, inédita à visão do interlocutor, não é vista por este como se fora nascida ali mesmo perante o seu olhar; quanto à efígie de E... em contato com velhos conhecidos ou com recentes amizades, resulta impossível que dela transpareçam as relações entre o seu ar e a destinação de ser a alegoria de nosso ser; tais vínculos anotamos para nós somente, e não se criaram por nosso puro arbítrio, mas se evidenciam por efeito de simples coincidência de seu rosto com a idéia que formamos sobre a alegoria do depender fisionomicamente de nossa lupa. Sendo inacessível aos visualizadores de E... a conexão entre as duas entidades, aguça-se o devaneio em imaginar o trânsito do intérprete alegórico, o passar e repassar de seu corpo em meio a tantos indiferentes à sua condição de ser imbuída de nossa lâmpada; ela a estender alhures, sem a respectiva legenda, portanto sem lhes consentir entender, a significação que lhe proporcionamos: a prerrogativa de nossa existência, na qual todos se incluem. O esforço em promover a índice de realidade o que se oculta agora sob a feição de alegoria, de maneira que as figuras do álbum assentissem na posição de serem todas fisionomicamente em nós, ainda não foi tentado porque a ninguém transmitimos a idéia da incomensurável posse; nem algumas faces a quem demos a ocasião de se sentirem continentes de nosso rosto, nem estas nos responderam com a mutualidade do predicamento; a cada um desses interlocutores, denotamos o desejo de, assíduo, participar de sua ótica mesmo quando não estivéssemos ao alcance da lente respectiva, como nos ensejos em que, ao lhe deixarmos alguma coisa em sua companhia, era um objeto arraigadamente provido de nosso vulto o que escolhêramos para, tocando-lhe sempre na memória, ter consigo a presença de nossa individualidade. Contudo, não levaram ao extremo da especulação o caro indício de que uma dependência inalienável unia tal objeto ao nosso miradouro, e à omissão devemos acrescentar a timidez que nos induzia a lhes não declarar o teor de nossa crença; incentivamos a figura de E... a permanecer a alegoria sem legenda, de que ainda hoje se tem investido; ela própria desempenha, para tal, o papel semelhante ao de uma escultura intencionalmente confeccionada a fim de expor uma significação, e que o não consegue porque se desprendera o rótulo que a explicava, e os desapercebidos, que a encontram em algum museu, a interpretam a seu modo, sem no entanto lhe atingirem a designação congênita. De tanto nos aplicarmos a vê-la como a escultura em carne e alegórica do ser em nosso belvedere, surpreendemo-nos a considerá-la sem a afeição que a N. de A..., por exemplo, dedicamos; na galeria das representações dessa ordem, assinalamos várias efígies, cada uma a externar a significação que lhe concedemos, todas em amostra de delicado interesse; com elas se fixam os temas que as nomeiam, as gradações do apreço estabelecendo-se em série de figurantes selecionados em épocas distintas; mas, o conspecto de E... se alteia a plano superior: é a imagem ímpar que, por direito, virtualmente ubíqua se situa em todo o nosso repositório.

3 — Almejaríamos que ao rosto fosse dado o privilégio que à palavra pertence: o de sobreviver às coisas em que recai; transcendente seria, para nós, que a figura de E..., desobrigada das variações com que se mostra diante do cortejo dos miradouros, se tornasse única à vista de tantos; que a permanência na uniformidade exprimisse o mundo na acepção de estar à véspera de perecer conosco; estimaríamos que cada qual, divisando a efígie de E..., e sem rebuscas na memória, imediatamente dissesse que se tratava do signo expressionante do ser que se destina ao nosso destino; defrontando-se com ela, cada um vinculasse o aquiescido semblante ao repertório que nos pertence, à feição do vocábulo que, ouvido, nos desvela de súbito a coisa que se cobre com a sonoridade das letras. Apenas, para maior resguardo do rosto que a tudo representa, pretenderíamos que à comunicabilidade deste adicionássemos o mister de não perder nunca a significação que lhe deferimos, que no culto de E... a instabilidade semântica se não confirmasse, nem tampouco ele viesse a morrer como as palavras morrem, reduzidas à frieza gráfica e escusas ao mais perspicaz dos paleógrafos; entretanto, paira na figura alegórica o perigo de vir a desaparecer em plena claridade de nossa ótica, existindo a impossibilidade — por outra face não existir que lhe ocupe o lugar em nós — de termos, assim à disposição, um vulto que encerre nos traços o explícito de sua posição fisionomicamente abrigada em nós. Ao escolhermos a face de E..., não desprezamos a conjectura de que a representação em causa traria dúvidas quanto à homologação por terceiros, porventura informados do que ela significa em nosso repertório; diferentemente das alegorias em geral, a de nossa confecção — nos contatos mútuos lhe dirigimos gestos em mira à nossa reclusa intencionalidade — com certeza não se manifestaria, aos estranhos, de tão fácil leitura como semanalmente nos persuade com o inequívoco e translúcido conspecto; a tal ponto que nos perquirimos se a não revelação a outrem, não se geraria da negligência em anunciarmos, aos que dividem conosco a ternura de

compartilhar do conhecimento de E..., o título que aplicamos no delicado rosto, à maneira do artista que, sem embargo da pintura indicar de si própria a motivação que encerra, não lhe dispensa o rótulo subscrito; óbvias razões nos insinuam que devêramos desvelar a natureza do semblante de E..., em nós, a fim de que ele, no mesmo grau, obtivesse o assentimento de quantos nos ouvissem. Mais do que a palavra, a efígie de E... articular-se-ia às criaturas por acaso sabedoras de sua existência, criada por nosso belvedere; o vocábulo resta insensível, literalmente invulnerável à extinção das coisas que nele se contêm, nutrido, que continua, pelas que sobram ou surgem a cada instante, que o fomento dos indivíduos é fábrica a dispor de insistentes recursos; enquanto a figura de E..., alimentando-se alegoricamente do que há e houve, estampa no prospecto o luto de quanto pereceu, somado à melancolia de nosso próprio desaparecimento nela, se nos anteceder na morte, e de sua desaparição em nosso íntimo, conosco, se, ao inverso, ela falecer com o obscurecimento de nossa lâmpada. Em ambos os casos, a fisionomia, exposta ao fenecimento, é desconhecida alhures, confinada em nosso existir e ainda assim alegórica, desde que traduz a exclusiva instância de tudo e de todos que apareceram, que se introduziram em nosso repertório, a cuja efemeridade se condicionam, todos fatalmente unidos a tão passageiro engaste. Temo-nos comparado à situação de rua antiga e evocadora quando, ao deambularmos por ela, o pensamento se demora a imaginar, em devaneio que a convicção de veracidade legítima, que, no interior dos prédios, ao comprido das calçadas, vultos de outros cotidianos se inscreveram também na prática dos mesmos títulos, das nominações que todos estamos a preencher agora, no momento do passeio; cada um sentindo que nelas se inclui de modo inédito, se bem que, um sobrenatural miradouro que se decidisse a rever a procissão dos que se revestiram de uma das nominalidades, abandonaria o cronológico do costumeiro método com que pomos as existências em termos de História e, em vez de continuadas decorrências, o mágico belvedere abstrair-se-ia das acomodações temporais, e tomando a seu gosto o arranjo de nova ordem, de muitos fatos ele permutaria a posição, dado que o velho e o recente seriam conceitos sem validade, todas as figuras, que passaram pela nominação, a terem o mesmo índice de vivescimento; a predileção, no ato de escolhê-las, a originar-se do intuito que sobrevenha ao prestidigitador contra-regra, e tal e qual atualmente, elas oscilaram da alegria à tristeza, e no entanto hoje nada sobeja do que riram e choraram; os painéis de então se embranqueceram para nosso conforto em relação às mágoas que, perante o exemplo da costumeira diluição, se vêm a caminho do completo e nivelador final; inclusive, para desconsolo de nossos júbilos que, a par os congêneres que se dissiparam de todo, se exibem em duração tão breve que, ao toque desta conjectura no preciso instante do contentamento, este se debilita e às vezes se desfaz: o efêmero disputando ao inútil o quinhão do perdimento. Ninguém dirá, sem o aviso, que o rosto de E..., fisionomicamente posto em incomensurável outorga, a possua em verdade; nem ele mesmo, que testemunhou várias diligências para se tornar ainda mais precioso nesse mister diante de nós, nem ele próprio, cientificado de sua grandeza explícita, viria a reconhecer-se agradecidamente em tão elevado papel, mercê de estar em véspera de se lhe escapar o sortílego predicamento, em face de sua extinção conosco.

4 — À guisa do suposto olhar que removeria das posições as figuras do real acontecer, quisemos dispor das mesmas para efeito de repossuí-las nos termos de nova ordem; malgrado a matéria se oferecer obviamente reduzida, a curiosidade em fazê-lo acrescia-se do empenho em mostrarmo-nos a nós mesmo um demiurgo a subverter, sem lhes alterar o conspecto, as tessituras mantidas como irrevogáveis no tempo em que surgiram; para tanto, recorremos ao álbum, em cujas folhas inúmeros títulos se cruzam, não sendo portanto a cronologia hábil a expor, em seqüências completas e contínuas, o fluxo dos painéis ao se evidenciarem fisionomicamente contíguos, para maior plenitude do nome que os recobre. Disseminados tumultuosamente e dificultando o intuito de catalogá-los, os episódios, por serem muitos, como que disputavam, acerca de temas, a decisão de nossa escolha; e como nos faltasse o dom ubíquo, ela recaiu em denominação de antipática incidência; em virtude da indisposição em considerá-la, evitamos admitir o simples anúncio de sua presença, restando-nos todavia os painéis que a encerravam; referimo-nos à nominalidade do desamor no tocante a N. de A..., título que acompanha vários entrechos, ora como principal, ora como secundário, mas sempre o desamor a freqüentar, às vezes com subtítulos de atenuação, as páginas do caderno; páginas contendo vultos que depois nunca se arrependeram das impiedades, olvidando-as, menos como prova de que as cometeram sem intenções profundas, que por automatismo da malignidade, o que os torna algo repulsivos; curtas inteligências a se crerem amplas, em si mesmas equivocadas, à semelhança de O. M... que, diante de pretexto sobrevindo, gastava alguns segundos na preparação do comentário, período bastante para que nós, de tanto conhecê-lo, adivinhássemos o pensamento, até a frase inteira com que apresentava a burla; enquanto ele próprio é que se movia à derrisão, devendo recear que lhe sabíamos dos métodos, por deixar-se prever no momento em que pretendia as palmas. O zelo com que distinguíamos o rosto de N. de A... — zelo que paradoxalmente nos obrigava a não ir onde ela pudes-

CAPÍTULO 10

se estar exposta a nos constranger, em certos casos motivando-nos o remorso porque, se lá fôramos, lhe teríamos talvez evitado o dano — era imprescindível para agora regular também a nova ordem das cenas de que ela participara a contragosto; se nada fizéramos em proveito de sua sensibilidade, se consentimos que se desenvolvesse a trama que a molestava rudemente, na recomposição de nossa autoria dispúnhamos dos meios para reabilitarmo-nos das omissões; mas, o propósito nos impelia a considerar unicamente os entrechos que existiram na realidade, e assim, a despeito dessa restrição limitadora, porquanto o uso da quimera nos aliviaria sobremodo, haveríamos de encontrar, na urdidura de velhas cenas, a ocasião de atender aos reclamos de seus olhos, tudo através de simples permutação de folhas e da conseqüente variação de significado. Liberto das imposições do tempo, resultou estabelecida uma continuidade em concordância com o nosso intuito; o fio, então alcançado, a obedecer à melhor acomodação do nome em sua decorrência abrangedora, cujas modulações se perfaziam à mercê do semblante de N. de A...; se possuímos o condão de converter as figuras ao teor do enredo que escolhemos, da mesma sorte cabe-nos o poder de amoldar o nome às normas dos vultos registrados no caderno. A predileção nos dirigiu a selecionar o rosto de N. de A... e os episódios em que se nos expôs, e o tomamos por principal intérprete, a ele que tanto sofrera com a constância da desestima, e não a qualquer dos demais, autor, co-autor, ou cúmplice, como nós, de haver ela permanecido em mágoa; devia o título da nova teia condicionar-se ao preferido rosto, e as extensões subentendidas que se inserem, dentro do nome, deviam subordinar-se ao desempenho que ela emitira em cada um dos retábulos; em verdade, de sua aparência expedia-se o predicado de ela ser uma em todos os acidentes do estar e do querer; sendo estes acidentes os gestos que se diversificavam de um entrecho a outro, competia-nos agora dar-lhes a acepção legítima, com eles a provirem da imutável substância: a acepção de ser em tranqüilo amor, propagando-o até mesmo em quem a hostilizava. Com que sutilezas nos aplicamos a rever na memória, um a um, os painéis de N. de A... em confronto com os algozes de sua fragilidade, a nossa iniciativa a dosar o movimento das mãos e a tristeza dos olhos, modeladas as atitudes em consonância com a menor ou maior dureza dos incitamentos; interrompendo a mira sobre o maldoso comparsa, contudo não o perdíamos, pois o notávamos em reflexo na medida que N. de A... esboçava; o assunto a emergir e a avolumar-se pelas junções desses momentos, à similitude de alegoria a posteriori, como tem acontecido a escultores e a pintores que, desejando de início a estátua ou o retrato para efeito diverso, se decidem, no final, a rotular a obra com a generalidade de um nome. De fato, para o ajustamento dos diversos entrechos, dependentes da figura de N. de A..., admitimos, em caráter preliminar, o episódio em que ela, pretextando súbito mal-estar, se eximira de levar a termo a começada participação; tudo se compunha sob os ditames desse retábulo, que fora o primeiro e o tomamos ocasionalmente, e enquanto isso, várias designações insinuavam-se para servir de lema à refatura; por exemplo, a de timidez, por suspeitarmos que a sua atitude advinha de sermos um dos membros do painel e que nos constrangeríamos ao vê-la em árdua prova; a de desprezo, em face do ator incômodo que ia levianamente submetê-la a ouvir o relato de cena outra, em que ela se mostrara anódina perante alusões desagradáveis a alguém de seu amor; mas nenhum título veio por enquanto a prevalecer nessa fase de indecisão à vista dos eventos a manusearmos ainda; somente após havermos reaglutinado a todos, inspirado por aquela conjuntura que apanhamos a esmo, é que o nome do desamor se sobrepôs como denominação da obra, o tema a convir em última instância: desde que, referindo-se não diretamente a ela mas aos vultos que a molestaram, o nome do desamor compreendia a circunstância de ser N. de A... tão simples e silenciosa que, não captando para si o peso de uma designação, melhor se lhe adaptava a contingência de não indicá-la, deixando que, nas efígies da impiedade, recaísse o privilégio de lhes corresponder a nominação.

5 — A figura selecionada para a alegoria da acomodação dos seres em nosso ser, — como toda efígie que fixamos para determinado papel, e que alterada posteriormente pode suprimi-lo, em conseqüência obrigando a nossa memória a estampá-la com os mais duradouros tons, a fim de que salvemos a participação desincumbida outrora — a fisionomia de E... poderá amanhã desatender à validade que hoje lhe adere, o que há-de ocorrer com certeza, pois o tempo, no qual todas as coisas são infalivelmente solúveis, trará a mudança ao prestigiado rosto; ao considerá-lo sob a fatalidade desse advento, caso a morte não a evite, a posição, que antes lhe déramos, reduzir-se-á a uma indicação apenas de nosso álbum; nem será fácil para nós substituir, por outro semblante, aquele que, com tanto zelo, preservamos ainda na atualidade. Na rua em que, ao deambularmos, a imaginação costuma persuadir-nos, senão mesmo certificar-nos de que muitos nomes ali se preencheram de vultos e de ocorrências, todavia, nada resta de quanto se passou: tudo que fora havido desapareceu para sempre; eles se inserem, na diluição ao nada, como seres equivalentes agora, se bem que na época das aparições se manifestaram incisivamente diversos os entrechos, os rostos e os respectivos pensamentos; os vultos palpáveis e os devaneios, os atores e as peças desempenhadas, as certe-

CAPÍTULO 10

zas da convicção e as bagatelas da mente, em nós, todos estão sob o mesmo ângulo obscuro, por não podermos restaurar-lhes a vida que tiveram; se infletimos o miradouro às efígies da atualidade, a conjuntura do perecimento pesa em nós à guisa de modelo a que os fatos de hoje deverão imitar, todos eles convergindo para a última instância do nada que o nosso belvedere representa, ele, que, indo à morte, conduzirá consigo, nela, a crença mesma de que tudo se equipara enquanto consumível no tempo. Sob o ânimo com que reproduzimos imaginativamente os painéis da antiga rua, vemos os de agora, com a sensação mais espessa de sentirmos o efêmero; assimilamos nos episódios o que deles almejaríamos que se eternizasse, como a alegoria de E... subscrita com o valor que lhe apusemos, como certos desempenhos que à nossa vista se mostraram conteúdos melhores do que outros que em transcorridas eras alimentaram o mesmo nome; compacta condição do perder-se, que a existência de um álbum, que os encerra, deixa evidente, e lamentamos que alguém de outrora, residindo na rua, não haja também composto um pessoal caderno, permitindo-nos, nesta data e durante pouco, deter a sua conjuntura de estar em desaparecimento; esse pouco é a perdurabilidade de nosso belvedere. A obsessão pelo passado escrito, e tanto mais satisfeita se o for graças a semblante da respectiva contemporaneidade, estimula em nós a aproximação entre as faturas do devaneio e a veracidade dos painéis que se exibiram dentro de nominalidades que ainda hoje rotulam os eventos de nosso cotidiano; como também as histórias acontecidas e restauradas por escritores delas distantes, as aproveitamos, com a particularidade de as lacunas serem providas pelos recursos de nossa imaginação; o engenho a facilitar-se com o uso dos contornos genéricos, visto que as minudências caracterizadoras da idade não costumam interferir na plenitude de tais nomes. Assim é que levamos o rosto de E... a participar, em função alegórica, de cenas que se verificaram há muito, isso porque em qualquer retábulo sempre resta uma posição onde colocarmos a figura que é de ubíqua representatividade; ou antes, em todo o painel deve caber, senão cumprindo algum encargo de interpretação, ao menos vinculada a ele, como em telas de antigos pintores o orago da família exposta, a efígie de E... na qualidade de representativa dos semblantes ao aceitarem a envolvência, a subordinação ao nosso próprio existir. A prerrogativa da quimera tanto se estende à atualidade como às coisas de outrora, e o intuito em movê-la aos fatos sucedidos coonesta-se em face de querermos que nosso repertório, nesse tocante, se ajuste, aos entrechos que se passaram de maneira irreversível, isentos inclusive de emendas de personagens que lhes sobreviveram, a presença de um semblante empiricamente impossível de juntar-se a eles. Com efeito, nenhuma aliança, nem mesmo a da comunidade de ambiente, defere ao episódio de outra idade o ensejo de consentir logicamente que a figura de E... venha a dele participar; todavia, na ordem fisionômica, na sistemática de nosso miradouro único, a escala dos acontecimentos admite que, situando a E... no interior do velho retábulo ou à margem, como iluminura consentânea com o texto, moderemos o rigor da impossibilidade e unamos ao nosso existir, no seu caráter de possuidor de todas as decorrências, e de aspecto assim análogo ao do autor a rubricar as suas obras, os sucessos há muito vividos e estranhos à atual interveniência. Alongamos, onde quer que nos suscite o desejo, a presença da lupa aos mais distantes painéis, bastando que a figura de E..., fazendo as vezes de nosso rosto em entrechos que em realidade não vimos, e entretanto nos pertencem por interpostos recursos, lhes impregne o selo de nossa individualidade, sob o pseudônimo daquele rosto — o rosto de E... — que, na feição alegórica, é o produto de nossa inventiva, tanto mais significante quanto fica a representar os atores enquanto existentes em virtude de nós. Em verdade, a alegoria se constitui do arbitrário com que o confeccionador da obra vincula a esta o nome que ele imagina intitulá-la; as conexões perceptíveis entre ambos firmam-se em geral acordo mercê de intuitivos conhecimentos ou provas experimentadas em extensões do nome; há neste o poder de retrair-se e de disseminar-se em entrechos de variadas formas, o consenso unânime a afirmar o certo da alegoria que muita vez o autor, ao iniciar a fatura, pensara em lhe oferecer uma intenção outra, restritiva, como a do retrato ou da pintura de gênero; de modo semelhante, a princípio a face de E... se elevara comovidamente em nós, e merecera lugar à parte entre as inúmeras folhas; mas, com o tempo, ascendeu à especial outorga de ser o dístico de nosso belvedere nos próprios retábulos onde ela não pudera vir e testemunhar, com os seus olhos, as coisas que nos sobrevieram do ler ou do ouvir contar, facultando-nos a leve ubiqüidade de, em nós, comparecermos aos recintos que selecionamos.

Capítulo 11

1 — *O recinto habitual.* 2 — *O arquiteto.* 3 — *A repetição da presença.* 4 — *A ambiência despersonalizadora.* 5 — *O contágio da morte.*

1 — A presença de D. S..., nas poucas vezes em que o vimos, adquiriu excepcional importância em painéis que se não teriam dado sem a sua participação, a despeito de tal vulto se intercalar entre os de menor acolhida em nosso afeto; mas, a conjuntura de ser ele uma entidade nominalmente poderosa quanto a valores de certa natureza, movia, com tonalidades duradouras, os episódios de sua aparição; examinando os painéis em que ele se registra com tanta saliência, concluímos, depois de bem analisarmos a interpretação de cada figura, que o ressalto do seu papel era digno de consideração à medida que proporcionava ênfase aos demais atores animados e inanimados: sublinhando-os ao extremo de hoje perdurarem eles em nossa memória, quando, de si mesmos, se destinavam ao esquecimento pela constância com que se expunham a nós sem nos ofertar o grifo dos conspectos. As fisionomias inanimadas, os móveis e coisas da residência, todos os dias em determinadas horas estavam conosco, e apesar da solicitude em acederem ao nosso olhar, eram seres do fatal olvido, cada um privado de meios para se entornar de si próprio, confinado no aspecto e desprovido de acenos; de tal sorte fungíveis que se mudássemos para um albergue onde existissem equivalentes, de certo continuaríamos a ter a estes últimos como os da anterior morada, jamais prestes a saírem de sua condição, a exemplo dos corpos que na rua nos ladeiam a caminhada e não se erguem ao plano das peculiares

descobertas. O hábito é padronizador de ritmos, e os atores que a ele se vinculam, escondem ao belvedere em causa os indícios de suas distinções, as individualidades se recolhem, invisíveis, ao recesso dos contornos que lhes infunde a uniformidade do nome; ao se modelarem igualmente na designação, ao miradouro em costume não acode a idéia de, sem esperar que a iniciativa sobrevenha das coisas dessingularizadas, subtrair do modesto recanto as faces despidas de si mesmas; de nossa parte, o não fizéramos, daí a novidade de obtermos depois a vivificação de tais figuras quando D. S... nos assomava à alameda com a magia só ulteriormente patenteada em nós, contagiando, para a existência, os rostos esmaecidos na generalidade. No rotineiro dos desempenhos, se acaso necessitamos da certeza de havermos exercido um papel, certeza que, não nos ocorre porque a execução se emitira isenta de peculiaridade, a dúvida comprova o dano que nos atinge por ser a lente incapacitada de contínua vigilância, de estar sempre aberta às coisas e às atitudes que compõem os painéis do nosso existir; unicamente após o retábulo da incerteza, e para o fim de torná-la inoperante, é que nos munimos, pela memória, das personalidades que deveram ter comparecido ao evento, comunicando a cada uma as linhas de sua propriedade, devolvendo a cada qual o relevo que se extinguira ao tempo da interpretação; inclusive, fatigamo-nos a buscar, em vultos presentes ao episódio, a revelação convincente de que, em verdade, promovêramos o gesto de que não ficáramos persuadido. Como se desvelam aos nossos olhos os coadjuvantes da cena do hábito, como estranhamos que eles se tenham ocultado à luz de nosso belvedere, nessa ocasião em que, despertados ao toque de alguma minudência indicadora, alteiam à superfície do esclarecimento a tessitura letárgica; então descobrimos a composição harmoniosa entre o nosso rosto e os objetos em redor: é dissecado enfim o entrecho, a exemplo dos que renascem agora sob o prestígio de doce recordação, com a efígie de N. de A... que surge para nos dizer que determinado recanto do aposento se preencheu, em certa noite, de sua figura imóvel, que a mesa tão prosaica até aquele instante, se revestiu de inédito predicamento, que a aldraba, em suas mãos, a elas se uniu para todo o sempre em nós, as parcialidades do recinto a se demoverem, do obscuro em que a negligenciáramos, para a lâmpada de nosso interesse, para o conhecimento que a afetividade torna duradouro. Assim como a N. de A..., a outros semblantes reportam-se as figuras do aposento sob a feição de atores impregnados dos papéis a que se aliaram, constituindo um museu de parcos elementos mas de várias alusões; bastando que a palavra ou a idéia aliciadora, trazida de fora ou oriunda de nós mesmo, lhes descerre o contágio que se verificou sem que o percebêssemos, a fungibilidade convertendo-se no seu oposto, os intérpretes do hábito por um momento demitidos da costumeira forma e em comovedora evidência, mais ainda se o amor lhes dita o encargo. Os móveis do ambiente, pelas virtualidades que se inculcam neles, pelas outorgas de que se têm imbuído desde longa data, e, como esses objetos, muitos escaninhos da arquitetura, são entidades a todo instante prestes a nos oferecerem o que há em suas efígies silenciosas, cabendo-lhes a prerrogativa de pôr as nossas lembranças à mercê de sua ordem de acordá-las; então sentimos, em especial plenitude, a validade desses expositores que nos impulsionam a imaginária interna, a liberdade de rememoração adstrita ao que está entre as paredes; não obstante o reduzido quanto a assunto e elenco, a matéria em amostra faculta-nos o arbítrio de tecer alguns atos, ligeiros contos, contigüidades só agora possíveis, entrelaçamentos negados à época de seus começos, teias francas à legitimidade que lhes inocula o contra-regra que existe em nós; nesses momentos, aproveitamos os intérpretes sem ferir as naturalidades primeiras, obediente que somos às coisas inseridas na sala, todas fiéis aos moldes em que habitam. Quantas vezes retiramos o vulto de N. de A... do assinalado nicho e o envolvemos em outras circunstâncias da casa, situando-o em companhia de alguém que procede de diferente meio, tudo através das cadeiras em que se sentaram; tão pródiga se exibe a morada em relação a tais cometimentos, que, se elas vierem a desaparecer, nos sobram os vazios de suas posições como suplementos a nos proporcionar ainda os marcados conspectos, lacunas inconfundíveis nas quais se delegam os corpos outorgantes.

2 — Faz muitos anos que, ao mudarmo-nos da residência onde tantos painéis se verificaram, lastimamos a perda de muitos que alimentavam o convívio; em conseqüência, sobreveio a nós, à primeira tarde do novo domicílio, um espetáculo diferente daqueles que, de ordinário às mesmas horas, se estendiam ao nosso miradouro; a despeito de olharmos para os mesmos objetos, a contingência de estarem em outras posições, em recinto bem diverso do anterior, suscitava-nos, como nunca se dera antes, mesmo porque não nos chegara equivalente conjuntura, a sensação de que uma alteração profunda se operara no aspecto dos móveis, e de resto em nós mesmo, os transferidos de continente. Não presumíamos que entre o objeto e o espaço existisse a estreita conexão, o vínculo que experimentávamos agora, na cidade de O...: tendo as mesmas personagens mudas, entretanto algo lhes faltava para se incluir em sua mudez, algo expressamente dirigido ao nosso belvedere: o familiar contexto que induzia a certas virtualizações de que se impregnaram, enfim, a interioridade do bojo que as abrangera organica-

mente. Perda maior, todavia, suportamos em outras ocasiões, acrescentada do dano de nem sequer dispormos de nossos objetos, em suas acomodações legítimas, tal na solidão dos paquetes e dos quartos de hotel; se bem que depois, em obediência à lei da assimilação, a memória nos restituísse, fora deles, alguns esboços de aliança entre episódios rotineiros e os elementos fixados na curta habitação, porém sem mais possuirmos o contato desses últimos, a pronta e fértil aparência que nos facilita as entrosagens nas horas que a elas dedicamos; a dificuldade de rever os recintos precariamente incorporados a nós não é, contudo, suficiente a nos alhear de seu exíguo mérito; ao contrário, sempre que voltamos às cidades percorridas, a escolha recai em albergue onde algumas cenas se nos implantaram apesar de tudo, indício talvez de inclinação que a idade fomenta, qual seja a de reduzirmos o inédito em nosso repertório, em favor de retábulos já nele incluídos; no gozo dessa tendência, sentimos que não se empobrece o álbum, antes se opulenta com a vivacidade dos antigos intérpretes. Reportando-nos ao álbum, folheando um a um os entrechos que o compõem, deduzimos que a grande maioria deles se abasteceu de passagens acontecidas sob algum teto e dentro de tapumes que as tornavam estanques, de prolongamentos vindo de fora e absorvedores da interna ambiência, suscetíveis de trazer ao episódio modificações na escala com que aceitamos o respectivo desempenho: como se houvesse, em prejuízo da acomodação da cena em nossa lupa, o risco de exalar-se, além de nosso alcance, o teor do significado a desenvolver-se; o qual, compelido a efetivar-se entre as paredes, deve a estas a condição de bem exaurir-se diante de nosso testemunho. Os septos, os anteparos que nos preservam de diluições e que atendem ao módulo de nosso belvedere, firmam a importância de quem os concebeu, verdadeiro artista que, estabelecendo, como praxe, a renúncia à glória da autoria, se reserva ao anonimato que, inclusive, chega muitas vezes a anular as perscrutações de historiadores e de entendidos na matéria; muito desejávamos que todo edifício, no interior do qual uma cena se nos ofereceu ao miradouro, e pelo interesse fisionômico veio ela a fixar-se no caderno, tivesse, rubricado em algum trecho, o nome próprio de quem o idealizara, isto como justo preito ao colaborador de nossas recepções e inventivas, de tudo quanto foi realizável por efeito de uma concha fecundamente guiadora, em cujo seio as figuras se estampam aglutinadas ao vazio que preenchem e que, ao se retirarem, restam virtualmente nele, à guisa das visitações que ocorrem em nossa residência. O desejado hóspede e o ocasional comparecente, ambos saíram e ficaram, mercê das fixações que para eles urdira o autor do prédio: nem por desperceber-se dos cometimentos que haviam de registrar-se em sua obra, o arquiteto desmerece o calor de nossa admiração, sabido que a insciência a respeito de tais corolários, se capitula a seu crédito; pois ao criador é propiciado não abranger todas as conseqüências de sua fatura, a fim de que, aliviado de novas preocupações, e adstrito unicamente ao que em formas surge na oficina, possa empregar-se a fundo na substância, cabendo aos contempladores de sua arte o mister de lhe justapor os efeitos porventura não considerados. Certo de que, na feitura de vãos, o arquiteto, mais do que qualquer outro artista, delega a estranhos a incumbência de à obra anexar o que seja adequado a ela, cedendo a terceiros a propriedade de unir-lhe os acidentes que assim, através de aglomeradas contribuições, a faz duradouramente viva, sentimo-nos particularmente devedor à existência das casas, onde numerosos entrechos se exibiram precisamente condicionados pela arquitetura: gestos que se manifestaram, motivos que se moveram por causa do engenho conjunto de nossos olhos e do arquiteto. A este somos grato por tudo quanto implica na situação de nosso vulto, quer se exibindo, quer observando, na paisagem dos prédios, no aposento e no correr das ruas, das praças, das avenidas, sendo ele o regulador de nossos passos e dos semblantes que caseira e urbanamente se entregam à nossa ótica; semblantes que, ao se presumirem desenvoltos em suas liberdades, não atinam que a todo instante possuem, traçados pelo arquiteto, os caminhos que forçosamente hão de percorrer, os lugares das ações, do estar de cada hora; não lhes pertencendo, a rigor, a seleção que armam, se porventura pensam em destinar a condigno sucesso o ambiente que lhe corresponda; isso porque, na cidade onde se detêm, a cota das localidades se reduz aos vãos que determinou aquele artista, imperando, com precedência, o estrado onde os motivos e enredos de toda sorte devem obrigatoriamente surdir e desenrolar-se. Se o edifício é a casa doméstica, na história de seus acontecimentos rotineiros, alegres e tocantes, há um autor que antes veio a fixar os recintos que aos ocupantes impuseram forma: as atmosferas confinadas, a que se restringiram as expansões e as imobilidades, todos os habitantes servos do projetista que, à semelhança de demiurgo a nos acompanhar na terra, comanda, sem se lhes ouvir a voz, o arbitrário e o condicionado de cada um. Como ao desempenho se alia o recanto em que ele se efetuou, a criação do arquiteto resulta ser contínua, ao compasso da repetição; a sua feição de outrora, quando ideou o espaço, a manter-se imanente toda vez que alguma pessoa o devassa de fora ou lhe penetra o âmago; o vulto do arquiteto a exercitar o atributo de ser, com sua obra, o comparsa abrangedor de vidas, de cotidianos que ele perfaz e modula; com que afável interesse cuida o arquiteto de imaginar que alguém de seu amor se demora e transita nos locais que ele mesmo estabeleceu para esse alguém se demorar e transitar; com que certeza desfruta a idéia do corpo a obedecer os ditames que ele mesmo lhe conferiu: o ir e o vir domésticos da efígie que de outra forma não atenderia tanto ao desejo de ele a integrar a si.

3 — Recém-construída e deserta, fomos uma tarde à futura residência de B..., não com o propósito de apreciação crítica, e sim com a intenção de assimilar, em tão própria ocasião, o comportamento caseiro desse protagonista, àquele tempo a nos mover à curiosidade; tanto mais excitante a diligência de lhe ver a morada, quanto sabíamos muito pouco de sua vida reclusa; sem que ele desconfiasse, e não obstante o cerimonioso das relações que nos impedia de descer à intimidade, íamos, em compensação — o que nos vedara o domicílio anterior e incógnito — conhecer o estojo em que ele pararia e se movimentaria doravante. Ao andarmos o corredor e as peças, tínhamos a sensação de que B... se encarnava em nós, isso em virtude de serem os nossos passos os mesmos que daria ele, os mesmos que haveria de dar pelos anos afora; a naturalidade com que nos sentíamos em lugar de B..., era conseqüente da presteza, inerente à arquitetura, em promover tais outorgas em quem lhe penetra o vazio interior; de onde o valioso encarecimento de permanecermos, minutos bastantes, em espaços que a crônica informava haverem sido analogamente perlustrados por figura que nos desperta a admiração; em certos casos, se a visita ou a longa estada do outorgante se verificou há muito, embora venha a estorvar-nos, para mais fiel identificação, a pátina do tempo, a conjuntura de sermos em posição similar, é de si suficiente para vermos em nós a integração da efígie em causa; ocorrendo que o espaço de nós ambos é a igreja, e tendo sabido que a solenidade com tal figura se cumprira em determinado posto, como o conviva retardado, às vezes de séculos, ou antes, como ele mesmo a fazer uso de seus olhos, acorremos ao altar que, divulga o livro, se salientara no protocolo do acontecimento; sob outro prisma de solidariedade, o ato de acolhermo-nos em ambientes que, na cidade do R..., têm encerrado o comum dos habitantes, em práticas exercidas por gestos de coletividade, com representar um recurso de mais breve adaptação a quem almeja acomodar-se no meio urbano, expressa o intuito de nivelarmo-nos também ao módulo do espaço que se mantém aberto ao indistinto e geral de toda a população. A solidariedade com que nos unimos, no templo, no edifício público, à assembléia dos anônimos, aglutinando-nos à nova normalidade, implica em correspondermos ao uniforme em relação ao maior número, quando o vago predomina e nos faz confundir com os demais comparecentes; no minuto de sentirmo-nos uma parcela dessa comunidade, legitima-se a impressão de que jamais nos entenderemos com tais figuras cujos centros de interesse nos fogem por lhes desconhecermos as singularidades; olhar sobre o seu conjunto lembra o súbito olhar sobre o panorama que, se não demorarmos a vista, ficará reduzido a esse curto instante, com os seus pertences ignorados por nosso belvedere: tudo a resumir-se em perplexidade, se houvermos de volver na data seguinte, quando então, descobrindo parcialidades, concluímos que

só o genérico se fizera perceptível ao nosso miradouro; como a experiência nos tem esclarecido que a melhor solução em casos tais, que o preferível método à mais rápida conformação ao meio, está no uso incontinenti dessa mesma generalidade, saímos para as casas de serviço, de recreio, de religioso acolhimento, no propósito de não procrastinar a comunhão à base de similitudes. Enquanto se opera o exercício da conciliação, sobejam intervalos que nos permitem examinar de perto alguns elementos de interesse, com o fito de se familiarizarem a lupa e a cidade em conquista: os sítios, os pontos de moderada aglomeração e que se oferecem a nos servirem, que consentem escolhermos, para mais denso e detido contato, a sede de ações e reações mais afins conosco, prometendo a nossa efígie voltar a eles para as recíprocas alianças; de fato, lá comparecemos no outro dia, na mesma hora — importante o inciso da mesma hora — e nos sentimos mais à vontade, sob o desejo até de descobrir alguém recém-chegado e inédito no logradouro; e, alegre em face de suas estranhezas, tomando-lhe o braço, mostremos, com infantil satisfação e o ensejo de lhe causar inveja, o quanto é desenvolta a nossa intimidade com as coisas ali presentes; externando-a, contudo, de maneira que os testemunhantes, que nos cercam, ouvindo o improvisado monitor, lhe não observem as aparências da afetação. Na análise que realizamos sobre nós mesmo, o reconhecimento ao arquiteto sobressai-se em virtude de lhe devermos as conchas em que se contiveram os rostos de nosso fraterno intuito, cabendo-lhe a autoria das confinações sem as quais dificilmente dominaríamos o disperso; tanto assim que depois, ao recordarmo-nos das situações acontecidas entre paredes, os semblantes em grupo, os corpos isolados, se expõem em nosso pensamento inseparáveis dos nichos que lhes corresponderam; as limitações que o artista determinara, e a que esses figurantes renderam obediência, prevalecem então a lhes restringir os passos ainda em nossa memória; se jamais viermos a entabular conhecimento com qualquer dos mencionados rostos, sem a possibilidade portanto de outro recinto concorrer com aquele no ato da rememoração, mentalmente nos demoramos na exclusividade daqueles eventos que se modelaram segundo o vão, à revelia de nosso miradouro; um exemplo sobremodo peculiar quanto à simbólica dos cometimentos, temos, aqui mesmo, na atualidade de nosso conspecto; o exemplo se refere aos meios com que discernimos, entre outras coisas, as nuanças do completo extinguir-se que o tempo adota em seu esvaecer-se; fixada diante de nós a tela dos vultos rigorosamente anônimos, possuímos a versão das figuras após transitarem os anos no exercício de apagar, de modo lento, o existido em determinada vez, como se ao tempo coubesse o trabalho de devolução dos indivíduos ao genérico de onde se afastaram; na prática desse mister, como resistência das coisas havidas, no esforço de escapar do coleante nada de que são oriundas, à guisa de derradeira outorga, as faces humanas renunciam a si mesmas e concedem ao vazio da arquitetura, em que foram postas, o predicamento de representá-las; nele penetrando e lhe repetindo a conjuntura da presença, o observador se persuade de que outras efígies sob iguais contornos, despegadas dos nomes e obscurecidas dos traços próprios, como ele, visitante, haverá de ser algum dia, pararam e se moveram dentro dos moldes que lhes impôs a casa de residência, ou o prédio de coletiva destinação.

4 — Com a visão condicionada pelo arquiteto, temos estado em logradouros de sua autoria, em busca de episódios que os preencheram e preenchem, sem contudo haver ele imaginado o quanto se operaria dentro de suas realizações. A sua arte possui o privilégio de trazer a si os componentes da realidade e enquanto, com paredes e vazios, o arquiteto fazia lugares, ao mesmo tempo ele abria continentes à disposição de determinados conteúdos; aos posteriores belvederes tem cabido, conseqüentemente, o mister de, suplementando a incumbência do artista, registrar o cortejo dos acontecimentos que se expõem em seus interiores, sendo cada registro um ato de homologação da fatura concebida pelo arquiteto. Em verdade, é ele o autor presente em todos os sucessos do vão, mas nunca lembrado quanto ao arranjo que ele ordenou aos gestos e atitudes dos comparecentes, quando de fato ele subscreve, com a sua autoria fisionômica, todos os entrechos da casa, ele, o discreto e inexorável cenarizador do comportamento humano. Consciente da subordinação de nosso vulto e de seu halo de motivações a quem organizou as vias aos nossos passos, reconhecemos que a angústia dos recintos, mesmo sob a escala do viver de certo alguém, redunda propícia a novos retábulos, além daqueles que ordinariamente correspondem à programada peça, desde que todo ambiente encerra perspectivas de significação oriundas de sua categoria: tanto o rotineiro como o imprevisto, se acomodam entre os muros vedantes, um e outro a se ritmarem dentro desses moldes que são, em todos os instantes, plenos de conectivos e de neutralidades. Quando em visita a L..., na casa que antes fora a residência de M..., e por este construída, fixamos as sensações que nos sobrevieram ao ver que aquela personagem repetia desta as maneiras de ser no aludido bojo, e ao mesmo tempo contemplávamos o desempenho dos companheiros; o nosso miradouro, regulando a perceptividade do foco para não distrair-se com os urdumes de menor valor, como os que evidenciassem a presença em si mesma dos atuais figurantes, detinha-se na acepção do prosseguirem todos o auto dos

eventos domésticos, ininterrompido apesar da mudança dos atores; e fatalmente determinado a nunca desaparecer enquanto se mantiver o edifício intato nas divisões e subdivisões internas; com ouvido alheio aos assuntos difundidos pelas palavras, o belvedere se preenchia das atitudes que conhecera outrora, à época de M...; nada a nos parecer inédito, embora o antigo e o recente habitante fossem distanciados nos caracteres; mas todos, quer de um, quer de outro larário, obedeciam rigorosamente às normas que certa vez traçara o arquiteto, na persuasão de que modelava o recinto só para quem lhe encomendara a obra, quando em realidade o regimento do domiciliar viver, implícito na imutabilidade dos tapumes, era a prescrição destinada a muitos residentes: a toda uma galeria de personalidades que, se porventura houvesse algum olhar que os visse sucessivamente, confessara que o livre-arbítrio de cada morador não teria porque favorecer-se perante as amostras de tão lúcida identidade. O primeiro habitante comunicara ao arquiteto as condições de sua existência, fornecera-lhe a agenda dos sucessos familiares, inclusive o bastante para que esses, elastecendo-se até um ponto, como pode augurar-se no âmbito doméstico, venham a atingir a continência exata, independentemente de alterações no albergue; todavia, injunções de diferentes ordens, entre elas a da brevidade da vida humana, que é bem mais débil que muitos materiais postos no edifício, fazem com que este aceda em abrir a porta a outros residentes que, sem nenhuma participação no original preparo, hão de a ele submeter-se, adstritos doravante aos moldes reservados a outrem. A individualidade de L... fisionomicamente se conformava ao teor da arquitetura, e diante de nós ele procedia com desembaraço tal que a ninguém, nem a si mesmo, ao responder à indagação sobre se alguém influíra no seu modo de estar, informara ser o vulto de M..., nos termos do arquiteto, o modelo dos movimentos e imobilidades que o seu corpo nos oferecia naquele instante; semelhantemente ao modelo, a face de L... reproduzia velhas cenas com a interpretação do primitivo rosto; ao nos conduzir pelo corredor e salões, com o fito de nos apresentar a nova residência, revelando tanto maior desenvoltura quanto ignorava que a conhecíamos inteiramente, o episódio em causa era o mesmo que assistíramos, também na qualidade de espectador e de coparticipante, há mais de dois lustros, sendo até igual o contentamento, um pelo bom preço com que adquirira o prédio, o outro pela satisfação de inaugurá-lo. Na uniformização a que os lugares obrigam, nenhum parece tão absorvente e rigoroso, nem induz tão fortemente à identidade como a obra de arquitetura com as normas que vigem no espaço interno; cada recinto a anular figurativamente as veleidades de singularização, devendo ficar na soleira da porta, se não já se aluíra através da calçada, a auto-impressão do indivíduo único a supor, se se trata de alguém soberbo, que a sua estada no âmago do edifício irá, sem dúvida alguma, acrescer a importância daquele ambiente; inspirando, a eventual cronista, o ensejo de providenciar o histórico do prédio, quando nada, para emergir do comum e gasto cotidiano a presença enobrecedora que acaba de ocorrer; na hora, ele tenta incutir a lembrança de se apor, na sala de honra, bem visível, uma lápide com dizeres referentes à sua imorredoura visitação; mas, ao fazê-lo, a sua caminhada, semelhante à do mais humilde dos homens, seguiria as mesmas direções, a sua lente projetar-se-ia pelos mesmos vãos que o arquiteto desimpediu para todos os olhos, sem tomar em consideração as patentes nominais de cada um.

5 — Facialmente, diante de nosso miradouro que então se aplicava em contornos genéricos, distinções não havia entre os dois espetáculos, o de M..., outrora e o de L..., hoje; nem entre esses e os a advirem pelo tempo afora enquanto permanecer em sua autenticidade espacial a habitação, em cujo seio todos perseveram num só e restrito ritual: o do atendimento aos cômodos e trânsitos prescritos; certa noite, na fase de M..., tal conjectura nos acudiu ao contemplarmos, no principal salão, o féretro em que jazia este, com os elementos de arranjo e adorno, que até aquela data se expunham em ostentação, de todo desarticulados e perdida, com os afastamentos a que se submeteram, a unidade que era a ênfase do bom gosto e da ilustração de M... A sala em que se continha o velório, destinara-se, desde o presumido pensamento do arquiteto, a plasmar os convivas nos episódios de festejo, com os meios, necessários a tal fim, perfeitamente postos e distribuídos, de maneira que na urdidura das funções, o tumulto não viesse a obscurecer o vão nem impedir o acesso do ar com o perfume que o jardim exalava ao interior do ambiente; estando do mesmo modo prevista a circulação dos intrometimentos comuns aos sucessos, a exemplo dos serviçais com as bandejas em aparições e desaparições facilitadas. Os outros compartimentos do edifício, à feição daquele, encarregavam-se muito bem de suas atribuições, nada existindo de inútil na casa onde a vida de M... era domesticamente complexa, e algumas atividades, cuja satisfação se obtém lá fora do domicílio, ele concentrava próximas de seu desvelo, do escritório que assim se evidenciava no papel de dominante da arquitetura; portanto, todos os acontecimentos suscetíveis de ocorrer dentro do lar, tinham os lugares correspondentes e prontos às respectivas desenvolturas; apenas a morte se tornara esquecida no programa, nem M... a lembrara ao arquiteto, nem este munira a obra de um recanto a ela re-

servado; nem tampouco se alegue que a possibilidade do perecimento redunda mínima em comparação com o rotineiro do calendário, pois, quanto a M..., não muito propício a festas, antes avesso a iniciativas desse gênero, a sala das recepções pompeava, se bem que raras vezes cumpriu o mister, habitualmente fechada aos próprios íntimos e aos passeantes da rua; a assídua marca de tristeza a confirmar-se com as rótulas das janelas que pareciam muros. Por não possuir a morte o seu lugar, houve a providência de decompor o concerto das coisas estabelecidas, de render o sentido da alegre vaidade, de que lhe investira para sempre o cuidadoso arquiteto, por outro paradoxalmente distinto, sem que as paredes e as vazaduras se alterassem; e ninguém se surpreendesse com a repentina conversão, parecendo que o conteúdo de agora, o retábulo da câmara-ardente, equivalia a alguma bagatela, assim a cadeira que resvala em plena sessão cujo teor nem por isso diminui, quer seja cerimoniosa, quer do comum cotidiano; vulgar acidente que é passível portanto de acontecer em todo recinto onde haja cadeiras, tal o despercebimento das pessoas no velório em relação ao inadequado da peça que o continha: o despercebimento expressava o consenso unânime de ser a morte, à guisa de nonada, suscetível de ocorrer em qualquer ambiente, consentânea a completamente fundir-se a qualquer cenário. Quem sabe se a lacuna do arquiteto não se explica pela circunstância de a morte, em grau superior à mais intensa manifestação de vida, contagiar de tal sorte os objetos adjacentes, assimilando-os, que resulta dispensável promover em seus aspectos as medidas acomodadoras, bastando-lhes que ela surja para que todas as aparências se revistam da inevitável acepção; daí o nenhum reparo quando o fúnebre painel vem a tarjar os adornos da alegria, como na casa de M...; mesmo que nesta os móveis permanecessem nos respectivos locais, o nome da morte não se atenuaria, a angústia dos comparecentes não se revelaria menos dolorosa, à similitude do indivíduo excêntrico e pouco hábil na escolha das ocasiões, que, sentindo avizinhar-se o término de seus dias, ordena a qualidade do enterro que lhe apraz, e, obedecendo-lhe, as pessoas íntimas aprestam o velório ao som de músicas jubilosas ou tingem de vermelho a tenda lúgubre: as prescrições atendidas, mas o luto a integrar-se sobre as formas da extravagância; entidade excessivamente fluida, a morte impregna os lugares que visita, e quanto ao nosso miradouro, ele tem a peculiaridade de ver que ela se estende mesmo depois de concluído o retábulo do sepultamento, se procrastina nos objetos e móveis que retomam na sala as posições costumeiras, à guisa do que registrávamos agora que L... fazia as vezes de M..., repetindo-lhe as imobilidades e os movimentos dirigidos pela modeladora arquitetura; também implícita se mostrava a promessa de L... reproduzir de M... o sucesso da morte, sem privativo aposento; à maneira de harmonizador preâmbulo, o luto que ainda pairava no edifício em virtude de M..., talvez que pudesse adensar-se em fiel reedição, dado que, no interno das casas, o modelamento das ações é circunscrito aos consentimentos tácitos e oriundos do arquiteto. No momento da despedida, L..., tal e qual procedera M... da última vez que nos levou ao portão, encaminhou-nos pelas sinuosas lages que uniam o prédio ao paramento da rua, sendo noite em ambas as oportunidades; e cientes da miopia que nos embaraçava o trânsito, um e outro se detiveram aqui e ali para melhor nos orientar, e com as mãos, os dois, em nossa frente, afastavam os ramos pendidos; proporcionavam-nos, com a igualdade dos gestos, o pensamento de que, além da casa, embora em estojos de menos concisão, em todos os lugares em que a freqüência humana se efetiva, há neles a condição de repetir cada rosto as atitudes já expostas por faces precedentes; dessarte cabendo ao recinto a prática de conceder aos ocupantes, no tempo, um elo com o qual eles mesmos não atinam; elo que nos facilita a presença de vultos que são de outra idade, portanto inacessíveis a nós se não fora esse recurso que o local nos franqueia, fazendo com que a vida se processe ao compasso da repetição.

Capítulo 12

1 — *O substabelecimento fisionômico.* 2 — *A extinção do lugar.* 3 — *A acepção que retroage.* 4 — *A subordinação ao nosso existir.* 5 — *O retardatário.* 6 — *Sem efígie e sem nome — A indiferença.* 7 — *Os contatos harmônicos no decorrer da palestra.*

1 — Quem virá amanhã a repetir, em nossa residência, os passos que o arquiteto determinou, quem repetirá a configuração dos movimentos e imobilidades de nosso vulto que desejaríamos fosse avocado por alguém que escolhêssemos; talvez um semblante que as conjunturas impropícias afastaram da convivência conosco, suprida a omissão pela domiciliar suplência dessa personagem que nenhum indício, entretanto, insinua como provável habitador a perfazer o que nos aconteceu em tantos anos; com certeza, um estranho assumirá os desígnios, porém não lhe assomará a idéia de que se vincula fisionomicamente ao nosso corpo; pensamento que sem dúvida sobreviria a N... que sabemos inclinada a silenciosos ditames, junto aos quais nos sub-rogaríamos, isento de reservas, em sua face ao longo das paredes, e em seus olhos através das vidraças e dos vãos para o exterior; quem sabe se, no amável substabelecimento, ela, por intuição simples de obter, não ajustaria o mobiliário nas posições em que o pusemos, estreitando-se, dessa forma, a harmonia entre nós ambos e cumprindo-se a litúrgica de sermos os dois em continuada e consentida vivência. Muitas vezes fomos em busca de outrem e lhe adquirimos os olhos, e com eles, os aspectos e panoramas que viram e contemplaram; muitas vezes percorremos logradouros e edifícios no intuito de transformarmo-nos, por meio fisionômico, nas figuras que neles

deambularam ou os ocuparam; todavia, pelas exclusões com que de hábito nos desatendem, a convicção nos induz a descrer de atitude análoga em alguém no tocante a nós, dado que não contamos com nenhum rosto que conscientemente se invista no lugar de nosso vulto ou de nosso belvedere; deixamos os indivíduos em plena espontaneidade, mas nos ritos que porventura externam, as correspondências mentais não coincidem com as oficiadas dentro de nós; assim, desprovido de adeptos, restamos em nossa parcialidade, como o sacerdote que celebra perante os desconhecedores de sua religião; se acaso uma figura, de posse do cerimonial e de seu sentido, tais como se encerram em nossa existência, seguir as normas da peculiar celebração, a despeito da obsequiosa iniciativa, possivelmente não retribuirá o anelo da mesma sorte com que o fazemos em relação a outrem; se N... residisse na cidade onde opera o nosso miradouro, talvez que as condutas recíprocas, a presença de nossos passos em seu albergue e a de seus em nossa residência, alentassem o teor do afável ministério; e quantas tessituras não se elevariam à conjugação do puro amor, sem o inatural das mútuas confissões, cada qual tendo de si para si o outro com quem se confunde. A circunstância de computarmos, ainda que sob a forma de exígua esperança, um rosto que nos prometa ser o reflexo de nossa efígie, nos causa contentamento, o mesmo que se origina de nossas ligações com N...; satisfação que se cria em virtude da face disposta a se constituir em unicidade conosco; na escala das unificações, finalmente o inexistir a tudo absorverá, quando o radical e absoluto de nossa morte incluir, no uno do nada, todos os nomes, faces e entrechos. Ao prazer de N... significar a possível continuadora de nosso vulto nos ambientes que nos amoldam os gestos, adicionamos a quimera agradável de, pensando em N..., supormos que os nossos olhos substituir-se-ão por seu belvedere; mas é escassa a perduração de tal devaneio, por força da corrigenda mais vigorosa de que N... nos acompanhará ao extinguirmo-nos; em conseqüência, para o fim de não perdermos a ocasião da alegria iniciada, voltamos à idéia de que N... bem que poderia, cônscia de seu encargo, repetir as vezes de nosso corpo no prédio onde moramos, embora essa idéia se reduza a uma possibilidade que não foi e dificilmente será cumprida, conforme nos adverte ponderável estorvo. Normalmente nos excluímos de mutualidades, tão avessas se mostram as figuras do convívio, havendo em nós a certeza de que nenhum visitante exerceria com os seus passos a litúrgica de refazer, na mente, o que éramos entre as paredes do edifício há tantos anos modelador do nosso estar; no entanto, o espaço da arquitetura concede um contato mais denso, entre nós e a efígie recém-chegada, do que o permitido pelo interesse do simples assunto em entabulação; ocorre o sincero regozijo quando temos, perante o olhar, e prestes a acudir às instâncias do ver, a imagem ora entregue à superior condição de editar as maneiras de nosso comportamento, vinculando-se mais ainda à intimidade que nos pertencera; a convicção de que nenhuma face nos baterá à porta para efeito de se contemplar em nosso semblante, nada impede que insistemos junto às pessoas preferidas, para que, no interior da casa, sem lhes revelarmos o alcance, conosco dividam o predicamento da arquitetural identificação, A importância que desempenham os lugares do edifício no elo entre os seres ocupantes, se projeta em dimensão transcendente, e ainda os lugares demonstram ser um fator atuante no próprio nascer e crescer da amizade: o valor dos recintos ordinariamente se sobressai quando, ao viajar algum dos componentes da família, o pesar da separação se exacerba com a ênfase que assumem os recantos desprovidos da pessoa ausente.

2 — Na insegurança de que o escolhido hóspede compareça à unidade do domicílio, satisfazemo-nos com outro vulto a percorrer as vias e recessos a que nos amoldamos, a nos repetir a conduta, a de agora e a de quando os transitamos pela vez primeira; o significativo de tal corpo dimana de sua investidura em nossos passos, de ser em breves instantes ou em demoradas horas, o mesmo que nossa efígie; e, se estas últimas consentem, admitimos que ele selecione o lugar da peça que lhe mais agrada ou lhe mereça o mais detido pouso; tal ponto valerá depois à maneira de epígrafe em nossa lembrança, e a fim de que esta prevaleça com maior fomento, após retirar-se o visitante, competirá ao nosso corpo ir a preencher, em iguais demoras, o ponto por aquele ocupado; se o praticamos, assim que se afasta o estimado vulto, o ritual em apreço nos compatibiliza, mais aglutinadamente, com ele que, de sua parte, nos expusera, todavia sem intenção e sim de modo apenas facial, símil painel em relação a nós. Há, com efeito, variedades diversas na feição com que atuam, em nosso domicílio, as faces que vêm a ele e se aliam a nós por essa razão de nos reproduzir o comportamento no interior da casa; umas, a restabelecer, quando a penetram na qualidade de estreantes do recinto, a estranheza do inicial contato; outras, distribuídas em gradações da intimidade, que não são mais que as mesmas nuanças do dia-a-dia a que nos subordinamos, com o hábito a se imprimir ao molde da arquitetura a que obedecemos, as fisionomias visitantes e nós a nos repetirmos em mútuas substituições, de sorte a conseguirmos, como regular conseqüência de tal reciprocidade, a conjuntura de, em muitas ocasiões, despercebermos de que estamos nela contido, a indiferença a cobrir o afeto que nos une aos visitadores, semelhante à que ocorre entre os vultos da mesma família: a mudez dos sentimentos que o cotidiano,

no rotineiro das horas, converte em neutralidade, só extinta ao advento de algo anômalo; por conseguinte, uma visitação em nossa residência restitui-nos o que fomos certa vez, além de nos restituir o ordinário de nosso viver doméstico; sendo ela suscetível de, aparecendo à porta anos depois de nossa integração na casa, anteceder-se no encontro de algum pormenor que nos escapa; atendendo ao delicado espanto com que ela indica na vidraça os transeuntes em reflexo, cumpre ao nosso rosto, que os não percebera, desempenhar, em inversão de papéis, a cena de reproduzir a conduta do hóspede em plena observância do larário. A autoria da descoberta não se diluirá enquanto existir a nossa memória que, ao aceno da janela ou despertada por associação, confessará que ao arguto comparecente, já esquecido talvez de sua importância, competiu acordar em nosso belvedere a ação de, à hora propiciadora, contemplar os passeantes que da rua, no ocasional espelho, conosco se acomodam, em segundos de mobilidade ou em instantes de maior ou menor detença: participando do espaço interno sem todavia se desobrigarem da condição de ser na rua, com ritmações e gestos naturais a esse logradouro e nem por isso recusáveis em prover, conosco, a hospitaleira arquitetura; nonadas do cotidiano, mas inscritas no caderno de nótulas, acontecem figurativamente, a exemplo de N. de A... que, em certa manhã sobreveio ao nosso belvedere reduzida a escorço, parecendo nos expor o símbolo de sua esquivança, no momento alada com a leveza que lhe trouxe a janela móvel à brisa; tudo num efêmero nunca antes nem depois tão curto, porém sobressaindo-se entre as demais aparições com que aquela efígie se tem perpetuado em nós. Pequena coisa pode expandir-se à diuturna e introspectiva contemplação, à maneira de lousa antiga e despegada do túmulo, e agora com a epígrafe quase desfeita pelo tempo, mas onde se lê ainda o nome da pessoa morta e a súplica de se lhe dedicar compungida prece, que os circunstantes costumam deferir, sem necessidade de, para tanto, serem religiosos, desde que se enterneçam com a simples leitura da solicitação, legitimando-se tal sentimento como a resposta favorável ao breve e imenso pedido, a modo do que nos sucede perante a lápide de F. C..., perecido há dois séculos, entretanto a nos postular, no museu de O..., aquilo que demos sob a forma do ato compassivo de ler, em litúrgica por certo não prevista pelo distante pecador, porém contida no gênero do respeito aos mortos, de si uma grande prece que harmoniza a quem a recolhe e aos que a proferem; o nosso miradouro, diante de qualquer vidraça em equivalente situação, reporta-se à presença de N. de A..., mesquinha e tênue como nos adviera ao domicílio; também se articulou à nossa memória, assim em estranho ambiente, o cortejo das coisas que se verificaram àquele dia, tudo ela ignorando como se fora morta; e a lupa, inclinada ao reflexo de uma efígie de todo alheia ao nome de N. de A..., a unge com o pensamento

CAPÍTULO 12

a esta dirigido; são numerosas, em quem pratica os desvelos mudos, as ocasiões de devotamento que a objetividade nos propina; férteis as coisas observadas e as expressões ouvidas, em nos obsequiarem com nutrições que tornam perenes, não os odiosos, que para estes nos ajudamos de outros ofícios, mas os entrechos que o amor fecunda à guisa de tema posto em toda parte; deriva de nós o encontro dessa ubiqüidade, emergindo de nossa lembrança o painel que, ao efetivar-se, talvez não nos tenha prometido tão elásticas e solícitas extenções; mas, fatores diversos, alguns deles desconhecidos de nós, apesar de serem conosco, sobretudo a alma propensa ao exercício das devotações, movem a constante relevo, em repertório que sempre se ativa mesmo sem se acrescer de novos exemplares, a cena jamais extinta não obstante a sua irregressibilidade real em nossa lupa. As comunicações entre pessoas são às vezes menos executáveis do que, a esse propósito, costumam induzir as diárias relações, inclusive sucedendo que os mais caros objetos, os fatos mais preciosos do âmago de cada um, em geral ficaram estanques no seio de cada qual, igualmente àquele entrecho de N. de A... submetida à luz da janela, e cuja passagem ao conhecimento de outrem, pela fortuidade com que surgiu o episódio, se fez de todo impossível; tanto mais quanto, meses depois, tivemos que nos mudar do prédio que demoliram, anulando-se qualquer ensejo de levarmos alguém à tela do acontecido, e dizermos-lhe, com a comprovação dos rostos que na rua transitassem, o etéreo que adquirira em nós a figura de N. de A.... A perda do local evocador, enquanto vazio da passageira cena, se convertera em signo do transcurso das coisas em nosso repositório, e à medida que o tempo se esvai no mister da dissipação; ao qual se junta o humano aluimento, para, em toda hora, restar, deserto da motivação que o provera, o recinto jamais aberto a um tema único, porém suscetível de eternizar-se em nós por efeito de simples e eventual sucesso. Mostram-se inúmeros os acidentes que, alçando-se na paisagem que nos circunda, vêm a restaurar o fio da veneração que se iniciara em ambiente agora desaparecido. Pródiga em nos favorecer, ela, a paisagem, se distribui em oposições, em equivalências, em índices vários ao dispor de nossa lupa, facilitando em nós o avivamento de painéis que feneceram tanto mais a fundo quanto não mais existe o lugar do respectivo surgimento.

3 — A última exibição de G. E... efetuou-se junto à porta que conduzia à rua, encerrando a série iniciada pela manhã; quando à noite soubemos que era falecido, veio a nossa casa a adquirir de súbito uma importância que se distribuía em cada recesso; o fato da morte se prevalecia da velha inti-

midade entre nós ambos, para, no momento, gravar a efígie de
G. E... ao longo de todos as peças, indicando-nos o óbvio:
dada a prática da convivência e das visitações, personalidades
superpostas disputavam a prerrogativa do concorrer com o rosto
a se fixar na liturgia da identificação; cada recinto fora ocupado
por diferentes semblantes, cabendo ao contra-regra que existe
em nós, de conformidade com os ditames da retentiva, oferecer
ao vulto que então se nos engasta no pensamento, o privilégio
de firmar sozinho o recanto em que outros igualmente se instalaram; os espaços do edifício nos expunham inscrições diversas,
parecendo uma galeria de quadros a nos satisfazer o pendor de
diárias retrospecções. G. E... investiu-se nesse predicamento à
noite em que o anúncio de sua morte intitulou os vãos e os
maciços do prédio; poderíamos escrever na fachada o seu nome
a informar aos transeuntes que ali era a casa de G. E...; a
informação se demorou nas datas seguintes, à maneira de tarja
para o luto de G. E..., e haveria de predominar até hoje sempre que a lembrança recai na figura de quem partiu sem o
despedimento adequado; despedimento impossível de acontecer,
por nenhum de nós imaginar que seria aquele o final encontro,
e perdida a promessa de comparecermos os dois a determinado
ambiente, onde algumas efígies nos desejavam; estas, por sua
vez, iludidas no plano de nos ter em conclave, a G. E... em
razão de não ser mais, e a nós por motivo de seu perecimento
ainda, tanto a morte desfaz as urdidas e prometidas tessituras.
Uma das mais tristes conclusões a nos sobrevir dentre as ocasionadas pela morte de G. E..., talvez a mais aguda ilação que
ainda hoje avulta à memória daquele rosto, consiste em evidenciarmos que a sua participação nos derradeiros episódios em
nossa residência, a sua conduta, enfim, à véspera da extinção,
como signo antecipado, se modulara de maneira condizente
com a proximidade do decisivo término; havendo, para nós, a
mágoa de rever as coisas que lhe estiveram em contato e em
cujos aspectos ele emitiu significações oriundas do desempenho;
os objetos do mobiliário, os cantos do domicílio, impregnados
todos de sua apresentação por várias horas, tão imbuídos da
vivaz presença e porque se inocentaram do contíguo e doloroso
sucesso, não deixaram de ter ainda agora o ar de frustrânea expectativa, de enganado empenho: tal a nova interpretação a que
se convertera o papel de, cenicamente, como faziam de hábito,
abranger a figura de G. E... em amplexo de coadjutores nos
episódios em que ela representava o centro. Sem ser inédito
em nosso álbum o pesaroso da conjuntura, esta entretanto
possuía a peculiaridade de haver sido o nosso belvedere o que
mais se demorara, àquele dia, na face prestes a não voltar mais
nunca; e acrescido do adendo, em geral constante nos entrechos
em direção à morte, de não sentirmos que em cada gesto do ser
a ultimar-se, na aparência de cada coisa que lhe era ao redor,
o motivo do falecimento já se estampava sob a feição de anúncios,

no entanto despercebidos por nossos olhos; a cena inteira, na qual a pré-ausência do rosto de G. E... ditava o estilo do nosso corpo e dos demais vultos, diferençava-se dos entrechos congêneres e anteriores: pois o de então resultava ser, sem que o imaginássemos, a versão mais nítida dentre os painéis iguais de G. E... no mesmo recinto, relevo alcançado em virtude do perecimento cujas extensões retroagiam ao retábulo do derradeiro colóquio. Sucedendo que a tarja acompanha o desfile da memória em regresso às fontes de nosso conhecimento da pessoa amada, todo o fio das relações entre G. E... e o nosso vulto, iria também receber o crepe da repentina morte, como se a vida dos entendimentos entre nós ambos tivesse sido repassada de mistério, só desvendado com o sentido aposto pelo ato do falecimento; o existir de nossas tessituras, inclusive as ocasiões de prazer, a significar apenas a prolongada véspera da morte; esta, a única dominante, significa o teor de que nenhum semblante vem a alhear-se, e com o seu advento as sombras, entornadas em todas as superfícies, envolvem as dimensões que constituem o nosso álbum. À maneira de quem, ante algum políptico feito de partes sem conexão de enredo, as separa a fim de melhor rever as aparências de cada uma, desde que a junção de todas, em razão dos recíprocos contágios, não favorece o encarecimento com que deseja assimilar uma unidade entre os valores respectivos, o nosso belvedere, recompondo as vezes de contato com G. E..., pôde verificar que as dessemelhantes porções da presença dele em nosso domicílio — as mais claras na memória, dentre as muitas visitações — assumiam no cortejo dos pensamentos a unidade que provinha, malgrado as influências desnorteadoras dos vários assuntos, da circunstância de todas as parcelas do intervalado convívio se haverem predisposto ao nome da morte. Para a facilitação do ar comum, houve a concha arquitetural; de tal forma ela importava em nossa recordação, que os demais painéis entre nós dois, ocorridos em plena rua, quando relembrados, surgiam sem o halo de afeto com que se demoravam em nossa retentiva as passagens modestas e caseiras. Como no políptico sempre transparece a mão do autor por mais numerosas que sejam as parcialidades, assim, no curso dos entrechos sob a unção do acontecido perecimento, imputamos ao artista que nos idealizou o prédio, a responsabilidade de nos ter franqueado a sua obra ao falecer regressivo de G. E...; durante o qual, o uniforme de certas linhas, a constância de certa luz, valiosamente corresponderam ao luto em prévia acomodação.

4 — Ao seguir a lei da extinção de nossa efígie em outro belvedere, lei da morte que desce ao berço de cada um, e estava

a viger no domicílio onde G. E... se deixou assimilar por todos os recantos, os elementos reais da arquitetura e que tanto nos serviram, como a luz, a sombra, o silêncio, nas mais das vezes sem darmos conta de sua correspondência com o eventual sentir de nosso vulto, esses valores inerentes à concha eram identificados ao luto que ia em nós, o ambiente a ajustar-se à liturgia do perecimento em G. E...; adequação que, além de correta, nos favorecia no propósito de acender na lembrança, a fim de não se atenuar em doses de esquecimento, o falecido rosto que de si mesmo não mais regressaria para se submeter às modelações de nosso lar. O aposento, por demais vivido, envolve no bojo seguidas conjunturas, cada qual surgindo sob a acepção que lhe diz respeito, com as outras conjunturas a aguardarem em mudez a ocasião de expor-se. O domicílio é feito de camadas de sucessos, e cumpre-nos, ante a experiência de rituais anteriores, acrescentar, ao recém-chegado motivo, se em tarja à semelhança do de G. E..., as cores fortes ou os sulcos da perpetuidade; promovemo-los com o fito de duradouramente permanecer conosco a tela ou a estampa efêmera que, assim, em nós, transmutar-se-á em sempiterna. A história de nosso olhar, longe de restringir-se à seqüência das figuras que o têm ocupado até este momento, abrange-as com as nominações que obtiveram no transcorrer de sua assiduidade em nossa presença: o fato de o miradouro vir a deter-se, por mais de uma ocasião, no mesmo objeto, firmando-lhe, com pontualidade, a prorrogativa de nos conceder os assuntos de sua agenda, proporciona-nos o assentimento de que, no exercício de tais contatos, a nossa efígie como que desperta, por força da simples aproximação, o repertório que cada coisa possui em si; as motivações estão encerradas na aparência de cada uma, e escondidas enquanto alheias ao nosso belvedere, em analogia com a rampa que somente se povoa dos protagonistas depois de aparecer na platéia um espectador ao menos. As associações exemplificativas de que a objetividade é em aliança conosco, parecendo nos conhecer no íntimo desde que ela, a objetividade, exibe o seu teor na condição de ficarmos nós em frente ao estrado, redundam prestativas corroborações de que o nosso belvedere se perfaz único à vista de todos os desempenhos: uns incisivamente francos, outros diluídos em graus diversos, porém, como os demais, a deverem o seu existir ao testemunho de nossa ótica. Os indícios de uma unidade, que pertence à ordem fisionômica, se declaram em bagatelas da convivência, como nas vezes em que notamos, de maneira sutil e vinculada a certo vulto, qualquer coisa que é de outro semblante, acontecendo inclusive ser tão pessoal tal descoberta que não alcançamos ratificar-se na lente que conosco divide a observação do fato; nesses casos, a figura e o nosso miradouro como que se comunicam através de meios apenas inteligíveis a nós, insinuando-nos haver um idioma estritamente monologal, impossível de atuar nas dialogações, tal o inalienável de seus caracteres em nós; os quais não prevalecem quando pretendemos convencer a outrem que determinada efígie, avistada pela primeira vez, nos dá a impressão de que há muito a contemos em nosso álbum, a despeito de a evidência nos indicar o não a termos enxergado antes; pela imaginativa, esclarecemos de modo fantasioso a conjectura, atribuindo o efeito à lâmpada residual não extinta completamente, a alguma luz a demorar-se desde a outra edição do eterno retorno: velha crença, que no plano figurativo não se ajusta a idéia de uma continuidade facial onde se incluem os rostos em seus aparecimentos ora vizinhos, ora intercalados por breves como também por alongados anos, idéia que concorre com a antiga, ao almejarmos a razão do misterioso evento; de certo que pensamos em vulto que seja o matiz muito aproximado daquele com que ora nos defrontamos, ou de alguém acaso fielmente descrito por um interlocutor, ou mesmo produto de ficção, pois do ângulo da morte e do exício — o da memória apagada pela ausência de memoradores — tanto vale a efígie da realidade como a efígie da quimera; o políptico do Julgamento Último a comprovar em superfície o que ocorrera sob as formas dispersas no tempo. O domicílio conserva para nós uma série imensa de fatos, sugerindo a cogitação de que todo elemento acessível aos olhos e integrado neles por motivo das virtualizações que encerra, assegura, ao portador desses olhos assim vigilantes e abastecidos, a intuição de ver evidenciada a dependência do teor em relação ao respectivo olhar; subordinação que adquire o aspecto de meio único para o seu existir, tanto imediato, nas vezes em que o proscênio restitui os antigos sucessos, tanto remoto, nos lances em que os velhos autos ressurgem mercê apenas da lembrança, que o recinto, em que se houveram, ou o abandonamos, ou se desfez com as insinuadoras aparências.

5 — Sabíamos que a residência de C. L..., pouco disponível aos que lhe não eram parentes, dentre os quais nós que todavia desejávamos conhecê-la de perto, guardava preciosos entranhamentos, alguns de difícil reconstituição por não mais existir quem os testemunhara; outros, porém, suscetíveis de elucidação, quadros que nos coube ouvir do mesmo C. L..., com efeito a melhor fonte para desvendar o que pretendíamos, como quem ausculta, não por simples curiosidade do objeto, mas pelo interesse de sentir a reinstalação, em outrem, de episódios passados e dignos de rememoração. Do início dos entendimentos até a intimidade bastante, não houve demora nem atropelos, porquanto C. L... era alguém de muitos anos, e ao inverso dos jovens, que em geral se situam mais estanques a

rápidas simpatias, as pessoas idosas deixam-se abordar com o prazer onde se insere a gratidão por ser alvo de afetuoso valimento: igual à satisfação de C. L... em nos abrir a porta, aliás, desde então, sempre desimpedida ao nosso vulto que, sem bater, a franqueava; repetíamos o estudioso que, sob oficial permissão de freqüentar o arquivo, se investe logo de tão familiar aspecto que inspira às pessoas presentes a sensação de tratar-se do zelador ou porteiro, no caso a nossa efígie a desnortear o passeante porventura observador, sobre como em tão breves dias se formara a estreita vinculação. A casa de C. L... inspirara em nós soturna curiosidade, por efeito de havermos lido, em jornais da época, o noticiário da doença que feriu a população local; da leitura o devaneio nos reconstituiu muitos painéis tendo por fundo de cena uma fachada que fora contemporânea, além de outras epidemias, daquela que presenciáramos, quando criança, na cidade do R...; todavia, as restrições que prudentemente nos impuseram àquele tempo, impossibilitando-nos de colher as minúcias com que o mortuário tema se generalizava, cederam à nossa imaginação a prerrogativa de estabelecer, de algum modo e à guisa de complementação do que víamos e escutávamos, os acontecimentos que C. L..., o mais indicado para tanto, restauraria com as cores e o alento de que só os velhos memorialistas são capazes; por seu depoimento, cientificamo-nos de valiosos entrechos que ostentavam, em comum com os de nossa pessoal lembrança, a fachada defronte do edifício de C. L..., cujo paramento melhor contara, se pudera, o desfile de seculares e equivalentes episódios; assim, a perseverança da fachada compreendia o elo entre o nosso vulto e os retábulos há muito obscurecidos. Depois de atendermos às formalidades do protocolo, que no tocante a C. L... se assinalavam pela respeitosa descerimônia, conduzindo a palestra ao assunto em agenda, fácil de encaminhar pela inclinação dos idosos em aludir a enfermidades, indagamos-lhe no preciso instante se do prédio em frente saíra algum enterro por ocasião do surto que alcançáramos, vindo a resposta a homologar o que já era de nosso repertório: uma cena que, se não interessara aos cronistas de outrora, movera um fio de oralidade que nós ambos fortalecíamos com o revivescimento da lembrança; apenas, de sua parte, a tristeza não nos parecia idêntica à havida na data do sucesso, as palavras suas traziam o neutro de alguma ficção e até algum contentamento, não da morte que se verificara, mas de concluir que se expunha fiel o entrecho memorado; júbilo admissível, contudo irreverente para o nosso ânimo que esperava, do painel no aposento de C. L..., o pretexto de um ritual a dois figurantes, e no mesmo recinto de onde ele contemplara o original do cometimento; a passagem, que preferentemente nutria a conversação, significava um dos episódios mais dignos de se levar a uma assembléia sobre dramáticas ocorrências; nela, as delegações oriundas de cidades, vilas, ou aldeias,

CAPÍTULO 12

que tivessem de revelar acontecidas cenas e de teor humano, mas de índole rara, exibiriam o que de mais precioso houvesse em verdade sucedido; a localidade do R... com certeza iria representar-se na pessoa de C. L... que então, no opulento conclave, narraria o painel de seu vulto em determinada manhã, sob o desespero de inadiável providência, junto à porta entreaberta, por onde se via o ataúde sem outros circunstantes salvo duas efígies a compor o velório; comunicaria, no insólito congresso, a sua presença na calçada a pedir aos transeuntes, bem poucos, aliás, por ser esquiva a rua àquela hora e escassos os habitantes livres da doença, que lhe concedessem a caridade de segui-lo ao cemitério, esclarecendo aos deambulantes que bastavam três, número enfim logrado irregularmente, desde que nessa época os enterros se efetuavam à mão, e mercê de muito distar da necrópole; o invocado sentimento obtivera o auxílio em frações de humanidade, nenhum dos novos acompanhantes a poder cumprir o itinerário completo, senão unicamente a via que estabelecera antes do lúgubre estorvo, ciosos que se mostravam em não ofender o cotidiano com a interferência da morte que lhes não dizia respeito; sem embargo de, no íntimo, e depois aos familiares, contabilizarem, a crédito de si mesmos, a rubrica do prestimoso atendimento. As expressões com que C. L... nos relatava, surgiam cheias de certo orgulho em se haver propalado o evento, vindo a ser ele o protagonista principal que se designa sempre que no subúrbio se fala sobre a epidemia; mais vaidoso se fez quando nos coube adicionar que o painel e as decorrências bem que mereciam figurar em livro, que não devera restringir-se a ocasionais conversações o privilégio de trazer à baila um episódio digno de mais segura propagação; C. L..., enquanto nos escutava, tinha, solta nos olhos, a alegria de ver o seu nome largamente divulgado. Como quem intenta, perante indiscutível agravo, diminuir da culpa a individualidade que lhe interessa, levantamos a hipótese de não haver sido a ocupação rotineira a causa da negligência dos transeuntes, e sim talvez o temor de se contaminarem aqueles ainda isentos da moléstia, pressuposição inaceitada por C. L..., sem outras razões que o mero capricho de manter a malignidade; comportamento inconcebível, pois C. L... se manifestara — à porta meio aberta para ninguém, pois logo não acudiam ao angustioso chamado — repleto de piedade humana; esta, agora, em face do exame a que o submetemos, maculada de suspeita por nosso miradouro que ali estivera com o propósito de auferir, juntamente com C. L..., a liturgia da rememoração no mesmo lugar, o rito a se promover com a colaboração de elementos ainda preservados, que não se desfizera o edifício tal como se houve na data do entrecho; contudo, a personagem sonegou-se a satisfazer o nosso empenho, e mais uma vez chegamos à conclusão de que, na prática da ordem fisionômica, o melhor ator nem sempre é o que, pelos títulos, entre outros, o mais importante, de já haver interpretado o papel, convocamos em detrimento dos demais, dos anônimos que acorrem a inscrever-se sob os ditames de nosso arbítrio, nas urdiduras que tecemos no caderno de nótulas; ao retirarmo-nos da residência de C. L..., fomos pelo mesmo caminho onde se movera o féretro de há sessenta anos, o nosso vulto o mais retardado de todos os acompanhantes; mas, assim mesmo, alguém a se devotar ao semblante que, se pudera olhar da morte o que sucede na vida, seguramente que se comovera e se compensara do antigo isolamento. O ânimo que nos conduz ao ritual, na ausência de completo êxito, valida as conjunturas ladeantes, cujo proveito nos ensina a nunca desprezar as ocasiões que se nos oferecem à liturgia, mesmo as pobres de bons prometimentos.

6 — Redundara útil o encontro com C. L..., que nos fornecera o itinerário agora percorrido por nosso corpo, sob a acepção de sermos a figura que, não tendo podido, àquela data, acorrer à dolorosa solicitação, a atendia nesse momento; e talvez que outrora, se nos consentisse a idade, não se acrescera tanto a natureza do afeto que dentro de nós se aliara à narração de C. L...; porque, embora existissem antes as tarjas recém-expostas, levávamos conosco, no instante de despedirmo-nos do informante e pelas ruas que ele descrevera, a unção ampliada com a idéia de que daí a algumas semanas os edifícios em frente à casa de C. L... iriam desaperecer e portanto a sede do fúnebre retábulo. Em outras oportunidades, nos víramos também em face de painéis que se não compensariam do efêmero com a perseverança que lhes dá o perduradouro e correspondente recinto, em virtude da certeira extinção a que se condenaram os ambientes que, pelos anos afora, se outorgariam das coisas neles passadas; mas, a liturgia que nos impusemos após a visitação a C. L..., a qual se compunha, por conseguinte, de perecimento a perecimento, possuía em verdade a contextura sobremodo espessa; e a duplicidade do luto incutia-se de teor escatológico em relação àquele morto cujo nome e o mais de sua existência desconhecíamos; a identidade esvanecera-se a ponto de consistir apenas no mister de anônima personagem, vaga e indistinta como se nunca estivera aquém dos contornos gerais, do homem enquanto simples abstração; à guisa de todas as pessoas que morreram, ele aguarda o nosso falecimento a fim de perecer de todo, visto que a nossa morte será a única morte absoluta; nem mesmo C. L..., o contemporâneo de seus dias, tendo-o até como o assunto de mais valor no repertório, sem falarmos na circunstância de ele, o assunto, fundamente incluir-se em nosso álbum sobretudo por efeito da própria figura do morto, nem mesmo C. L... nos comunicara o nome

e a efígie, dessa forma prontos para o absoluto falecimento, conosco; o centro da litúrgica removera-se da particularidade de sua vida, estranha ao nosso belvedere, para o temário de sua morte, da cena em casa e dos entrechos ulteriores, conjunto fisionômico sem dúvida então inédito nos anais de nossas averiguações; à medida que os logradouros se expunham aos nossos olhos, desta vez sob a acepção de caminhos em que transitara um féretro anônimo, sentíamos a positividade de nossa presença que, apesar da demora de tantos anos, se persuadia de ser a única, nesse momento sobre a terra, a trazer, à luz do existir, o distante rosto que as lupas de seu tempo silenciaram; na ocasião, nos vimos menos dotado que o sacerdote ao oficiar a missa fúnebre, o qual tem consigo o nome do morto, enquanto nós, nem sequer o havíamos anotado; apenas, como base exclusiva da figura que fora uma realidade, possuíamos tão-só a sua posição no entrecho que nos contara C. L...; mais do que o dilacerado cujos restos não são suficientes à identificação, o corpo do olvidado extinto era um acidente facial a dever a póstumas situações o ensejo de se fazer lembrado ainda; porém através de meios escassos, que entretanto não contam para a infinidade de rostos — a imensa maioria — que se perde totalmente à falta de indicações, e assim se inscreve em nosso álbum onde uma folha em branco representa a vala comum de sua estada em nós; as condições de sua vida não firmaram nenhum painel que merecesse a divulgação que podiam veicular os residentes do logradouro, acerca daquela personagem sem nome e sem efígie, no entanto presente em nosso repertório como se esses elementos estivessem epigrafados; pois, ao seguirmos pelas ruas por que passara o féretro, a concentração do devaneio, em cumprimento à norma da liturgia, vinha pousar no ser diáfano e anônimo e não em outro alguém falecido, nem no abstrato de quantos morreram e foram ao cemitério por idêntico itinerário; o piedoso emprego com que nos dedicamos à figura, assim isenta do concreto da individualidade, por mostrar-se positivo a nossas intenções, até que se dispensava de meios designativos e referenciadores; à semelhança do silencioso pedido com que a mente cristã se endereça a quem deve satisfazer a solicitação, a prática de nosso mister, no decorrer das ruas, acaso ver-se-ia também exposta diante do transcendente miradouro, que compreenderia tratar-se do vulto a que aludira C. L...: não parecendo grave a omissão que, por esquecimento, comete o sacerdote no instante de oficiar a missa, quanto à pessoa finada, cujo rosto ele não conhecera e cujo nome no momento não lhe acode; tal como nos aconteceu há quatro lustros, com o equívoco do oficiante que nos indagou, após desvestir-se dos paramentos, se a alma em exéquias pertencera a determinado corpo de nossa afeição, quando em verdade se desprendera de uma efígie de igual sentimento, embora um outro semblante, sem que por isso nos entristecêssemos, dado que as aspirações de todos os presentes ao ato convergiam para o ser, alvo da cerimônia; e o coro das ternuras entrementes supria a ausência do venerado nome, o exercício da litúrgica estendendo-se do altar à meditação dos ouvintes. A existência prescindida do nome e da figura tem ocorrido conosco, o ser nosso a prestar-se a invocações como se fôramos perecido; contudo, o nosso belvedere, situando-se próximo ao retábulo, contempla-o com o ânimo de assistir o esboço do que se efetivará um dia; tal a desmemória de M... ao nos suprimir do papel que nos competira em data algo recente, inexplicável portanto o alheamento em relação a nós, salvo se atendermos à fatuidade desse vulto que só atribuía preciosos desempenhos a atores de elevada conta, segundo um critério de hierarquizar que não atingia os semblantes sem relevo na sociedade do R...; ele se consentia permutar os atores, se porventura o tema da palestra exigia imediatas exemplificações, e os verdadeiros protagonistas lhe resultaram de pequena validez; ou então, se lhe parecia muito trazer à baila fisionomias também do conhecimento de um ou de uns dos circunstantes, incorporava ao lema da conversa, em vez do nome, a perífrase que ocultava o intérprete, se bem que transparecesse astuciosamente o brasão que assim, apenas insinuado, acrescia no narrador a nobre cepa de não expor demais o luxo de seu repertório; M..., como era de hábito, em noite da semana, reunia os entes nunca saturados de repetições do hospedeiro, nas quais ele difundia vantajosas participações que representavam menos o interesse em exibir o esforço do que o intuito em divulgar a importância da convivência; numa das noites, aproveitou os minutos de nossa efígie à distância de seu belvedere, porém não o suficiente para entendermos que historiava o sucedido conosco, mas sob o desempenho de outra personagem, que, conforme nos disseram depois, consistia em alguém de tantos méritos que no fundo talvez pensasse que o engano nos seria particularmente honroso, sem embargo da prudência em nos excluir do auditório, cautela que nos coube aceitar; com efeito, estivemos em sua ajuda, demorando-nos na contígua peça o bastante para evitar-lhe o constrangimento de nossa volta, bem como qualquer suspeita da parte de algum dos visitantes, porventura senhor da vera autenticidade, de que pretendêssemos coonestar o relatório inverídico de M....; sentimos então o peso da desvalia enquanto componente do seu álbum; sentimos que o valor das participações não residia nelas, mas sim na condição de serem interpretadas por alguém investido de renome; daí o processo de M... em ressaltar bagatelas auferidas por um destes, ou, como em nosso caso, transferir do autor, para um vulto dotado de venera, o mal nascido retábulo. Se M... era um pobre homem, o mesmo não se verificava com E. D..., repleto de atenções educadas; no entanto, certa vez se conduziu como se fôramos em perecimento, aludindo a determinado painel em que nos empenháramos, sem todavia nos

CAPÍTULO 12

citar o nome: igualmente como se procede quanto a uma autoria que não vale a pena mencionar, quer em virtude de geral usança, quer por motivo de o gerador do entrecho, ignorado de todos que escutam a narrativa, nada conter que o torne menos anônimo, nesse ato em que sobrevive um episódio de sua existência. A primeira hipótese desajustava-se do acontecido conosco, em razão da singularidade da urdidura e do tema que desenvolvêramos; a segunda tampouco vinha a explicar o olvido atinente a nós, porquanto os ouvintes de E. D... guardavam com amor o nosso vulto nos respectivos cadernos, e sem dúvida que se alegrariam de apor à cena o seu legítimo dono; porém agora debalde, pela omissão do companheiro que assim facilitava para o domínio público, de si já inclinado a esbulhos às vezes acintosos, o evento que almejávamos tivesse a rubrica de nosso nome. Longa é a série de episódios em que nos surpreendemos despegado do vínculo, tanto os desempenhados por nós como os painéis que nos têm sobrevindo ao testemunho; eles se deixam alienar em ponderável cópia, consoante as notícias que nos chegam ou os flagrantes que detemos com o próprio olhar; influi na indiferença em que se vê a nossa ótica, entre outras coisas, a ausência de condecorações que M... estava a exigir dos comparsas, pois que existem muitos à maneira de M...; estes, com freqüência, veiculam o que souberam por meio de outrem, menos pela importância do fato ou da anedota, que pela vaidade de transmitir o nome do autor, a cuja citação a narrativa é mero pretexto; e a antipatia, porventura antes alimentada no tocante a um interlocutor, desta vez se atenua, quando não desaparece, em plena conversação, graças ao ensejo que ao lisonjeador acaba de proporcionar o incômodo comparecente.

7 — A mania, tão comum em E. D..., de pontilhar a conversação com acidentes ocorridos alhures, exagerava-se ao ponto de, impelido pela ânsia de externar espantosos acontecimentos, não aguardar a oportuna ocasião de complementar o motivo em palestra com algo do mesmo gênero; indo, de forma abrupta, e em desordem que somente visava à maravilha e ao assombro, a justapor, com efeito danoso para a sua inteligência, os mais díspares retábulos, enquanto as pessoas em redor escondiam, com falsas adequações, o desconforto de tanta prodigalidade; numa das vezes, assumiu ele próprio e diante de nosso miradouro, sem o mínimo de receio à contestação, a autoria que nos coubera em cena que lhe reveláramos em sigilo; oferecia-nos, portanto, o ensejo de reencontrarmos, deslocado de nosso vulto, um painel que nascera de nossa iniciativa, que proviera do cometimento de nossa imagem em certa noite

quando, presumindo deleitar alguém com o anúncio que levávamos, ao inverso, produzimos na figura em causa uma tristeza imensa: tal a urdidura que se tecera, com a nossa estada no domicílio daquele alguém a se converter à significação oposta à programada pela solicitude. O imprevisto de nos vermos no mister de testemunha de fato nosso, todavia entregue à objetividade de outrem a no-lo expor com a ênfase e a naturalidade como se fora dele, tem-nos advindo algumas vezes; em todas nos chega a mesma sensação cuja análise ulterior, readmitindo-a, em nós, por força da fiel lembrança, a esclarece como oriunda de desapoio de nossa personalidade, que então se isenta do firme e constante alicerce: o da presença de nosso miradouro a abranger ainda, ou melhor, a estender-se, em imanente ubiquidade, nos painéis de nosso repertório, conservando, conosco, a existencialidade que lhes concedemos. Sensação equivalente, a despeito de maior intensidade, nos molestou no dia em que recebemos de amigo distante os recortes de jornais alusivos a acidente no qual, por engano de homonímia, figurávamos entre os mortos; por estranho que pareça, tivemos na ocasião — de mistura com o golpe da surpresa e ante o obituário a nos inserir na condição de objeto alheio à nossa interferência, às premunições que de ordinário aliam ao sujeito as coisas que lhe são contemporâneas — o hausto de que éramos em verdade morto, pois se aluíra momentaneamente a base que nos estrutura às circunstâncias possíveis ou reais do nosso belvedere. A vigília a que este se emprega, sofrera de repente a lacuna da costumeira viga, desatento, que éramos, às conjurações do acaso que nos demitiam de ser em permanente elo com os elementos de nosso repositório, tanto os catalogados como os passíveis de nele expor-se; o continente da receptação, no qual as mais distintas contingências se insculpem sem lhe mutilar o molde, via-se inabilitado a conter o nosso rosto despido de sua existência; e com ele os episódios complementares que ladeiam o sucesso da morte, as cenas enfim que sem dúvida àquela hora, quando o desmentido não retificara ainda o mentiroso anúncio, preocupavam a mente das pessoas de nossas ligações, a notícia do falecimento a nos parecer incabível à lupa só afeita às outras objetividades. Na data em que S..., pressuroso em reunir em casa as figuras que deveriam conhecer N. N..., para tanto remetendo especiais convites, não o fez a nós que, além da curiosidade, tínhamos a crédito idêntico exercício ao desta personagem, em função que impunha proveitosos entendimentos, de que tudo era sabedor o mesmo S..., que muitas amabilidades nutria a nosso respeito; em lugar de ressentida decepção, que certamente acompanharia o ato de contemplarmos o nosso vulto como se perecido fora, a escarmentada experiência, convertida por último em remédio para a tristeza de nos dispensarem muitos miradouros, alguns deles necessários à nossa alegria, a escarmentada experiência libertou-nos da mágoa, e sem irônicos propósitos decidimo-nos a comparecer à residência de S... no instante em que o ilustre hóspede haveria de estar; conosco seguia a perfeita consciência de sermos intruso, se bem que a falta de convocação nos proporcionasse a justificativa ardilosa de lá irmos na insuspeita de encontrar N. N...; mas, a propalação, com que se projetou o concílio, pois resultava diminuta a cidade para nos permitir a astúcia do fingimento, obrigava-nos a de logo medir o desfavor de nossa presença perante os olhos de S..., entrecho realmente novo a que nos submetíamos e de esperados efeitos quer em relação a nós, quer no tocante ao desempenho do anfitrião que nos olvidara inexplicavelmente, segundo as afabilidades anteriores; entretanto, as promessas da objetividade nem sempre se efetivam, e dessa vez, determinado éramos a consentir que os arranjos de nossa fábrica se movessem à colaboração com os elementos estranhos a ela; isso porque planejáramos que a urdidura, na qual observaríamos principalmente a participação de S..., se tecesse também com os recursos exteriores ao contra-regra que há em nós; propósito aliás coerente com a nossa condição de extinto e só interessado em ver como o nosso rosto passaria da morte, em pequena dimensão, à existência enfim retomada por aquele que a suprimira; o painel, que nos vedara, o fôra mercê do esquecimento e não por intencional supressão, o que significaria uma forma de conservarmo-nos presente ainda, em S...; à porta, verificamos que N. N... e as demais figuras do elenco não se encontravam, e a idéia de que a reunião se transferira para outro logradouro desfez-se rapidamente diante da face de S... a nos acolher como procedia de hábito; e nos longos minutos em que estivemos em sua companhia, palavra alguma pronunciou em alusão ao malogrado episódio; nem insinuamos qualquer coisa que o trouxesse à baila, antes excluímos da palestra o que porventura despertasse nele a recordação daquilo que não houvera, tal a delicadeza da cumplicidade de cada um de nós em torno da mudez conveniente, da cortesia do engano mútuo; o painel da urbanidade veio a substituir o entrecho no qual puséramos a expectativa do desamor, pois que sem ternura programáramos o constrangimento de S... a buscar a maneira de nos induzir a não lhe querer mal pela omissão do nosso rosto; da ausência de N. N... lucramos nós, entre outras coisas, a conclusão de que se tornara excessivo o despeito em face do esquecimento a que nos relegara S...; de sua parte, se ouvido sobre o tema da desmemória, e tendo em apreço a sua estada em nosso caderno, sem dúvida queixar-se-ia da inconstância e volubilidade de nosso miradouro. Cada figura estabelece para si própria as leis que pretende sejam atendidas quando em jogo o conspecto de sua presença, firmando esta a jurisdição na qual todavia os jurisdicionados, por lhe desconhecerem as normas, nem sempre as consideram conforme desejara o absorvente protagonista; acresce que em contato de dois semblantes, se um não se retrai a fim de que o outro emita, sem estorvo, as emanações da respectiva personalidade, o duo há de descontentar a ambos os seres, que as regras de cada um têm o dom singular de exigir, no ato da exibição, que o interlocutor perca essa qualidade, adquirindo a de confidente ou testemunha. No fundo, as amizades mais densas e satisfatórias se originam da esquivança com que se permite ao comparsa o dizer ruidosa ou discretamente o que possui no íntimo; e após a conversação, na qual os desempenhos se regeram pelo módulo de um anuir em quietude enquanto o outro entornava os seus ditames, tudo em harmoniosa sucessividade, o ato do despedimento se estimula com o apego mais familiar que o de muitas relações domésticas: o da implícita gratidão de cada um por haverem os dois, sem entendimento antecipado e sem a clara consciência do belo êxito, entrelaçado as desimpedidas externações.

Capítulo 13

1 — *A significação da indiferença.* 2 — *A adesão figurativa.* 3 — *A ausência visível — As verificações acerca da indiferença.* 4 — *O relativo de outrem e o absoluto do nós — A contribuição à indiferença.* 5 — *A comunidade de memórias.* 6 — *A mais unificadora presença — A indiferença positiva.* 7 — *A urdidura esgarçada.* 8 — *A comunhão no perecimento.* 9 — *A indiferença — A modelagem da narração.* 10 — *Coadjutores da indiferença.* 11 — *O nosso álbum como dominador da indiferença.*

1 — Talvez que possamos explicar, com referência ao nosso miradouro, a razão por que se torna assíduo o esquecimento em que ele se envolve; razão que estaria na circunstância de privarmos o interlocutor, que compõe a cena, das irradiações de nossa individualidade, que assim reduz o painel à saliência única de quem escutamos; cumprindo-nos, no curso do retábulo, ser a mera presença que excita no ator a dição das palavras e das atitudes, e se assemelha ao ensaiador que se mantivesse visível na rampa; com efeito, sentimos que o interlocutor, enquanto palestra, ou melhor, enquanto se faz ouvir, se ordena ao módulo de nossa receptividade, simpatizando com o nosso vulto ao extremo de aprofundar-se em confissões que não pretendera revelar antes do colóquio, e que desfilam pouco a pouco, dado que vê aberto o caminho, sempre confortador, de ser em pura confiança. A exemplo de G. R..., certa noite em que nos comunicara segredos, mas, tempos depois, aludindo a eles, já então em oportuna publicidade, e perante nós, veio a alegar com expressões sinceras, que a ninguém os transmitira: tudo porque lhe não aduzimos, naquele instante de confidência,

um acidente qualquer, um relato impressionante que em seguida, avivando-se-lhe na memória, haveria de trazer-lhe o fato de sua indiscrição e conseqüentemente a nossa personalidade. Têm existido muitos episódios em que nos imergimos no efêmero papel de facilitar participações em detrimento de nós que as animamos à custa de nos recair a indiferença, de onde as iniciativas que nos convém tomar, se o afeto exige que nos inoculemos em amada lembrança: em forçarmos o costumeiro comportamento a fim de que, para maior valia de nossa preservação em outrem, não se esvaneça em branco o existir de nosso vulto. Também reservamos em nótulas as vezes em que nos munimos de feições alheias à naturalidade, supondo que assim nos demoraríamos na recordação da almejada pessoa; com que melancolia nos reportamos aos entrechos de artificiais desempenhos, em cujo transcorrer a falsidade posto que bem fingida, — e para tal mister, o de acentuarmos a conjuntura de nossa presença, tudo servira desde que sem acintosas tonalidades — não nos satisfizera então, e agora, sobretudo, quando podemos medir a indigência dos resultados. As tentativas de nosso vulto com o fito de não se apresentar insignificante, passível de pronto esquecimento, quando há em causa algum ser em cujo repertório aspiramos por delongada estadia, em última análise se mostram extemporâneas à ordem com que se modelam as amizades recíprocas; durante estas, e em todas as situações, deve prevalecer a sinceridade das aparências, o mútuo jogo das espontaneidades, sem as contrafações que promovíamos em nós, tendo por alvo a nossa presença na lembrança de quem escolhêramos para perpetuar, em si, a boa versão de nosso conspecto. Mas, se computássemos unicamente o natural de nossa efígie, sem dúvida que, situando-se ela em ausência, a memória desejada não lhe recairia a nosso gosto, em virtude de escassear o agente propulsor de recordações, no caso o relevo de um episódio em que nos déssemos na saliência de extraordinário conto, partido de nossos lábios, e por esse alguém suscetível de propagar-se quando, em contato alhures com outras personagens, ao toque de alguma narrativa do mesmo gênero ou graças a qualquer espécie de associação, obteríamos não só o rosto em sua lembrança, mas o nosso próprio nome soaria em pleno retábulo. Se a personalidade nos determina a ser escasso de informativos e carecente de expansões duradouras em quem as vê, por outro lado, como requisito de nós mesmo, a existência de nossa fisionomia nos álbuns dos interlocutores, cujas práticas de interpretação constituíram o nosso repertório, nos leva a pretender que nos registrem um tanto à maneira de como as anotamos, sobretudo no capítulo do zelo com que inscrevemos as participações, em nós, das figuras selecionadas pelo afeto; as quais inserimos com o prazer incomparável de sermos o perpetuador de seus desempenhos, o guarda vigilante que os preserva do olvido, pois ninguém os transportou em nótulas, nem os respectivos atores sempre descuidosos dos efêmeros entrechos. Mediante a nossa condição de abrangedor de quanto existe, ressaltam positivos alguns obséquios que nos têm sem dúvida compensado do desolador escarmento; dentre eles, sobressai-se o de convertermos a indiferença, com que nos tratam os propícios figurantes, em persuasivo espetáculo que, embora não se nos apresente de todo aberto à agradável contemplação, contudo mostra-se, em certo sentido, igual aos que consignamos com interesseiro olhar, analogamente solícito em ratificar o cósmico papel de nosso vulto. A negligência em relação a nós, afirma-se em correspondência com aquela intuição que nos concede o acabado no tempo e o invisível pela distância como dádivas acessíveis ao nosso belvedere; e a cujo alcance os elementos intermediários, as outorgas, as sub-rogações, se prestam com imediata destreza, agora a se nos aumentar o índice de convencimento, mercê da contribuição do descaso infligido ao nosso rosto. Recordamo-nos da vez em que, indo a participar de assembléia cujas discussões se entornariam na praça onde curiosos desde cedo compunham variados agrupamentos, preferimos, em lugar do relevo que nos daria o simpósio, o ostracismo de ficar junto àqueles que nem sequer nos conheciam de nome e entre os quais o nosso vulto passaria, e passou realmente, à margem de todas as indiscrições, incólume de se instituir em alvo; aproveitamos o ensejo para inteirarmo-nos de cenas que não víramos se entráramos no prédio que nos ofereceria entrechos de menor qualidade, de reduzidas atrações, ao passo que lá fora havia os termos daquilo que logo se nos insinuara: o teor elucidativo da indiferença.

2 — Bem quiséramos, em seguida ao desfecho do conclave, subir à sede dos entabulamentos, e declarar aos circunstantes mal saídos do sinédrio, onde em ata se firmou a ausência de nossa efígie, que embaixo, entre os desconhecidos rostos, sentimos a original sensação de escutar, proferido por estes, em eco à palavra que com clareza ouviram, o nosso nome assim em muitos lábios como se fôramos um terceiro, ou já perecido ou longe, a inúmeras léguas; sem dúvida, as situações que por acaso auferíssemos lá dentro da assembléia, salvo se a presença de novo semblante ou o inesperado de alguma intercorrência nos movesse a interessar a lupa, nada de importante nos prometiam, que a agenda e os atores eram de nosso inteiro conhecimento; além disso, o tédio nos indispunha a aguardar possível e proveitosa surpresa, enquanto no átrio, pródigos elementos, e todos eles sob a rúbrica do inédito, vultos que se incluíam na vasta reserva dos anônimos e dos efêmeros, seres da mera e indistinta aparição, fomentavam em nós a esperança de férteis conjunturas: tanto mais sedutoras quanto não vinham dispersas e soltas

de significado, mas obedientes a um título que as tornava harmoniosas, a intuição a nos dizer que se manteria o nome da indiferença. Esta se perfazia como englobamento de dados expostos, com o teor a encerrar a um tempo a exibição de objetos e a consangüinidade de cada um com a genérica designação, no caso a indiferença; os recheios da expectativa, as ante-realidades que se aguçam sob a forma de pressentimentos, à medida que despontam, como que se declaram aderidas a determinado tema. Ao catalogarmos as sensações que nos surgiram naquele instante em que prevaleceu a nominação da indiferença, para a qual convergiram todos os prognósticos, uma em particular se salientou no papel de vestíbulo por que transitaram as outras: a sensação de vermo-nos, mais do que nunca, senhor de nosso belvedere, dono da luz a clarear, facultando desse modo a existência dos circunstantes, das fisionomias que se aglomeravam desatentas de nós que, no entanto, as assimilávamos à guisa de criaturas nossas. Paradoxalmente, íamos experimentar o encontro de nosso rosto com olhares despercebidos de que ele se situava no mesmo ambiente, em outros termos, a nossa ótica se muniria de figuras de todo alheias a quem as procurava; a nossa lupa não necessitava, para o seu mister, da providência de esconder-se, a qual, todavia, se tomada como o fizemos várias vezes com diverso intuito, não fixaria por completo o nome da indiferença, o que só nos importava agora; a significação se gerava de sentirmo-nos na plenitude de nossa existência enquanto abrangedora dos demais, a vividez do miradouro acendida como aura miraculosa, pois translúcida era a positividade de nós em tal vigília; sem embargo de tão desperto, esperávamos que as cenas haveriam de conter a anulação de nossa efígie em sua qualidade de teor dos olhos ali presentes, desde que ela, a fim de preservar o sentido anônimo, se esmerava em parecer autêntica, isto é, o semblante incapaz de atrair para si a curiosidade atenta às vozes que sobravam pelas janelas. Queríamos o nada de nosso vulto na ocasião em que a consciência se alertava de si e portanto era prestes a entornar sobre os outros esse auto-iluminamento, sem quebrar a plenitude que se fizera independente de nós, nem perturbar a lente dirigida aos pequenos grupos; procedimento equiparável ao do maior número dos escutantes, que nos expunham entrechos de familiaridade só havida fisionomicamente, fiéis a coros nunca ensaiados, e de tal forma acessíveis a múltiplas interpretações, cada ator servindo num e noutro ajuntamento, com substituições descombinadas e segundo um módulo não instituído por ninguém, mas ordenado à sua maneira; sendo nós o único a praticar as mesmas mobilidades e imobilidades, e as respectivas demoras, tendo nessas atitudes a consciência de fazê-lo; porém tão hábeis os nossos gestos que, de certo, em nenhum miradouro nos registramos singularmente; ao contrário, tão forte era a convicção de estarmos no nível comum que, no à-vontade dos recursos, chegamos ao requinte de pronunciar ditérios, alusões, interjetivos próprios de cenas dessa espécie, e dentro da desejada imitação; tal coisa a nos surpreender com íntimo agrado, porque não provinha de intencional estratagema, e sim resultava a coincidente e implícita adesão, porquanto, além da naturalidade, descobríamos que, na falta de intermitentes locuções, poderia ostentar-se o nosso corpo em virtude do inusitado silêncio; no exercício de ser em comunhão, o nosso rosto, alheio ao que se desenrolava no sinédrio, e apenas devotado às conjunturas figurativas, deste dependentes mas que para nós se constituíam em algo autônomo, externava-se tão isento de si próprio que nem sequer se alterava à pronúncia de nosso nome, que também não influía no aspecto geral das atitudes; semblante algum a modificar-se por efeito de ouvi-lo, pois outros nomes foram proferidos igualmente, sem obterem dos escutantes um gesto ou um comento à parte, como se a significação extraída de tudo que publicavam as expressões sonoras, o objeto, enfim, de todas as atenções, dispensasse a intercorrência de pessoais fatores; o que veio a comprovar-se no término da sessão, quando ninguém mais aguardou que descessem os donos das vozes, os ocultados escrutinadores, na sessão do grêmio.

3 — De volta à casa, a conjectura nos ofereceu, sob o estímulo dos recentes episódios, o panorama de todo o acontecido sem contudo participarmos com o nosso corpo; ela nos persuadia de que a presença nossa fora o meio simples de observar, de maneira direta, uma dessas ausências que se propagam à revelia do miradouro que, na impossibilidade de atingi-la, costuma supô-la indevassável e conseqüentemente inaderível à assimilação; se bem que em verdade possuímos o recurso de absorvê-la, qual seja o de contrairmos um painel análogo ao que se coloca à distância, e, na experimentação, o nosso vulto aceda em conduzir-se sem se fazer anotar; e que a indiferença o não moleste, antes se lhe aproveite o anonimato para que se mantenha incólume de nossa lupa, como se não comparecêssemos, a objetividade a si mesma entregue. Toda vez que nos tornamos despercebido, o retábulo, a que nos aliamos no caráter de testemunha, se transforma em ausência conquistada por nosso belvedere; e, sob a acepção do não estarmos, vemos e ouvimos o entrecho desprovido de nós tal se houvéssemos ficado em nossa residência; o prazer da desenvoltura, graças ao nivelamento que nos impomos, no decorrer de nossa efígie que não interfere em nenhum dos comparecentes, se revelou maior, e mais duradouro quando, na cidade do R..., conhecendo tão-só alguns dos milhares de habitantes, éramos bem menos preocupado quanto ao risco de termos algum já sabedor de nossa presença, como-

didade que se não repetia na outra cidade do R..., onde as numerosas relações desfaziam de ordinário o teor de sermos no âmago da ausência. Concluíamos que esta se conceituava pela inatuação de nosso rosto, pela nenhuma interveniência nossa no geral das participações ou no particular de cada um dos desempenhos, e não pela omissão física de nosso vulto à margem ou no interior dos painéis; daí podermos afirmar que, fisionomicamente, não fomos à homenagem que os amigos e recentes admiradores prestaram a P. S..., entre eles nós que até algumas palavras lhe dirigimos; entretanto, uns dias após, em encontro fortuito com aquela personagem, ela sob o encanto ainda das fervorosas palmas, coube-nos ouvir a ata dos acontecimentos, e da lista dos que estiveram na ocasião do preito, achava-se excluído o nosso nome; sendo comum nessas oportunidades não se inserir no rol a figura com quem palestra o narrador do evento, a qual é subentendida no mister de haver participado, admitiríamos tal hipótese caso P. S... aludisse a coisas apegadas ao nosso testemunho ou se referisse a passagens advindas do comportamento nosso; mas, a sentida expressão de P. S... a lamentar a nossa ausência, comprovando assim a inexistência, nele, de nossos cumprimentos na chegada e na despedida, nos esclareceu que em verdade a nossa efígie não comparecera à mencinoada cena, tal como esta se efetuara conforme o miradouro de P. S.... Quanto a nós, habitualmente acontece o gravarmos na lembrança as figuras que nos entrechos se conservaram em completa desambição, a mudez e a imobilidade persistindo mesmo quando os seus portadores são faces desconhecidas; por conseguinte, insólito era o proceder de P S... acerca de nossa efígie, desalentador sem dúvida, porém válido à guisa de experiência que, associada a outras antes e depois do retábulo de P. S..., nos deferia o predicamento de sermos o nada conquanto vivo o nosso corpo; e, talvez a modo de ensaio para o que nos reserva irrevogável destinação, eximimo-nos, dissimulado na delidadeza, de retificar o interlocutor quanto ao lapso da memória; tal a nossa conduta em frente de P. S..., de surpresa perante os fatos que ele nos dizia e que no entanto já os havíamos posto em nosso álbum. Querendo levar mais longe o inquérito a respeito de nossa ausência no episódio, relacionamos os semblantes que P. S... nos dera e outros que figuravam em nosso rol, e de ambos escolhemos alguns de fácil acesso à sondagem do miradouro, a fim de sabermos se coincidiriam os descasos com referência a nós; para tal empresa, nos indicava o pressentimento que seriam unânimes em nos denegar o papel de haver comparecido, o que em realidade aconteceu para nossa melancolia, aliás bem depressa substituída pelo agrado de vermo-nos em posição nitidamente simbólica e muito auferida por nosso rosto; à semelhança de quem, privilegiado com os valores que possui em mão, e temendo adquirir novos, pois talvez lhe resultem adversos, se conforma com os que retém, assim, para segurança da auspiciosa conjuntura, de sua autonomia como objetividade mental a merecer de nós as devidas perscrutações, evitamos ir além no exame a que nos propuséramos; bastantes foram as três personagens argüidas sutilmente sem desconfiarem de que, no fundo de seus olvidos, se instalava a desatenção, em si mesma isenta de humanidade e descaridosa, mas que se não atenta grave no curso dos convívios; antes consideram-na, se se chega a considerar, simples contingência do ser físico de cada um, em ninguém residindo a culpa de desperceber-se dos rostos localizados em modestos recantos ou que não se acentuaram com atitudes e vozes; um dos depoimentos apresentou a feição de cena arquitetada pelo contra-regra que existe em nós: tendo em vista ocorrer o interlocutor não inserir, na numeração que estabelece, aquele que se lhe situa defronte, orientamos a figura em documentação para que não se ativesse a nós, porém a terceiro que, intervindo casualmente no retábulo da pesquisa, nos permitiu que lhe cedêssemos o desempenho; e passando o nosso belvedere a espectador do contato entre eles ambos, pudemos então escutar, com menores riscos de perder a sinceridade do pronunciamento, os nomes das pessoas que assistiram à homenagem a P. S..., e o nosso estava, com efeito, excluído da cena efetivada há bem pouco.

4 — Quando, na residência de outrem, perquirimos as virtualidades nela porventura havidas, as descobertas feitas e entretanto não cultivadas por quem devera, no caso o próprio habitante que dia-a-dia acrescenta a elas as contribuições de sua individualidade, se depõem melhor obviamente em nosso caderno do que no álbum desse mesmo residente que não medita sobre a unidade entre o seu semblante e os outros já passados; no entanto estes são reversíveis pela outorga que concederam às figuras sucedâneas que se modelam como se modelaram outrora os que se antecederam em equivalentes posições, em gestos e acondicionamentos do corpo; da mesma forma, é ainda em nosso caderno onde se registra, com significado ontológico, a indiferença que vulnera os seres, não a de seus respectivos álbuns, onde nem sempre eles costumam valorizar a exclusão que os atingiu; insensibilidade que tanto procede da pequenez de se não autoverificarem como da grandeza de se persuadirem da plenitude da desatenção, belamente resignados com o anônimo de seus papéis, em contingência comparável à dos corifeus de quem se desconhecem os nomes e as fisionomias; tais rostos, em ambos os casos, no dia seguinte ao da cena em que se conduziram inúteis, esquecerão a ausência que lhes deferiram apesar deles, pouco influindo a lembrança dos menoscabos nessas pessoas que de resto não perpetuam o efêmero; so-

bretudo elas se alheiam de utilizar o cotidiano, as cenas do rotineiro doméstico, os retábulos comuns e sem valor aparentemente, como ilustrações da experiência com que cada qual se articula ao seu próprio existir em nós; a série inteira dos contatos entre o belvedere e as efígies em cena, a oferecer acepções destinadas ao único de nós mesmo; no entanto podem, mercê de concessão de nosso miradouro, que assim se retrai do absoluto de sua presença, reservar-se ao único relativo de cada rosto, e portanto nos proporcionar o painel imenso onde cada pessoa se prodigaliza com a total objetividade; e nós, por nos localizarmos no último ponto da platéia, abrangeremos então, em posse maior e intransferível, o acervo de tudo e de todos em cada um dos comparecentes aos nossos olhos. O descaso de que foi vítima a figura de N. de A..., com certeza não lhe tocou o sentimento, porque ela, capitulada entre as que primam em delicadezas da humildade, parecia viver da isenção até de si própria; portanto, não se movera ao desgosto de malquerer os semblantes negligentes por lhe não registrar o conspecto, em entrecho que articulamos a fim de dar a ela o justo relevo diante dos convidados, num concílio muito consentâneo com o seu temperamento; a conseqüência da iniciativa, sendo desfavorável, nos fez pesar o desinteresse que geralmente preside o comportamento dos que, em condições de obsequiar, esperam que se lhes solicitem; eles devem oferecer, se propícia se mostra a ocasião, tal no episódio que para isso estabelecemos com o vulto de N. de A...; em seus olhos se lia com clareza uma preocupação que, por nossa ajuda, se tornou explícita, mas ninguém se enterneceu nem procurou, no exercício da bondade, promover o término daquele entrecho. Impedindo que o nosso rigor se estenda a tão fracos intérpretes, agora, que tudo é passado, nos advém a dúvida sobre a responsabilidade da omissão; talvez a N. de A... coubera — do canto em que nos colocáramos, não víramos até o fim o procedimento de seus olhos — a razão do malogro em o painel completar-se a nosso modo. Tal como atuara em inúmeros episódios, a sua efígie, desta vez, possivelmente alterara o teor das participações, convertendo as demais figuras à acepção que ela emitia; o sentido de ausência, que se lhe entornava, estendia-se pela sala inteira sob a feição de os presentes se desvincularem da existência dela, N. de A...; tal sucedeu no ato do despedimento, quando, cumpridas as mesuras em direção à porta, o semblante de N. de A... nos pareceu, excluído que era dos finais cumprimentos, análogo ao vulto que, inadmoesto, se intromete no âmbito de solene protocolo, e tendo este que efetivar-se, os atores nem por isso se confundem e o levam ao desfecho, sem dar-se conta da intrusa personagem, a despeito de tão contígua; se o estranho, ao deparar-se na cena, conserva a calma bastante para atenuar o exótico de sua posição, ele assumirá a compostura que talvez o absolva de reprimenda, inclusive propinará ao painel um tom de dignidade fortuito e que não desalenta o chefe do cerimonial; assim enquanto nós e os visitantes expedíamos as convenções do adeus, a pessoa de N. de A..., demitida do elenco por inconsideração daqueles e de si própria, mas obrigada a não fugir de súbito, sobejava no entrecho se bem que o não ferisse; minutos depois, ao se despedir por sua vez, o pequeno gesto e as palavras em direção a nós, realizaram-se sem que lhe correspondêssemos, em virtude de, na mesma ocasião, sobrevindo terceira personagem, o nosso belvedere se transferir de N. de A..., em busca do novo participante; ainda após, apesar de terem saído os intérpretes da indiferença, continuou a vigorar, nos ecos do concílio, essa nominação, de tal sorte ela se aglutinara à efígie de N. de A...; o nosso vulto, induzido pela casualidade e contrariando o propósito de a ela estender singulares atendimentos, se aliava aos neutros e aos orgulhosos quando se permitia tratá-la — no instante mais inoportuno por ser o derradeiro, e portanto nos impossibilitávamos de lhe extinguir ou minorar a tristeza, se fora esta a reação ao nosso lapso — com a mesma indiferença, expondo-a a uma noite que se perderia com ela, se não as salvássemos a ambas através do contrito assentamento em nosso álbum.

5 — Muitas vezes o nosso comparecimento a determinadas assembléias, rotula-se com o título de ausência de nós mesmo, pois vamos assisti-la com os próprios olhos, certo de que o retraimento nos debates, a posição discreta de nossa efígie, não impedirá ninguém de se manifestar segundo os respectivos módulos; nem tampouco ela atrairá para si a atenção dos semblantes em plenário, de tal forma que, se partirmos no meio das discussões, como fazem os que se sentam junto à porta estratégica, a falta, dessentida por todos, não impediria que continuasse a reunião, a desenvolver-se como se lá estivéssemos; convertemo-nos então em puro miradouro, e dessa prática nos beneficiamos à vista dos que nos franqueia a objetividade independente de nossa ótica, livre de quanto esta contém de iniciativa, de orientados desejos, de respostas espontâneas ou obrigadas, de tudo enfim que a desperte da condição de simples recolhedora do que existe alheiamente a nós; possuído de semelhante experiência, e para efeito de nosso repertório, acontece não irmos a conclaves e no entanto, nem por isso, a folha em branco reservada se deixa de preencher com descritivos que posterior sindicância satisfatoriamente homologa; todavia, ocorre-nos ser de particular importância a nossa presença nos recintos pressagiáveis, porque neles se possibilita dentro de nós o mister de vermos as figuras e os retábulos que elas desempenham, com o

ânimo de considerá-los fora de nosso belvedere, tendo-os ali como se não os tivéramos; transferiram-se para o território da ausência, dessa maneira devassável sob os auspícios de uma sensação: a aura de nada sermos; esta, na ordem fisionômica, se equivale à breve mas bastante amostra do que alcançaríamos, em termos de virtualização e outorga, sobre a distância e o tempo, repletos de seus entrechos, sem contato conosco, mas adstritos à unicidade de nossa existência; e perecíveis com ela, mercê da completa e integral envolvência de nosso vulto em todos os episódios e personagens. Restringida a limitações do conhecimento, a nossa ótica se reduz a conquistas anotáveis das coisas que em última instância lhe pertencem e que se exibem ao fácil acesso de nosso miradouro, à guisa das situações que se desenrolam sob o signo do análogo, penetrante elo que ata urdiduras daqui e de longe, de agora e de antigamente, valioso coadjuvante a favorecer em nós a conferência entre a nossa personalidade e seus conteúdos. Assim, o idêntico se insinua a preponderar, em tomadas genéricas, nos retábulos em que, ao palestrarmos com alguém que conosco se associa a iguais recordações, o assunto se adensa e se demora por força de cada qual bem sentir-se com a situação que vem de restaurar-se; painel da comunidade íntima, superior, emocionalmente, aos flagrantes visuais de obterem, os que observam, a mesma objetividade, porquanto nos entrechos da rememória há disposições afetivas que não atuam quando só a objetividade é rigorosamente a mesma; de onde o valimento de pessoas amigas a se lembrarem da comunhão ótica de outra idade, que, ao se efetuar inédita, original, prometimento algum sugeria quanto a retornar depois nos belvederes da primeira vez; a tais encontros, sendo viva a probabilidade de novamente se confundirem os miradouros, não nos decidimos a faltar e melhor nos contenta o episódio se do interlocutor procede a iniciativa da identidade; recapitulando agora, entre muitos retábulos em que nos vimos em reconsonância com outrem, alguns de peculiar feitura, detemo-nos sobre o havido em casa de B..., após o seu regresso de uma ausência de vários anos; coube-lhe, sem estimulação de nossa parte, a deixa de reexpor a cena que se lhe gravara com todas as tintas, enquanto em nós ela se esmaecera a ponto de considerarmo-nos impróprio a conseguir, com B..., a estimada conjunção; a conduta de nosso rosto não poderia ser a de espanto, conduta inadequada a deferir, no interlocutor, o prazer de falar ante presumida correspondência; acresce que da conjuntura em pauta, os contornos, a despeito de indecisos, nos proporcionavam o gênero da significação, de logo clareado por fragmentos mal saídos de suas névoas; mas habitam em nós sedimentos que, despontados, nos compensam por não vermos certas coisas que melhor se liberam dentro da alma, à semelhança da saudade que nutrimos de alguns acontecimentos que se passaram com terceiros e não conosco; apesar de dormida prova, articulamonos com idôneo afeto à narração de B... que, em nenhum momento, suspeitou do olvido; as cenas que B... relembrava tinham pormenores, cujo merecimento se alteava com a explanação que nos fazia; o qual, por certo, ou fora criado às expensas de interna e lenta poetização do relator, em artifício legitimado, ou se dera verdadeiramente com o nascer do episódio que transcendia à apreensão por nosso vulto àquela época; as minúcias esquecidas eram entretanto apoiadas pelo assentimento de nosso rosto que, no âmago, as distribuía, cada uma em seu lugar, dentro das linhas que nos restaram na memória; então concluímos que a empresa de recolocação nos impunha o mesmo gosto de fruído enlevo que o expressado se porventura tivéssemos ouvido de B... um doce entrecho de que nos recordávamos inteiramente; observação essa que nos vinha a indicar, mais uma vez, que, nas conexões entre interlocutores pode, com mais freqüência que a calculada, prevalecer o afeto da comunhão, naquele instante de tal modo profundo em sua vigência, que não nos vimos em engano ao assimilarmos que éramos ambos sob idêntico êxtase.

6 — O nosso olhar interno em comunidade com o olhar interno do interlocutor constitui a mais unificada presença de que nos é dado participar, pois na respectiva contextura a dialogação converge a monólogo a dois: aglutinados nós ambos em virtude de passados sucessos e não por efeito de incidências atuais, como a contigüidade dos vultos ou o conspecto de rostos no campo de nossa visualidade. No exercício da convivência, ressalta a importância de tais ensejos, de encontrarmo-nos a restaurar com outrem o pretérito a que ambos servíramos no caráter de testemunhas: aprazível instante se é agradável o episódio que regressa aos miradouros preocupados agora, tal o foram ao tempo do retábulo em primeira versão; mas, incômodo, se se reveste de teor que nos esforçamos por esquecer, e que a só idéia de que sobrevive o consócio de sua existência, nos molesta e muito mais a circunstância de sofrê-lo em renovadas edições. A presença de tristeza insuportável e que nos trouxe à comunidade com outro ser, nos leva a impedir a estada, junto a nós, dessa efígie que detém conosco a lembrança da atormentadora causa, sempre vigendo a irrevogabilidade do haver sucedido; entrementes, o painel da acareação nem sequer se perfaz, porquanto o nosso vulto se exonera dele, desalentado por não compreender que, dentro do interlocutor, alguma dose de escrúpulo o não tenha persuadido a nos evitar ou ao menos, se impossível a esquivança, cancelar, no decorrer da palestra, toda sorte de conexão com o obscuro evento; o entrecho do Juízo

Final a se constituir, pelo único fato de todos se exporem na mesma rampa, a dura e merecida pena, o ato do castigo a se prover da universal externação de tudo que se ocultara nas memórias; o repertório de cada um se abrirá a todos os olhares, e o tema da decepção há-de estender-se às faces que nos viram de maneira diversa, desapercebidas do que não imaginaram tanto o amor as demovera de suposições menos positivas no tocante a nós; cada qual a sentir o arrependimento por haver, com ardilosos enganos, escondido cenas que melhor fizera caso as tivesse exibido; ou, na impossibilidade de testemunhas, as tivesse revelado adiante, inclusive sem solicitar dos ouvintes a precaução de empecer nos outros o conhecimento dos infelizes retábulos. Registra-se no caderno a figura de N. B..., que encerra conosco o predicado de possuir um episódio de tão cordial ventura que era regalo para ele e para a nossa efígie o relembrarmo-nos ambos das coisas que se desenrolaram na ocasião do cometimento; o que de hábito acontecia quando, vindo à nossa casa ou indo nós à dele, repetíamos o velho auto, e era de presumir que muitas pessoas já se haviam dele inteirado, diretamente ou por terceiros; pelo menos, subentendia-se que a identificação em apreço, significava o cerne da amizade entre nós dois; mas insuficiente para nos distinguir certa vez em que, tendo ele recebido personagens que muito podiam inscrever-se, com seus rostos, em nosso repositório, de tal maneira se empolgara com elas que, sem dúvida valendo-se da intimidade que nos unia, alegou, ao batermos no portão, que àquela noite se encontrava ocupadíssimo; como recompensa à omissão que nos destinara, estabeleceu o dia seguinte para que almoçássemos ambos a sós, e dantes nunca se mostrara tão ameno em palavras e em gestos; no momento aprazado, fomos ao seu domicílio e nenhum recado nem bilhete nos deixou para justificar a ausência, pois àquela hora se achava em companhia das figuras da véspera, em casa de pasto, e apesar da associação entre a idéia do festivo banquete e a que nos acenara espontaneamente, nada a esse propósito lhe acudira; tanto assim que, mais tarde, comparecendo nós ao recinto de suas ocupações, dedicou todo o tempo a reproduzir o que à mesa combinaram de útil, nenhuma alusão sequer ao esquecimento que nos devotara; tal o permitia a solidez da afeição, a amizade incólume a desídias, pois continuamos a comparecer à sua residência, desse modo insulando-se a conjuntura cujo teor fora o descaso. Ela se alongaria se não bastassem para o exercício da indiferença, no seu papel de nos manifestar os entrechos de que nos excluímos, os diários polípticos de nosso vulto a não merecer a atenção de belvederes; as cenas do restaurante, ocorridas sem a intervenção de nosso corpo, vieram a corresponder ao plano de alcançarmos uma bem nítida objetivação de nosso ser a demitir-se de quem, tal o semblante de N. B..., nos devia a faculdade de existir em nós, ou ainda, em termos de superior instância, o privilégio de existir em acepção absoluta; se tal situação se verificou independentemente de nós, sem esforço algum conseguiríamos a delonga do precioso significado, estendendo-o a novos e seguidos entrechos e sem nenhuma dificuldade; mesmo porque, dentre as desenvolturas inerentes à nossa efígie, quando se propõe a desempenhar os assuntos que escolhe, a da humildade se ergue dentre as participações de mais fácil desembaraçamento. A indiferença, tanto quanto nos indigita a memória, atuara em todas as épocas de nossa vida, não computando as vezes em que, de forma anônima, comparecemos aos retábulos, como os passeantes do logradouro visto em conjunto por alguém que o transita ou o observa de algum ângulo; mas atuara também nas cenas de poucas individualidades, nas quais nos exibimos em vão aos olhos de atores e de testemunhas; tínhamos, portanto, uma reserva de convívios cuja experiência não fôra, até então, sedimentada como obra estética; em tal obra, a matéria — no caso os favores espontâneos da objetividade — e o nosso pensamento, se juntariam sob os ditames da consciência; o anelo de representar um assíduo aspecto, em escorço intencionalmente delimitado, sobre cumprir o ensejo de premeditada ilustração — à guisa do colecionador que, dispondo de inúmeros exemplares, envia à exposição a amostra mais expressiva do acervo, proporcionando aos visitadores a impressão sobre o mais que possui no domicílio — era de vantajoso interesse para o reclamo de nossa intimidade; porque o nome indiferença, ungindo-nos com o costumeiro de suas aparições, ultrapassava agora, na qualidade de signo da absoluta inexistencialidade a vir com a nossa morte, o estágio de real melancolia, convertendo-se em criador mister, como um dos esteios na elaboração de *A Ordem Fisionômica*. Humildade e humilhação não eram entidades extintas, mas elementos necessários às obras que faríamos com elas, e se antes nos entristecíamos com os seus adventos, hoje, se porventura faltassem, iríamos à procura deles; para maior perfeição dos contextos, não violentaríamos a ética ao extremo de consentir que os responsáveis pelo desdém ao nosso rosto, figurassem nominalmente na posição de serem em antipatia; demonstra-o o exemplo da continuidade de nossas boas relações com N. B..., após a sua conduta impregnada dos ilustres visitantes.

7 — Sob a acepção da indiferença, presenciamos o velório de R...; pudemos então auferir do retábulo o ensejo — que se ratificou na semana seguinte, quando, ao estarmos na igreja por ocasião da missa fúnebre, compreendemos que nos olhavam como se fôssemos o primeiro na seriação do luto — de uma extinção singular que nos deferiam, o quinhão na morte de R...,

certamente, mas, em comparação à que atingira a R..., apreciado na condição de centro de todo o entrecho, a morte que nos tocava sobressaía-se com o aspecto de se haver efetivado há muito, sem mais ninguém a nos rememorar a vida; o descaso que haveria de envolver, com a decorrência dos anos, a figura de R..., estendera de logo o seu significado sobre o nosso vulto; sem necessitar, para tanto, que tivéssemos assumido, em verdade, o fatal predicamento de ser morto da derradeira morte; testemunhávamos o geral olvido, algo em si mesmo, independente de nós; a visão pura a assistir o nada a que nos submeteram, isentos de valia os gestos pronunciados, as vozes que chegamos a expender, e o empenho de movermo-nos à obrigação de estar, ali, no ritual do velório; afinal, tudo perdido e até sob a modalidade irônica: segundo nos inteiramos semanas depois, os figurantes do episódio tiveram, impressas, umas linhas de agradecimento, inclusive todos os que, não indo em pessoa transmitir o pesar, o fizeram por escrito, nivelando-se no mesmo grau a presença e a ausência cômoda; ao passo que o nosso vulto, que considerava desprezíveis alguns meios convencionados e aceitos como coonestações fiéis, à maneira dos cartões na salva, nem ao menos mereceu por meio daquele ou de outros processos o lacônico de uma prova de que fora visto. Simultaneamente à busca em torno das feições do descaso, o que importaria no encontro da inexistência atual de nosso ser, assoma-nos a conjectura de a responsabilidade pela indiferença provir da inópia com que tentamos nos fixar no belvedere em apreço; sobretudo em retábulos daquela espécie, quando a misantropia nos torna indigente de atitudes, que não concorrem com as dos comparsas, eméritos no prevalecimento de seus relevos; a pessoa, a quem se dirigem os visitantes, conhecedora e segura na prática da hipocrisia, obsequiará, com o prêmio de especial distinção, os que se lhe mostraram sob o grifo do exagero ou de complementações ao gesto, à similitude das grinaldas e coroas com inscrições votivas. Tais coisas evitamos, desde que em nossa litúrgica no caso de R..., não havia porque nos sonegarmos à morte, nele, com requisitos de sobrevivência, pois falecêramos em sua extinção; o descaso que nos infligiram, era a correspondência que, em final instância, desejávamos ao nosso vulto, desta vez atendida pela objetividade, de todo neutra por parte dos comparecentes ao velório; estes, na ignorância de nosso ritual, acediam em prestar-se a ele, sendo a unanimidade a perfeição que anseia o solipsista ao pretender que os retábulos se exponham dentro das fronteiras de seu único envoltório. Ficamos a medir as doses de ambos os perecimentos, e no término da reflexão nos coube a idéia de que a morte, que em particular nos competia, significava a representação da que haveria de ter, quando cessassem as tristezas e os fervores de agora — o que se iniciaria logo mais, quer em virtude do leviano de alguns dos sentimentos, quer em face da condição humana de acelerar no efêmero o breve de sua natureza — a figura de R... ao suprimir-se de todos os álbuns; aproveitando o ensejo, fizemo-nos, naquela ocasião, o belvedere exclusivo a contemplar o nada de todos os falecimentos, o nosso miradouro a se inculcar o papel de acolher a última de todas as sínteses; segundo a prática discernida, os funerais, que às cerimônias tanto obrigam, se fundamentam na intensidade dos zelos e das ternuras, pelas menores coisas que se prendem à decaída imagem; neles se incorpora a urgência de satisfações como se esta imagem continuasse viva, e, acima de tudo, a fé, certamente ilusória, no sentir que a homenagem não se diluirá no tempo, que a intensidade de hoje estender-se-á na vida de quem pranteia, havendo no íntimo de cada portador da mágoa a convicção de que assim terá de sofrê-la para todo o sempre; a densidade de tal ânimo e as atitudes em proporcionar ao morto as exéquias que, no fundo, são mercês a um vivo de diferente viver, explicam-se, na ordem fisionômica, por efeito de estarem ainda sem substituto as cenas que no cotidiano interpretava o extinto corpo; ele as abandona irrevogavelmente vazias de seu conspecto, sob perplexidade cênica ainda não corrigida; conseqüentemente, o anelo do velório perpétuo e as manifestações do ritual se explicam pela falta de sucedâneo, pela conjuntura de ainda persistirem os retábulos com a lacuna recém-aberta, os entrechos contraindo-se devagar até que desapareça o vão dentro do qual o rosto ausente movia e removia os pretextos; vão de tal sorte destinado à indiferença que aos coadjuvantes ocorre se dispersarem em outros motivos, a fim de promoverem rápido acesso a novos desempenhos: providenciam a aluição de painéis inteiros onde se contiveram as participações da face ora morta. Outros acompanhantes, mal destros em preservar os episódios sem mais o vulto que lhes dava o cerne, apesar do esforço em suprir a falta, são atores que se desnorteiam enquanto tentam recompor a costumeira realidade; resulta curioso vermos, à semelhança do sucedido após o falecimento de R..., os entrechos incompatíveis com as significações a que se propuseram, protagonistas desajustados, menos por eles do que pela tessitura, sem remédio esgarçada; até que, em seguida à prolongada demora, vigendo a lei da cissiparidade, a tapessaria, irretornada ao inconsútil do seu pano, se divide consoante as parcialidades que lhe faziam a teia, cada uma liberta enfim da original e fertilizadora comunhão.

8 — Logo no dia seguinte à extinção de R..., no precioso instante em que as figuras do larário se reuniam à mesa do refeitório, começara a seqüência dos painéis que iríamos presenciar intencionalmente, por de antemão sabermos que tais episódios nos prodigalizam puros exemplares da ordem fisionô-

mica: à maneira do iniciado pela ausência de R... em cujo local ninguém veio a substituí-lo, sobrando vago o assento de onde ele dirigia os demais, todos os intérpretes obedientes de há vários anos em perseverar nos respectivos papéis, que o tempo em nada influíra no velho arranjo; apenas alienara à morte a prerrogativa de desfazê-lo, inclusive compensando-se, com a celeridade de agora, do inútil de sua passagem pelos interstícios do continuado entrecho; ou em virtude de imposição do hábito, ou por combinação prévia, de sorte a nenhum vulto se decidir a acomodar-se na cadeira de R..., ou por efeito de tácita liturgia, no primeiro repasto que se verificou após o enterramento, permaneceu vazio o lugar com o talher e as mais coisas do serviço, tudo conforme a feição rotineira de R...; por conseguinte, devendo-se à copeira, que assim os agrupara, a iniciativa de formular a cena a tal ponto que, se alguém, na ignorância do fúnebre sucesso, aparecesse naquele momento à porta, acreditara que o mesmo ocupante de ainda há véspera, apenas se retardara lá fora e nada de mais ferira a configuração do cenáculo; entretanto, ao volvermos uma semana depois, com o propósito de ver como ia o retábulo em exame, deparamo-nos com a mesa encostada à parede, exatamente a parte da cabeceira onde regia a personalidade de R...: modo singular de impedir nos outros figurantes o constrangimento de ter, em hora inadequada, a forçosa lembrança e anuviadora do apetite; providência que, impossibilitando a qualquer um de ali se situar, vinha ao extremo de negar ao visitante ou a algum protagonista da própria casa, a aparição de R... neles; um e outro suscetíveis de favorecer, nos ávidos de esquecimento, por motivo de serem padronizados muitos dos gestos dos que comem à mesa, a recuperação da memória de que se desobrigavam em consenso unânime; comparavelmente ao estudioso que, para as experimentações, determina os prazos convenientes ao que vai a operar-se no objeto em elucidação, reservando a outros fins os intervalos, alguns meses passamos sem ir à sede das esperadas transmutações, até que um dia e na ocasião assinalada, acorremos a ela e só então nos adveio que era elástica a mesa das refeições, tal como vimos mais de uma vez alhures, agora reduzida à metade; dispersos os membros da família, se adulterara ainda mais o ambiente, e com ele se perdiam as possibilidades de ressurgir o vulto gradativamente morto de R...; nem mesmo se tratava de escorço em relação à assembléia de outrora, desde que as personagens restantes sob o antigo teto, adotando normas contrárias, não mais se viam em redor da mesa, cada uma a utilizá-la isoladamente, que as novas condições de vida impunham a cada qual um teor doméstico impossível de acontecer à feição dos dias de R...; desagregado o ajuntamento, as partes contribuíam para a diluição da forma em que se configuraram; o nome indiferença, enfim, com as sutilezas de seu processo, estava a deferir à morte de R... a faculdade de estender-se entre as pessoas e episódios que sobejavam do seu cotidiano, esclarecendo-se que o corpo, indo primeiro em direção ao olvido, deixava nos remanescentes um tanto da fatalidade com que se perdera; a atmosfera do perecimento, feita para o molde da efígie de R..., persistia entre aqueles como a indicar que o mister ainda não fora inteiramente atingido, que alguns despojos de seu alvo mantinham perseveranças inconciliáveis com o poder da morte. Ela estima definir-se com os prolongamentos de sua natureza, com a infiltração da indiferença, tal como se verifica num leilão de coisas móveis, onde, de todas que tiveram dono, nenhuma se oferece identificadamente ao licitante, que recuperaria, para si, o objeto que acaso pertencera a alguém de sua ternura. Numa loja de antigüidades, perante os vultos da morte em efetivação, um em particular nos deteve: o retrato de alguém cujo nome era desconhecido e nenhum dos circunstantes procurava sabê-lo, pois as curiosidades apenas se infletiam aos valores da pintura; esta, sem a rubrica do autor — este previamente aderido à morte do retratado — não sugeria, por ser de todo independente do modelo, o menor vislumbre quanto à identidade de quem, há século, se decidira ou a chamar à sua residência o pintor, ou a encaminhar-se à oficina dele, originando conseqüentemente a obra que não existiria sem ele, o retratado; mas, a sua cooperação se desgastara, e ambos, ele e o artista, alcançados pelo falecimento, cederam à tela, que se tornou anônima e abiográfica, o privilégio de existir por mais tempo, dado que não a computara ainda, no escuro acervo, aquela entidade — a morte — ciosa de fazer-se repleta em todas as suas extensões. Houve também o caso de I. S... que, liberando os demais da presença de si próprio, acedeu em imergir em ausência logo depois do enterro de A..., pessoa a quem ele se unira com estreitos liames; foi, com efeito, uma passagem profundamente representativa a daquele rosto indo do cemitério à estação de trem para nunca mais volver à cidade que já se extinguira no repertório de A...; agora, desertando I. S... dos espectadores que se habituaram a vê-los juntos, a resolução em desaparecer equivalia a ato harmônico em relação ao ser figurativo dos dois em face da platéia, doravante a os não ver, pois se desfizera, com a morte final de um, a possibilidade de ter a ambos sob os seus miradouros; afastados das vistas rotineiras, I. S... e A... prosseguiam, no concernente a elas, na mesma linha fisionômica de se aterem em iguais conjunturas, o estar e o não-estar significavam capítulos de uma mesma obra, em vez de essências diversas; e assim, a atitude do primeiro transcendia o teor que ele a si preceituara, convertendo-se, de uma forma de luto estritamente individual, na ilustração do ser e do não-ser perante as outras efígies, as que lhes testemunharam as existências, a princípio, e depois as inexistências; corroborando com o desígnio consignado em nosso caderno, o viajante que, ao tomar o comboio, se destinava a segundo enterramento, o de si próprio em nosso álbum e nos de quantos o conheciam, a ninguém escreveu ou enviou recados, notícia alguma de seu nome e de seu corpo, tudo em correspondência com a acepção que lhe conferimos em nótulas; acepção que, a estas horas, adquire ênfase por ocuparem os dois, I. S... e A..., a mesma rampa, à similitude dos atores que, representando os mesmos espetáculos, ainda se agrupam nos passeios que promovem, onde assenta a ambulante companhia, de forma que, ao curioso em busca de suas faces, tanto acerta em vê-los na teatral exibição, como alhures reunidos, na manutenção da unidade que é a condição de ser fisionômicamente, um fio só a lavrar a tessitura quer do factício, quer do cotidiano.

9 — A exemplo de outras ocasiões, numa sessão de festa, a despeito de nosso vigilante miradouro, que a tudo viu e fez guardar, passamos inutilmente pelos demais intérpretes; tanto assim que, meses após, perante vários do grupo, ao repetirmos uma pequena história que relatáramos, a fim de concluirmos se verdadeira a conjectura nossa de que fôramos despercebido, se formalizou geral espanto em face do que disséramos; nesta cena proposital, vimos, depois da surpresa unânime, que no rosto de cada qual um reflexo vinha de ocorrer e que traduzimos tratar-se do nosso vulto reduzido à breve sombra, ao quase nada que não se ergue além da suspeita, ao mais pobre índice do efêmero, eis a quanto importara o nosso conspecto nas bodas de C. M... com E. C...; todavia, o mais interessante de tudo consistiu em verificarmos que minutos após o assunto em que se homologara a hipótese, e nada obstante a nossa presença no mesmo lugar e idênticas as figuras em palestra, nenhuma intercessão surgindo para lhes deturpar o arranjo, regressamos, no belvedere de cada um, à posição que assumíramos no retábulo das núpcias: a de nonada; embora há poucos instantes lhes déssemos a oportunidade de reauferir algo da percepção deles próprios, nem ao menos bastara tal relevo para melhor prerrogativa de nosso corpo em suas lupas. A irrevogabilidade da indiferença presidia as nossas participações, o ente em olvido a testemunhar o inoperante da ligeira saliência, excluído de todos que ao longo da conversa não detinham o olhar em nossos olhos como entre si permutavam; e fôsse o nosso semblante alguma coisa do gênero do mobiliário e das paredes que compunham o recinto, se bem que no ato do despedimento, quando os deixamos já servido do objeto da experimentação, se ostentassem ardorosamente solícitos, requerendo-nos a promessa de não demorar muito um novo encontro, que, se cumpríramos, o que não praticamos pelo escasso valor de seus repertórios, certamente anotaríamos

CAPÍTULO 13

análogos descuidos quanto a nosso rosto. Ciente de que não nos satisfaz advertir companheiros sobre a falta cometida em nós, a fim de doravante repararem mais na presença de nossa efígie, compreendemos que, no exercício da sociabilidade, prevaleça a fixação daquele que, graças às exibições que mostra no painel, ou por motivo do renome que lá fora o alteia, de modo a ser honra para todos o contato, mesmo discreto, do eminente protagonista, converte os demais em testemunhas de sua atuação; ele próprio adstrito a registrar o êxito que se lhe figura ao belvedere, e a se descontentar nas decorrências em que, retirado das fortes assimilações, é também compelido a secundariamente aliar-se ao urdume do tema em foco. O nome indiferença, entidade que se investe de múltiplas formas, veio a ratificar-se uma noite por intermédio de amável semblante que nos colocou a par do sucedido com M. M...; este, atendendo, sem dúvida, à menor valia com que nos considerava, sobretudo com alusão ao ambiente de seu convívio, ao qual, no entanto, não tínhamos acesso por acharmos tediosa a grei dos opulentos, dissertou acerca de assunto que era de nossa especialidade, reproduzindo as idéias e as expressões que utilizáramos à véspera diante dele e de alunos da escola de B. A...; de tal maneira convencido da impossibilidade de ver-se em flagrante descoberta, que não se incomodou com o comparecente amigo, senhor da aula por lha haver reconstituído o irmão que lá estivera; isso porque, na hipótese de nos ser reintegrada a autoria da preleção, ninguém de seus comparsas creditaria tal coisa em detrimento dele, tanto mais que o concorrente nunca se impusera, como ele, à admiração da luxuosa companhia; esse meio de explicarmos a sem-cerimônia de M.M... derivava de conhecermos a fundo os caracteres que se esteiam em tais disposições: indivíduos que se abastecem em fontes por eles tidas inferiores, fontes que, sobre as riquezas que possuem, fornecem a preciosidade de serem suscetíveis de exploração sem a incomodidade de romperem o silêncio, nem o perigo de confirmação se porventura alguém denuncia o plágio. A propósito de interlocutores, verificamos que, ao trazerem à palestra as passagens acontecidas alhures, os eventos relatados assumem adequação muito caroável ao narrador; afeiçoando-se-lhe de tal modo que, em certos concílios, descrendo da possibilidade de terem sido tão próprios um do outro o retábulo e o vulto que o assistira ou dele soubera por terceiro, preferimos aceitar os ditos eventos como parcialmente havidos, a eles incorporando-se a quantidade oriunda do estojo que amolda, segundo o seu tipo, o entrecho que lhe propiciou a objetividade. À semelhança do escritor que lê em alta voz um fragmento de sua lavra, com inflexões e movimentações que persuadem o ouvinte de que nenhum leitor senão esse procederá com tão justo encarecimento, a efígie de L..., ao contar perante amigos o entrecho cômico de alguém desconhecido de todos nós — reservando para si o privilégio de, sem risco de contestação por um dos presentes, conduzir a matéria pelo estilo da caricatura que era o constante de seu estar em convívio — dava-nos a impressão de que, em razão da sensaboria a que chegara o burlesco de seus encontros, a realidade obsequiosa, querendo enfim corresponder à qualidade de L..., lhe proporcionou algo especialmente esculpido para a sua natureza; os aplausos dos escutantes, se não se externaram mais calorosos, deveram-se ao descuido dele na seleção da peça, um fenômeno comum nas pessoas de seu gênero: impelido pelas vitórias anteriores, L... repetiu, demorando-se ainda mais em alguns episódios, uma urdidura que fora a melhor que lhe conveio até aquela data, e já era sabida de quase todos.

10 — Certos palestradores granjeiam para os relatos a vivificação que inexiste habitualmente nas figuras que em verdade viram o sucesso, tal N. B..., tão exímio, quer nos acontecimentos de que fora testemunha, quer principalmente nos retábulos do ouvir dizer; na véspera do simpósio que à noite ele dirigiria, procuramo-lo em busca de quem pudesse, com vantagem, expor, e portanto situar de maneira condigna em vários repositórios, a cena que de muito excedia a nossa habilidade de veiculação. Pertencera-nos a prerrogativa de observá-la, contudo, pareceu-nos merecedora de inscrever-se, não pelos intérpretes mas pela significação de que se investira, em outros álbuns a mais do nosso; sobretudo no de N. B... que se abriria em outros conclaves, resultando notória, na localidade do R..., a existência do fato havido e prestes a desaparecer, com o fisionômico valor, se ficasse adstrito ao nosso pálido e raro depoimento. Ao historiarmos a outrem algum fato que ele ignora, certificamo-nos, no momento, se a coisa historiada se integra na feição do interlocutor, se ele é suscetível de passar além no minuto seguinte ao de se afastar de nós, ou, caso não adira ao caráter de seu belvedere, esquecê-la em pouco tempo, demitindo-se de contá-la a quem encontra; sendo incomum que o portador do sucesso, a ele adequado ou inadequado, se decida a só expô-lo a uma efígie que ao evento corresponda; no exercício da sociabilidade, nunca se leva em conta a idéia de promover-se, no semblante em companhia, a correspondência harmoniosa da narração com o estojo peculiar a este, de sorte a estilizar as notícias de conformidade com os rostos escutantes; ao contrário, o mais freqüente, mesmo entre as pessoas de maior intimidade, consiste em fazer ciente o companheiro, sem propósito algum de ulcerá-lo, de circunstâncias de que ele se vulnera apenas ao ouvir, como se todo álbum não tivesse, por mais desmedido que seja o âmbito dos acolhimentos, as suas leis preferenciais: entre elas,

CAPÍTULO 13

e em primeiro plano, a de ser o repositório consoante com os painéis que ao vulto respectivo se assemelham, e o ato do condigno ajustamento o único processo de o miradouro perseverar em si próprio. Quando A. S..., individualidade cujo prazer estava em reproduzir o que soubera de quem quer que fosse, veio a nos informar a respeito de tessitura por todas as razões desagradável, não nos desalentou em excesso, por isso que nenhuma distinção ele firmava sob o impulso do dizer: enquanto na hora em que D. I..., que era prudente e detentor de delicadezas, e também avaro em relatórios indiscretos ou mesmo discretos, nos escolheu, para a confidência quanto a O..., ferimo-nos da mágoa de haver ele, que parecia nos conhecer de perto, forçado as folhas de nosso álbum, a fim de introduzir o desconexo de profunda e vil tristeza; melindrara-nos com algo adverso à índole de nossa receptividade, e dessa vez se patenteou implícita, por tratar-se de D. I..., a indiferença, que possui numerosos meios de atingir a nossa imagem; indo, nas variações de conspecto, desde o inculpado esquecimento a que sem dúvida contribuímos com a mudez e a esquivança, até a negligência quanto ao ser de nosso belvedere por parte de figuras que nos acompanham e certamente se inteiram de nosso gosto. Devemos acrescentar que, à violência do insólito retábulo que nos comunicam, se desdobra a constrangida gentileza com que secundamos o interlocutor nos corolários da palestra e alusivos ao assunto por ele trazido à pauta, compelido que somos a, no mínimo, converter em atencioso silêncio a repulsa que se acha em nós; se bem que, na maioria dos casos, o companheiro se não contenta com o obséquio de tão simples passividade; ele nos invoca o parecer, obrigando-nos assim ao empenho de, sem dano à sua alegria de narrar, impor ao desapreço uma forma que satisfaça a ambos; dessa maneira, alimentamos a própria indiferença, porque, se o contrariássemos com o nosso verdadeiro juízo, ele, sob o espanto de se ver frustrado, fixaria com ênfase o nosso vulto em sua memória; essa estada, desvantajosa em relação à unidade de nossa efígie em tal repositório, infringiria o teor mais dominante entre nós e quase todos os vultos de que nos nutrimos: o da indiferença. Esta entidade, tão assídua no curso de nossa presença em outrem, às vezes incide em nós mercê de contribuição do acaso, quando, por exemplo, no dia em que um cartão com palavras nossas endereçadas a B. L..., e que sem dúvida nos aumentavam no caderno deste semblante, veio a juntar-se aos papéis que ele tinha na mesa, e depois do trabalho das assinaturas, ao levantar-se para ir embora, amarfanhou nas mãos os que julgava inúteis, e com eles a mensagem que nos valia tanto; obediente à determinação fortuita, deferindo a ela a faculdade de interferir sem estorvo em nosso comportamento, deixamos que a sorte, com o imprevisto de suas manifestações, regesse os fios da tessitura às expensas de nossa vantagem; e, favorecendo por completo o poder do azar, desistimos ali mesmo de recompor a situação perdida, até havendo em nós o sutil esforço de experimentar a sensação de vermo-nos em auto-abandono, de presenciar a indiferença agir com a desenvoltura incólume. A ligeira ocorrência, pelo interesse que nos despertou, fez-nos abrir no álbum uma folha a ser dedicada a semelhantes contextos, que inúmeros têm acontecido e aproveitamos desde que não nos lacerem demasiado; está a agenda restrita a bagatelas do cotidiano ou a pequenas torturas que, posto incômodas, nos excitam ao consentimento, que lhes damos, para delongar-se; reduzido o nosso vulto a atender, sob as próprias vistas, a eventualidades inamorosas, neutras, portanto em atitude comparável à que apreendemos dos atores de situações em ato, que se nos entregam na rua, e dos quais assistimos breves enredos de que eles mesmos são desconhecedores.

11 — Fomos em busca do registro de nosso vulto no álbum de T..., sem a menor incerteza quanto ao grau de acolhimento que tudo indicava ser o melhor possível; mesmo porque a mencionada figura, em trânsito pela cidade do R..., tomara a iniciativa de nos comunicar o endereço a fim de ampliar o conhecimento de nosso rosto, além de algumas cartas que lhe escrevêramos e obtiveram amáveis respostas. As relações que se estabelecem no plano da epistolografia, animam nos correspondentes miradouros o desejo de promover a reciprocidade de visuais confrontos; por conseguinte, de sua parte deveria, àquela noite, estimular-se o belvedere com referência a nós e em medida consentânea com o encarecimento das linhas e entrelinhas de suas cartas; éramos tão seguro da ultimadora recepção que só a ela devotávamos o pensamento durante o trajeto de nossa casa ao hotel; como geralmente se verifica ao vermo-nos em ruas, em praças, nos sobreveio a conjectura de significarem pontos de indiferença os rostos que nos ladeavam, nós e eles na mutualidade da indiferença, todo o retábulo móvel a expor o conjunto do descaso; nossa efígie, agora que mentalmente o restauramos, a representar o corifeu que do coro se desata para, em seu nome, revelar o íntimo da passada comunhão; nem subentendêramos, ao deambularmos pela indiferença, que ela se alongaria até o aposento de T... onde nos aguardava o bilhete com a desculpa de antecipado regresso, como se a fatalidade de conhecermo-nos tão-só vocabularmente, presidisse o aspecto de ele se existenciar em nós: o que se tem efetivado realmente nas promessas fementidas de defrontarmo-nos alguma vez, a exemplo de nossa ida à cidade de B..., quando ele, também à véspera, se retirara para um sítio distante; com o propósito de conceder à indiferença a plenitude de seu domínio, com o fito

CAPÍTULO 13

de preservarmos a pureza de desenvoltura com que ela, a indiferença, costuma entornar-se nas urdiduras de nós ambos, talvez que, firmando um encontro em hora e lugar acessíveis, inventáramos pretexto que viesse a coonestar a ausência, como se o descaso merecesse deferidas atenções à habitual prevalência; assim, por muito nos excedermos na fluência de sua prática, tê-lo-íamos finalmente despegado da própria acepção, graças à cumplicidade em querermos em seu teor a colaboração de nosso vulto. A indiferença, entidade que nos exclui da inserção nos repertórios de outras lentes, sonegando-nos a cada passo a prerrogativa de sermos em outrem, suscita-nos a idéia de que, por sábio desígnio, os seus constantes surgimentos se equiparam a escorços de uma atuação maior e que gradativamente se efetua em ubiqüidade para aqueles que perecem; sem dúvida que, em seguida à morte de alguém, há protestos implícitos e explícitos de demorada memoração, senão mesmo de terna perpetuidade; mas em breve ou logo após o painel do enterro, a indiferença, que de tantos modos e de há muito se patenteava ante a fisionomia desse alguém, começa a vencer os obstáculos porventura erguidos, e por último vai corroer em dura lápide a inscrição com que pretenderam eternizá-lo. Em nosso caderno, fixamos algumas dessas formações, cujo motivo está em vermos como a indiferença pouco a pouco se esparge na figura e nome da pessoa morta, sobressaindo-se a parte correspondente a S. S...; desde vários meses, tínhamos o seu rosto à guisa de matéria para exame nesse particular, representando o advento de seu término, de sua extinção, que deveras sentimos, uma dádiva ironicamente dolorosa para o êxito das perquirições. Revendo hoje as nótulas alusivas a retábulos de sua existência, em comparação com outras concernentes a painéis depois da sua morte, nos quais alguns figurantes eram os mesmos da primeira fase, apreendemos o quanto se fazia insinuadora e perseverante a indiferença: a parecer prevenida em relação àquela personagem, expressando-se desejosa de que ela se abatesse enfim, sôfrega da liberdade a que S. S... se antepunha com a sua pequena vida; relendo as folhas, descobrimos a unidade de ser da indiferença, às vezes na investidura de nonadas, às vezes transformando o rosto de S. S..., ávido por cumprir relevante desempenho, em efígie de mera posição, um preencher de lugar se muito, os seus gestos integralmente vãos, o nada a lhe suprimir as ocasiões de ser nas lupas adjacentes: tudo a desenhar o que se estabeleceu depois, quando, sem ponto algum a ele ocupar na rampa dos sucessos, a indiferença, com a rapidez prometida, veio afinal a comparecer sozinha onde não mais se mostrava S. S...; todos que o cercavam nas ruas, nos aposentos, ou melhor, todos entre os quais ele se imiscuía, o esqueceram como se não tivesse existido na terra aquela face que foi única nos marcos de si mesma; contudo, o nosso olhar, ao introduzi-la no caderno, pôde salvá-la da indiferença em nós, significando a nossa comparsaria, nos conclaves em que se expusera S. S..., qualquer coisa a mais de simples miradouro com o ânimo de gravar o protagonista; em verdade, a acepção com que se investiu o acolhimento, em nós, da figura de S. S... se alteou à da empresa de ela ser conservada a despeito do olvido imenso; as pesquisas em torno da individualidade de S. S..., não apenas se abasteciam de continuados perdimentos, mas sobretudo asseguravam ao humilde vulto o predicamento de estar conosco, à luz de nossa lâmpada, suspenso, com a nossa vida, o curso da indiferença.

Capítulo 14

1 — *Somos comparável à luz e ao gênero — A indiferença nominal e facial.* 2 — *A despersonalidade no interior do nome — A indiferença partida de nosso miradouro.* 3 — *O exercício da indiferença.* 4 — *As inconstâncias em nosso belvedere.* 5 — *A outorga intencional.* 6 — *A representação por similitude.* 7 — *A fixação no álbum.*

1 — A presença de um rosto assume, para nós, uma importância que transcende o plano da mera sociabilidade; em derradeira instância, compara-se à presença do objeto surgido por efeito da luz: em ambos os casos, o nosso belvedere e a fonte luminosa significam atos de existenciador envolvimento; assim se impõem os vultos que nos atingiram o miradouro, que sem eles não seríamos conceptáculo, em nós repetindo-se a condição da claridade que só entendemos como reveladora das superfícies que recobre. As relações entre os nossos olhos e o elenco da contemplação, também se equivalem às que ocorrem entre o gênero e as respectivas individualidades: não influi no gênero que estas se esforcem em conduzir ao máximo as próprias singularizações, nem venham a negligenciar os atributos que lhes são inerentes, os contornos gerais a permanecerem incólumes em face das mutações que se operam dentro deles; entrementes, de nossa parte, na trama das urdiduras que nos foi dado ver, a quota de liberdade que gozam em seus arbítrios as personagens, não invalida a concepção de serem todas as faces adstritas à lupa que está em nós e lhes garante a existência sob a claridade única e nossa. Não podemos atinar conosco sem a enorme galeria dos que nos chegaram à lente, ora retábulos em que os atores, infringindo as leis de nossa sensibilidade,

nos constrangem com o temperamental de seus desempenhos, ora painéis cujos protagonistas atendem aos reclamos de nossa modalidade, porém de qualquer maneira circunscritos ao estar em nós, desde que nos é de todo impossível alienar a posição de exclusivo abrangedor: aquele que, posto na última fila, observa, de um ângulo que só lhe cabe, os sucessos que se exibem à sua frente. Se nos apresentamos como o receptáculo existenciador, de outro ponto de mira vemos de tal sorte aglutinados ao nosso ser os seres que nos preenchem o repertório, que os condicionamos como tais à duração de nossa vida que é a lâmpada que, na sua extinção, apagará irremissivelmente tudo quanto era aparencial por efeito de sua difusa ou particular iluminação. Estar em nós, ser conosco, constitui a posição de que nunca se compenetram os figurantes de nosso álbum; enquanto nós, consciente do valor com que tal posição ressalta no plano do existir, e certo da qualidade de estruturadora e preservadora da ordem fisionômica, nos movemos, a cada passo, a bem introduzirmo-nos no seio de todo belvedere que à nossa efígie aponta a sua lupa, dessarte contribuindo intencionalmente para a manutenção e perdurabilidade de nosso rosto. Se bem que nos mostremos permeável à recepção dos entrechos e vultos mais diversos, das mais díspares motivações, inúmeras de dificultoso contentamento para nós que diariamente nos ferimos de indelicadezas, quando se trata do instante de sermos a imagem que se empenha em estar em outrem, acentua-se a necessidade de nos contermos em determinados repertórios, e não em todos que nos recolhem os gestos e atitudes; por isso que se minora o ressentimento com que nos molesta o monoscabo, salvo quando o olhar omissivo é daqueles que pertencem ao nosso afeto; porém, muito raros são os atores que, atendendo à natureza de nossa receptividade, nos escondem os assuntos constrangedores; quanto a nós, ao irmos às lentes abertas às nossas participações, pretendemos, com cuidados que correspondem à harmonia da convivência, acautelá-las de possíveis danos, unindo no mesmo zelo a modalidade do observador e o gênero de interpretação que lhe exibimos; de resto é precisamente durante a prática das íntimas relações, se porventura acontece a aparição da indiferença, que a fundo assimilamos o teor de tal entidade, à similitude do sucedido na cidade do R..., em certame em que nos deveriam aproveitar, ao estabelecerem o grupo dos julgadores; isto por sermos o ocupante de um cargo de muito conexo com o gênero do concurso, ao extremo de importarmo-nos como um dos naturalmente indicados; a despeito de tudo, fomos esquecido, prevalecendo no descaso a circunstância de que, não obstante o visível aceno da credencial, a indiferença, em virtude de assídua e afinada ao nosso corpo, entornando-se dele, vinha, inclusive, a contagiar a nominação que estava em nós, editando-se, assim, mais completo e evidente o desapreço, sob a forma de acidental olvido; sentimos a dose de ausência que nos dedicaram as figuras incumbidas da seleção, todas elas a compartilharem, no tocante a nós, os liames de antigo concerto; o esquecimento não obtinha coonestação mercê de, por mais que nos subestimássemos, nenhuma explicação nos trazer o conforto requerido, sem dúvida bastante improvável por efeito de a indiferença expor-se em infiltrante aspecto: o da plena gratuidade; víamo-nos desnudado da simples referência, que tanto obriga, e em geral norteia muitas escolhas, o nosso semblante como se não houvera existido naqueles álbuns; também sofrêramos a conjectura de que desvaliosas fôram as anotações que inscreveram acerca de nosso vulto, porquanto este se ofuscara no momento em que nos devêramos sobressair na plenitude do ser e do parecer.

2 — A exibição, por força da nominalidade, se opera também sem que o ator respectivo se dê conta do papel que ele preenche, o qual se nutre de sucessivos ocupantes, nem todos conscientes da condição de serem graças ao nominal exercício; a cada instante, o nome se faz prestes a envolver a outro figurante e assim continuadamente enquanto houver a entidade que deles se alimenta, e nunca se incorpora a um só dos participantes, para o fim de exteriorizar a sua essência. O rosto se integra na posição diante da qual um suplente, que ele pode inclusive desconhecer, acena a toda hora com a possibilidade de lhe fazer as vezes, acreditando o protagonista que ninguém se lhe nivelará, tão vigorosa é a personalização em cada um dos membros da enorme e diluidora série. Na prática da incumbência, a própria sensação de atender literalmente ao nome, suscita na personagem a idéia de que o seu perfeito cumprimento, tal como presume, a imporá única entre as demais congêneres, à guisa de etapa sem comparação, de relevo maior da infindável cadeia; então, o intérprete se ilude ao tomar por acento, em vez do intemporal e do fixo inerentes ao nome, pois nessa perspectiva só este prevalece, o exclusivo e singular de si mesmo, no caso o individual teor com que ele, o protagonista, pensa que se excepciona. Os eventuais juízes de tal excepcionalidade se enumeram entre contemporâneos, de preferência entre semblantes contíguos que lhe testemunharam a conduta, todos eles se ressentindo de parcialidades de observação e de critério, além da efemeridade com que se repercutem os votos; ele mesmo, o portador do nome, ao afastar a mira da claque prestimosa, na ocasião de cientificar-se dos desempenhos do vulto que o sucedeu no nome, admite que eles são válidos não obstante partidos de outrem; o ex-intérprete se agasta ante a revelação de que não somente ele importara no domínio do papel, e a revelação

se lhe afirma pelo mero fato de parecerem novas, diferentes, as atitudes recém-expostas, permitindo-se a conjuntura do inédito dentro de sua vaga; ele se entristece por não lhe haver pertencido o desusado aspecto, às vezes saudável e apetecido, de rejuvenescimento. À maneira da efígie que, residindo em determinado prédio há muitos anos e fatigada pela monotonia dos móveis e objetos nos mesmos lugares, acontece um dia alterar-lhes a posição, vindo a desaparecer o tédio que lhe ensombrava o aposento, assim, embora sem idêntico desenfado, o vulto que se desvinculou do nome, ao vê-lo atuar mediante outro arranjo, estranha assistir, alheias ao contra-regra que era ele próprio em sua gestão, as formas a se desencarregarem dos respectivos misteres, inclusive mais atraentes para ele que não as adotara. No interior do nome, as supostas individualidades, a fim de se aterem adstritas a suas correspondentes figuras, teriam que se abstrair daquele invólucro — o do nome — enquanto entidade extensa; intentando fugir-lhe, revelam a inconformação por constituírem todos os desempenhos uma nominativa obrigatoriedade, a que se submetem os seres sob o nosso miradouro que, incólume no contínuo contemplar, desse modo imita o conspecto da continente nominação. O nosso belvedere, que se localiza em várias angulações, das quais atinge, não simplesmente as faces que nos são contemporâneas, mas também aquelas que, de outra idade, apreendemos através da outorga, analogamente registra as participações que nos competem; nesse particular perante elas nos sentimos — vale dizer, a nossa lupa envolvedora em relação aos nossos gestos movidos a inúmeros pretextos — com tanta comodidade, e transparece de tal sorte a fácil justaposição, em nós, da nossa lente às nossas atitudes, que podemos equipará-las à que se verifica entre certa coisa e a palavra que a designa, esta se havendo estruturado, e ainda conservando, em sua prosódia, o tom onomatopaico oriundo da referida coisa. A indiferença, que de muito se externou à nossa lupa sempre célere, por motivos óbvios, em recolher o trânsito dessa entidade, a anotamos, afora os painéis em que fomos o vulto em desapreço, nos episódios em que nos exibimos sob a feição de quem chama a outrem à vigência do descaso; então, o miradouro como que se completa no auferir, com as interveniências, os passados entrechos do descuido em deixar à margem do repertório os entes que, estamos certo, compareceram em vão ao tablado de nossos recebimentos. Talvez um fio de responsabilidade, entretanto dirimido pela razão de serem parcos os recursos da lente, se contenha no desejo de possuirmos um caderno maior, e com ele um belvedere de mais pronta e firme captação; daí o sentimento de tristeza, que nos desconforta, ao lembrarmo-nos de que I. L..., segundo nos informaram depois, esteve presente bem junto a nós, na festa de C..., e nem ao menos nos aparece hoje a mais tênue rememoração de sua face, ao tempo ansiosa por nos conhecer, tal a lisonja com

CAPÍTULO 14

que nos preservava; lisonja tanto mais comovedora quanto, apesar de nosso comportamento àquela noite, persistira como se nada houvera; devemos acrescentar que não só a presunção passou a manter a melancolia que nos trouxe o lapso, cumprindo-nos adicionar a tal escólio a decepção de havermos perdido alguém de prodigioso mérito, sobre cujo valor póstumo nos inclinamos atualmente; nesse gesto inclui-se a tentativa de restaurarmos, sem o êxito pretendido, o ser de sua figura à mercê do nome da indiferença que lhe déramos nós; representa curiosidade incomum o vermos o desempenho do rosto abrangido pelo menoscabo, e quanto a I. L..., ninguém veio, malgrado as investigações, a nos descortinar o como ele procedera diante da incúria de nossos olhos, preocupados na ocasião com outros intérpretes sem dúvida de inferior significado; ao passo que ele, em ficção de nossa mente, reproduzia a personagem que, posta nos bastidores e cujo papel é desconhecido de alguém que espreita as arrumações do espetáculo, desperta, no entanto, nesse alguém, um interesse tão sedutor que ele em vez de deduzir o que se exporá à platéia, detém o olhar nesse vulto, promovendo-o assim, e por antecipação, ao relevo que caberia no principal ator.

3 — Iguais, a I. L..., inúmeras efígies, cada qual imersa no contentamento de ser em outrem, têm, pousado nelas, em concomitância com os autos de que ora se desincumbem, e sem que estes se ressintam do que vem de acontecer, o ato da indiferença oriundo de nosso rosto que não pode, por sua vez, inserir-se em todos os belvederes postos em conclave. O fato da presença também costuma instituir-se com a displicência ou a recusa de alguém em solidarizar-se ao miradouro ou aos miradouros em atual recepção da figura ou figuras em desempenho; portanto, a conjuntura de estar em outrem se restringe de ordinário a esse outrem para quem é movida, e imponderável para os circunstantes que porventura cercam o episódio e ao contexto se associam; com referência aos vultos que, embora localizados na mesma rampa, nem sequer anotam o intérprete em participação, o seu papel consiste em trazer ao palco, onde se homologa a existência do ator, a entidade da indiferença que, à guisa de intromissor decepcionante, retrai do urdume a concretização da platéia perfeita, da unanimidade quanto ao protagonista. Há ainda as ocasiões em que este, preferindo limitar-se a um ou a poucos belvederes, se compraz em esconder-se de outras vistas, auspiciando o exercício da indiferença, espécie de lúcida diversão com algo extremamente sério: o não se permitir a ser na maior quantidade de miradouros, domicílio que re-

presenta anseio natural dentro da ordem fisionômica; sobretudo para aquelas efígies que não se dedicam senão ao puro prospecto do que vêem, que se não sustentam de outorgas, no intuito de alcançar o conspecto de início posto alhures, efígies que não atendem à virtualização contida em cada coisa intermediária, e em virtude da qual se extinguem as distâncias, para o só domínio da abrangente contemplação; personagens dessa espécie nunca se contentam em ser subentendidos, e se sentem valorizados com a sua estadia na visão de muitos. Com efeito, a preocupação do comparecimento, do assimilável de seu aspecto no olhar de outrem, traduz o máximo propósito do semblante nas teias do exibicionismo; e a esquivança a esse desígnio se afigura qualquer coisa de desnatural, quando não, breve preparativo para melhor fixidez de nonadas na ótica de outros. Assim, presenciamos T... a fugir de nosso miradouro enquanto o acompanhava alguém a nós inédito e que fracamente voltou a nele inscrever-se, ambos persistindo por longos minutos em ocultação, talvez receosos de surpreendermo-los em confidência, bagatela comum no repertório do cotidiano; todavia nos fez retornar à idéia do desinteresse com que, em certas situações, as faces gratuitamente consideram a sua inclusão em nosso álbum; sendo que, desta vez, estando predisposta à alegoria a nossa receptividade, deferimos esse teor à cena de ambos a evitarem os nossos olhos; mas, o completo viger da indiferença, eles não efetivaram, porquanto, perscrutadora e compreensiva a própria lupa, contrariando o conceito da indiferença, nos informava da aproximação desse nome, cabendo-nos o privilégio ou de consentir que ele se realizasse sem estorvo, ou de desviar-lhe o curso por meio da indiscrição em ir-lhes ao encalço, e, no proveito daqueles vultos em nós, dar-lhes a existência que perigava no gesto de os dois à porta se dirigirem. O comparecimento impõe medidas que nos toca obedecer, regras da convivência que a todo instante dificultam o enleio quanto a determinado episódio, e ameaçam ou cancelam o prometido desenvolvimento ou o desfecho imaginado à véspera; no caso, permitimos que as normas prevalecentes vigorassem por inteiro, tanto mais quanto, à curiosidade de sabermos o motivo da visitação, ou de registrarmos o constrangimento de se verem os dois abordados por nossa iniciativa, se sobrepôs a decisão de deixarmos que se ativessem lá fora, salvaguardados pela parede entre o salão e o jardim, tudo espontaneamente enquadrado para a amostra, ali sob a nossa visão cúmplice, do aparecer da indiferença; contudo, a rigor, esta se não estendeu a ponto de nominalizar o painel da ausência de ambos em nossos olhos; fora apenas leve escorço de sua prática no recinto que, fomentador de tantas ostentações, anuía que também se expusesse a entidade que sempre encontra, nas figuras de qualquer elenco e até em retábulos de dois ou de um, fáceis permissões a se introduzir, como se a ubiqüidade de sua existência parecesse favorecida em excesso; e assim, acordando a cada passo, se distraísse no converter insignificantes ocorrências em doses curtas de sua imensidade; auxiliada pela presença de nossa efígie, em cujo belvedere se centralizava o teor da referida circunstância, a indiferença, não decidindo entornar-se diante de nós, tentou se transferir para o nosso vulto que, impossibilitado de inquirir acerca de quanto se desenrolava entre o semblante de T... e o do coadjutor, e sem poder de alguma janela observar-lhes as atitudes, entretanto interrompeu a fluência daquele treino — o do nome da indiferença — pois que sabíamos de ambos a bem poucos metros; em nosso pensamento eles se impunham com prioridade sobre quaisquer outros semblantes, os demais convivas não demonstrando, em nós, bastante interesse que nos desfizesse a estada dos pseudo-ausentes; à feição de maus atores que tentam, por meio de consertados gestos, salvar a cena que a todos desaponta, no quadro das despedidas aproximaram-se de nosso miradouro a face de T... e a do comparsa, que, através de vozes e mesuras reabilitantes, cientes, que eram, da indelicadeza cometida, procuraram a retificação da anterior conduta, como se a indiferença insistisse em nos informar que não lhe era oportuno nem desejável abranger, no momento, os oferecidos intérpretes.

4 — O tema do descaso reingressa à cogitação sempre que determinado entrecho, não obstante efetuado, nos insinua que melhor se teria exposto com a concorrência de protagonistas que não os aliciados na hora, que ali mesmo, dentre as testemunhas do acontecido, estão outras faces que poderiam vantajosamente cumprir a nominação em agenda; se bem que nos fuja a prerrogativa de criar os sucessos que se dão na empírica objetividade, com exceção daqueles sem ofensa para todos, sobretudo para os próprios figurantes, nos episódios extraídos de nossa coincidente fabulação, a das situações em ato, lamentamos, às vezes, que, sob o influxo da indiferença, tenhamos por certo perdido consentâneos atores. Mas, à guisa de atenuante para a idéia de retábulos com desempenhos insatisfatórios, há a alegação de que existe assunto que talvez, em virtude da assiduidade com que se opera, contando sempre com a sua incorporação em quaisquer vultos localizados no caminho, não se tenha aprimorado, diante de nosso corpo, com as suas aparências concluídas em inteiro; assim sendo, todo semblante que o interpreta, por mais exímio que se patenteie, faculta em nós a conjectura de que outrem já o vivera antes com adequação figurativa e desenvoltura superiores, e a de que não nos é possível o privilégio de alcançar, defronte de nosso miradouro, a cena

afinal perfeita. Se no teatro os mesmos atores, ao repetirem o libreto, um dia nos contentam mais do que em outro, a dosagem do julgamento se produz mais rigorosa quando diversos se exibem os elencos da mesma récita, o que em geral se verifica por parte de nossos olhos, tautologicamente afeitos a múltiplos figurantes; à mercê, portanto, de descobertas no transcurso da nominalidade, trazendo à sua acepção as efígies que encontra de logo; de raro nos permitindo que o figurante se demore um pouco, se retarde enquanto não chegam mais convenientes protagonistas, e dessa forma a insatisfação se mistura entre os registros do álbum; notadamente se o ator ou um dos atores é o nosso próprio semblante, mais diligente em ver do que em ser visto, e se não o for por nenhum belvedere, o será por este — o nosso olhar — e com menor indulgência, porquanto, via de regra, agimos à maneira do vulto que, sob a timidez e a perplexidade, quando o envolve algo de chocante, se abate no aposento ao lembrar-se das coisas que teria podido dizer e no entanto não disse na oportuna ocasião; a auto-análise a nos convencer de que a participação, que nos coube, se ressentia de gestos e palavras consentâneos, e ainda pior, nos deixou marcado por constrangedora fraqueza. A prevalecência do nome sobre a face deita em nosso repertório uma sombra de descontentamento que só se atenua pela reflexão de que soubemos utilizar, metafisicamente, o que nos surgiu: a matéria a nós apresentada, posto que sem extraordinários valores, contudo, pelo simples fato da inscrição em nosso caderno, nos favoreceu em proporcionar, com as suas retenções nele, o teor do que somos e temos sido, como belvedere. Não nos escapa a consideração de que, no âmbito do convívio, há olhos mais aquinhoados com a experiência de nomes mais espessos, significados mais profundos, variações de motivos sobremodo invejáveis em quem os coleciona; se não os recebemos, fomos todavia no seu indireto encalço; em última instância, a nominalidade se estende em face de nós à similitude de perspectiva a muitas dimensões, o seu fim a nuançar-se perante o nosso miradouro que supre o mais além de seu olhar com a virtualização do não visível nas coisas visíveis; computando, também, para a obtenção do todo, o auxílio das interpostas figuras, do ouvir dizer, das ilações que, se não nos exibem o idêntico, nos expõem o análogo, tão persuasivos se manifestam os contornos em relação aos que dentro deles habitam, embora em individual dispersão. Por conseguinte, a indiferença de nosso miradouro no que tange a vultos e retábulos, se minora nos efeitos ao atentarmos sobre aqueles eventos como que programados para nós; programados para o contra-regra que somos e que se estiliza na procura da unicidade do ser de nossa lâmpada, a única a os criar e manter em existência, que outra existência não se instaura na ordem fisionômica, ordem que só nos pertence a nós. Uma unidade se sutiliza e se radica nos objetos em virtude da claridade que neles se derrama, todos consangüíneos na mesma existência, graças a essa luz que temos por autônoma no sentido de a nossa intuição isolá-la dos distintos aspectos que são inerentes ao aparecer das coisas; reportando-se esse intuir ao puro ato de ser de nosso belvedere, de nossa vida, a cuja duração é coincidente a da paisagem onde penetramos e exercemos a escolha, a visibilidade dos objetos perdurando o que perdura a fonte luminosa, no caso, nós e ninguém mais. Quando o nosso olhar inflete de um panorama para outro, quer movido por nova curiosidade, quer sob o cansaço tão freqüente na vigília, retornando ao primeiro, ora encontra os mesmos conspectos em seus lugares, ora em diferentes, ora se depara com visões que ali não eram da outra vez, ora se apercebe de que umas desertaram ou por extinção ou por se haverem transferido do logradouro; mas, nas remoções, se porventura o rosto ausente nos magoa ao não aceder à recontemplação de nossa ótica, sentimos agravar-se o dano que a indiferença nos tem infundido, com a frustração de presenciarmos a perda que, se no dia seguinte poderá escusar-se sob a forma da reaparição, ao inverso, poderá também não mais nos volver aos olhos; e, para decepção de nós mesmo, o desatendimento ao ditame de tudo recuperarmos tal como ficou em si próprio, sem delegações faciais, é o comum no comportamento das coisas em nós; donde concluímos que nós, o demiurgo de nossa claridade, o único a prevalecer fisionomicamente, padece de fragilidades que repercutem no ser que lhe corresponde.

5 — A indiferença, talvez mais explícita que qualquer outra nominalidade, possui a fluidez de ir a recantos a que de costume nos atemos a deambular, descuidoso da sua infiltração; a despeito das provas cometidas à sensibilidade, gostaríamos que o nosso miradouro viesse a ocupar simultaneamente o ponto em que se situa, e ainda um ângulo atrás, a fim de, em perspectiva, enxergarmos o próprio vulto sob a nominação da indiferença que então incide nos entes passeantes. Há o exemplo da lembrança que, se não foram as nótulas clarividentes que nos restauram os vultos e painéis acontecidos, e também a mnemônica às vezes muito pessoal com que os retemos, esperdiçaria o teor de nossas recepções; com efeito, vulneráveis reputaríamos todos os episódios, ainda por isso demonstradores da ordem fisionômica, e maior desgaste sem dúvida estragaria, sem as nótulas da preservação, as cenas ofertadas pelo devaneio da imaginativa. Descortinando recurso favorável a suas expansões, tal a memória desajudada, a indiferença introduziria os processos de exclusão, e neles haveria principalmente de salientar-se o de aluir as conjunturas menos gritantes, as que se sucede-

ram por mera conexão de forma ou de significado, desfazendo originais harmonias, banindo circunstâncias, todavia de ponderável valimento na urdidura do álbum; apesar dos instrumentos protetores, a recordação nos tem surpreendido com decorrências que escaparam deles; e atuando no deformatório e diluimento de efígies e retábulos, aponta a indiferença que, sutil, nos adverte sobre mais atento emprego daqueles esquemas salvadores. Ou por negligência, ou por havermos considerado desprovido de valor o engano, ao dirigirmo-nos a L. L..., supondo tratar-se do vulto de O..., a quem não víamos há muitos anos, nenhum registro nos mereceu a retificação do sósia; os contatos do primeiro com o nosso belvedere constituiam uma seqüência de vários meses, o bastante a nos assentir as dessemelhanças entre as duas personalidades; L. L... avocou a si todo o interesse de nossos olhos, ao extremo de nos parecer inexplicável o equívoco daquele instante; cremos, inclusive, que o fato de hoje não nos recordarmos da plena fisionomia de O..., o devemos à demorada absorção da de L. L..., em cuja aparência se fundiu a do outro, sem deixar profundos restos de sua estadia em nós, a não ser o gosto por certos assuntos e as linhas gerais da efígie, estas insuficientes a nos liberar o respectivo e convincente rosto. Era um caso em que o semelhante, ao absorver o semelhante, o fizesse ao preço de extingui-lo, ideação que pode recair em outras ocorrências iguais à de O... ao perder-se em L. L..., transformando-se a figura em algo de eliminador no tocante àquelas que lhe são análogas; estrutura-se esse modo de presença, quase nunca a transparecer no espírito do observador, em processo de superposição de vultos, donde nos aflora apenas o da superfície, a este acrescentando-se o encargo de, além do próprio conspecto, manter em estado de esvaecimento, comum às coisas virtualizadas, o semblante nele contido e que assim lhe proporciona privilegiado papel. Por isso que, no tocante ao retábulo em apreço, L. L... se sobressai em nós, menos por si mesmo que em virtude de O... que por isso persevera na existência, nada obstante apagada a nitidez; embora se sonegue ao nível das outras figuras postas em desveladora claridade, a circunstância do semi-aparecer nos impele a traduzir o outorgado corpo, dessa maneira encoberto, na acepção de modelo a que irremediavelmente se volta, em maior ou menor grau, segundo as alianças que o prendem à visão de agora, o ser que não mais está, mas que experimentou, em nós, as linhas ordenadoras da similitude. Se estendermos a indiferença ao rosto de L. L..., o descaso também se aplica à figura de O..., e se esta vive de sua vida tênue e subordinada em nosso caderno, zelo duplo se impõe em nós com referência a L. L... que, ao encontrar-se conosco em qualquer parte, nem presume que abrangemos a dois; tal como se deu ultimamente ao estranhar, consoante percebemos nas pupilas, que lhe trouxéssemos determinado assunto, de todo alheio ao seu repertório porém, de suposto, agradável à recepção de O..., a face nele compreendida; apesar do espanto, lhe dissemos a breve história como se fosse a dasaparecida personagem e não L. L... a efígie interlocutora; inclusive, a gesticulação que emitimos — gesticulação que ordinariamente é condicionada não só pelo contexto discursivo, mas sobretudo pela natureza da pessoa a quem nos endereçamos — tudo na conformidade de O..., arriscando-nos todavia a parecer desajustado às regras em que nos tinha a figura escutante; eis que nos surpreendemos em ilógica mas significativa ritualidade: o gênero do pequeno conto não sabíamos com certeza se deleitara a O..., tão inseguro o seu atual recanto em nosso íntimo, e, se em obscurecimento repousava o semblante, com mais razão desconhecíamos a legitimidade de seu corpo quando lhe narrássemos o sucesso, portanto não havia meios de certificarmo-nos da perfeição de nosso comportamento, ali, endereçado a O...; ao mesmo tempo que nos descobríamos em desconcertada apresentação, uma surpresa melhor nos atingiu, originária de L. L...: ao contrário da percepção de ele nos achar insólito com as atenções à ausente individualidade, nos ouviu com interesse comovente, como se houvéssemos preparado para o seu repositório o descritivo, entretanto destinado a outro, a O... que, emergindo da invisibilidade e da mudez, à guisa do outorgante cioso da delegada outorga, afeiçoava a si o vulto de L. L....

6 — No domínio da indiferença, e a modo de inconformadas com o sombrio do desterro, algumas figuras vêm a acenar como a nos dizer que não se encontram de todo desvividas, que há, contemporaneamente a nós, outras que, por outorga, lhes permitem atualizar-se em nossa contemplação; por conseguinte, o repertório nos faculta a ver, em cada uma que ora nos aparece, sem embargo de nem sempre deferir-se a conjuntura da delegação, a possibilidade de termos, assim diante do miradouro, a tela onde poderá refletir-se alguém pronto a permanecer em nossa agenda. A fisionomia se acrescenta de complementação que não se inscreve nos disígnios dela mesma, e sim provém das relações outrora entabuladas entre nós e o vulto hoje em sumida esquivança; havendo, tal na vez em que simples réstia de O... se incutiu através de L. L..., a eventualidade de o protagonista expositor, por efeito da devolução que acaba de estabelecer em nosso caderno, obter o merecimento de agora em diante ser cultivado por nós sob mais acurado desvelo; tal L. L..., com a sua acepção em nós aumentada mercê da presença de O...; a rigor, nenhuma representação a caducar enquanto existe o ser representante, verdade que de novo

sentimos nas ocasiões em que acolhemos o vulto de L.L..., que em si não separa, do conjunto do tratamento que lhe dispensamos, os gestos destinados a seu rosto daqueles que incidem na figura tão distanciada de quando a tivemos em direto confronto. Nesse tempo, não imaginávamos que a pessoa de O... concedesse a outrem a faculdade de reconduzi-la à nossa recepção: e, a exemplo dela, os demais, que nesta data nos preenchem os brancos do caderno, insinuação alguma imprimem em suas presenças: a escolha no outorgar-se, longe de caber a quem de certo se empenharia em designar o próprio sucedâneo, se porventura suspeitassem da condição de ser em outrem — no caso, nós, — se restringe à atuação de nosso engenho; sobretudo no instante em que uma efígie está à morte e uma necessidade nos compele a selecionar, dentre os que poderão revir ao nosso miradouro, o ente capacitado a no-la trazer de volta. Como se toda fisionomia ocupasse função ou posto cujo reprovimento se impusesse, por ser desnatural o conseqüente vazio, o semblante que desaparece estende a sua marca de existir em algum que lhe ficou póstumo, ou apenas, se distante do lugar, em outro acessível ao nosso belvedere; quem lhe irá, figurativamente, fazer as vezes em nós, é de difícil determinação, nem ele mesmo, em prestimoso codicilo, nem por sugestão no ato do despedimento ao viajar, acertará no rosto que nos convenha ao êxito da substituição; a mesma iniciativa em apontarmos a alguém o papel da outorga, raramente se confirma no futuro, porquanto, nem sempre a face que melhor se lhe aproxima, conforme o parecer de nosso miradouro, se apresenta para ratificar a opção a que nos prendemos. Influi no sucesso a nominação a que se alia, ou se tem aliado, o vulto do representante, se bem que em certos episódios tal se não verifique, à feição do de L. L... no minuto em que o identificamos a O..., sem possuirmos a menor idéia do assunto que então se desenrolava, neste evento a similitude sobrevindo da mera analogia facial; enquanto em outras passagens a nominação predomina, ao cúmulo de não sabermos se a correlação é algo de intuído, ou o produto de aberta e instantânea solidariedade: o semblante se faz o agente, que não possuindo atributos consoantes com o encargo, à falta de outro, nele, no agente, sub-rogamos o necessário mister, um singelo e casual termo de referência. Os imponderáveis da escolha aumentam em nós a crença de que em cada efígie se impregna a possibilidade da representação; porém as nominalidades não se mostram uníssonas quando chega o momento de realizar-se a conjuntura da ressurreição de alguém em outrem; isso por causa de nosso belvedere que, demasiado sensível a certas motivações, se uma delas recai na figura propícia a nos confiar o ser ausente, o nome com que ora se revela é de si bastante para fazer inócua no confrontado rosto a promessa contida em seus recursos. No exercício das amizades, em índice maior que o vigente em painéis de outra natureza, sobressai-se a interferência da nominação; principalmente dos temas negativos à alma, cuja proliferação se difunde de forma a tornar os protegidos intérpretes, mesmo os que havíamos por invulneráveis a contaminações, facilmente porosos ao contágio, como se não existisse nenhum ente humano dispensado de sombrios desempenhos. Lembramo-nos de S. I..., que embora apresentasse estreita semelhança com M..., permaneceu à margem de qualquer liturgia acerca da condição de ser ele o portador do último em face de nós; tudo porque a nominalidade vilipêndio há anos que recobria o vulto de S. I..., desconvindo ao representado o semblante instrumento de sua volta, instrumento que, para tanto, deveria estar imune de ostensivas máculas, as que diretamente testemunhamos; pouco importava a S. I... que fosse notório o seu procedimento escuso, não se lhe dava o pejo de reincidir nas falhas do mesmo gênero; e se acaso ele se houvesse corrigido e de sua existência restasse danoso tão-só o painel inicial da degradação, seria este suficiente a inutilizar em nós o ensejo da ritualidade, de tal sorte se expõe desperto o nosso miradouro, na pureza das reaquisições. O fato da presença e o da memória se associam tanto graças ao poder da analogia em nosso pensamento, mas se fazem pouco assíduas as desejadas litúrgicas dessa espécie: o rigor da exigência a tolher que a mais leve nódoa de desvirtude venha a acompanhar a bela imagem trazida da distância; por conseguinte, mais adequados ao episódio se prestam os vultos cujo passado ignoramos, e já sob o escarmento de práticas anteriores, quando no uso de figurantes conhecidos, ao anotarmos que um ser inédito, tomado anônimamente à rua, se indica para interpretação da restauradora outorga, anulam-se as ocasiões de seguir-lhe os passos, de saber dos momentos e recantos em que ele será disponível a certas sondagens; e assim, obviamente, se lhe premiamos com o precioso encargo, ao mesmo tempo nos dissuadimos de promovê-lo a objeto de curioso intento, ou a alvo de íntimas e pessoais perscrutações.

7 — Nessa e noutras circunstâncias, a indiferença é buscada, e se capitula como atmosfera de que precisamos para o bom êxito de liturgias; estas, em derradeira análise, explicam a razão das nótulas como o auto-reconhecimento de nós mesmo, enquanto vulto que nelas se reflete. A memória é possuidora de fluidez que, malgrado o nosso empenho de fixação, adultera efígies, retábulos e urdiduras; no entanto, estes podem conservar-se como eram, mercê dos registros que escrevemos logo após as situações efetivadas; à importância da escritura, que assim fê-las resistíveis a tão ruinoso estrago — o de termos conosco

o elemento que nos dilui — juntamos a das formas que se prestam a cobrir-se da escritura, formas estas que em si mesmas já se constituem signos, linguagem portanto; as quais têm, quando transferidas para a escritura, o poder de atenuar, senão vencer, o efêmero, cujas forças de perturbação e de modificação, às vezes mais desalentadoras que as extinguíveis, atuam dentro de nós, na lembrança. Uma observação rotineira consiste no fato de, simultaneamente a outro belvedere, testemunharmos algum episódio que nos impressiona aos dois; mas, logo no instante da comum apreensão, se insinua, em nós, e se eleva à certeza, o pensamento de que, não o nosso rosto, que se resguardará do prejuízo por meio do caderno, porém o companheiro incauto há-de perder o acontecido sucesso, talvez a começar no dia seguinte, pouco destro em evitar as deturpações e dissolvimentos que se processam na memória. A satisfação que porventura nos ocorra naquela visualidade, é constrangida, minora-se em face da expectação de um entrecho, condigno de perdurar, tal como se encontra, vir entretanto a desaparecer em plena existência do contemplador; e ainda mais melancolicamente quando ele mesmo procura, ao retransmiti-lo a si ou a outrem, mas com matizados equívocos, reavivar a cena que se lhe estendera ao belvedere. Sem contar o delíquio inerente à natureza da memória, há injunções externas que desfiguram a coisa na veracidade primeira, entre elas a tendência do narrador em regular a significação da história, o tema do pequeno assunto ou o desfecho do evento, de conformidade com o estojo que irá recebê-lo, no caso o ouvinte a quem o expositor se esforça por interessar. Há, ainda, quanto ao elo que nos ata ao episódio, a inclinação que teria a cotestemunha de, trasladando o nosso rosto ao recesso do descaso, atribuir a seus olhos unicamente a prerrogativa da captação; a mudez sobre nós a parecer tanto mais desanimadora à nossa vontade de ser em alguém, quanto, em geral, a aliança mantida pelo ato de ver o mesmo painel, constitui o firme esteio que se agrega ao próprio retábulo. A cena, ainda que ela se propague segundo fora havida — ficando ausente da propagação o nosso corpo — a despeito de primorosa recuperação, mutila-se e a mutilação encerra, na qualidade de signo, o perdimento de todo o nosso repertório; quando P. S... comunicou a inúmeros amigos o entrecho que se dera há vários anos para a sua lupa e a nossa, omitindo-nos o rosto no momento de propalar, conforme compreendemos dias depois ao escutarmos deles, como se nos dissessem algo de desconhecido à nossa ótica, adveio-nos a idéia de um futuro sem o nosso olhar; idéia fisionomicamente irrealizável, em nós, pois o ser de todas as faces se subordina ao ser de nosso belvedere; idéia oriunda, àquela tarde, da egoísta decisão de P. S... em apagar prematuramente a luz que estendêramos, em associação à do seu miradouro, na cena que ele avocara a si, nem ao menos citando-nos para efeito de dividir com outrem a

CAPÍTULO 14

garantia no tocante ao exato da aparição. Todavia, confortava-nos o pensamento de que o painel sustentaria em nós a sua autenticidade e não em P. S..., e a respeito dos vultos que o souberam já diminuído quanto ao nosso rosto, firmava-se-nos a crença de que todos eles confiariam a rara cena à simples memória, sem a colaboração de nenhum outro meio para perpetuar o evento, nem sequer o adotado por nossa efígie com a cooperação de N. de A..., durante vários meses e a propósito de retábulo que se exibira a nós ambos; este painel se delineara em comovente urdidura, à feição daquelas que convinham às nossas sensibilidades, embora equivalente a um entrecho inscrito no caderno, e por isso nos dispensamos de trazê-lo às folhas da escritura, e quisemos que a sua legitimidade se reduzisse à mera e comum vivificação pela oralidade; sem informarmos a interlocutora acerca do intuito, acolhemos de sua parte a melhor recepção toda vez que — isento de dificuldade porquanto entre as pessoas de almas semelhantes sobram os momentos de oportuno e almejado cultivo — indo ao seu aposento surgia à baila a forma e o teor a que nos harmonizávamos. Na palestra sobre alguma situação veiculada por alguém que a vira, encontramos de ordinário uma feitura que a rigor não corresponde às exigências do assunto em causa; ela se origina do próprio narrador enquanto narrador: a personagem que divulga é a concha que amolda à concavidade o conteúdo da narrativa, alterando, segundo o modelo de seus gestos, a coisa que merecia externar-se incólume; daí a similitude que aproxima, no mesmo relator, os acontecimentos por ele comunicados, ainda que sejam díspares as matérias e outros os escutantes: um ar de uniformidade a prevalecer em detrimento do painel que, se nenhum recurso de fixidez o preservar dessa e de congêneres adulterações, existira com a perda da congênita autenticidade. Tal observação no-la concederam diversas faces de nosso repositório, e fez-nos lembrar alguns escritores que, diferentes de muitos — principalmente dos mais notáveis, que adotam em certas ocasiões o pessoal do estilo, e em outras se conduzem de maneira despersonalizada — estenderam, sem impedimentos e a todos os fatos e digressões, um modo, um tom de dizer único, pois nenhuma circunstância, a contar, o repelia.

Capítulo 15

1 — *O narrador e a narrativa.* 2 — *A soledade.* 3 — *A insciência de ser visto.* 4 — *A escolha do desempenho no repertório de outrem.* 5 — *A propagação da mácula.* 6 — *A nossa efígie sob o módulo de outrem.*

1 — Nas conversações a dois, recai a nossa preferência em uma velha efígie, não somente pelo copioso do repertório, pela acumulação das experiências ocorridas, mesmo prejudicadas pela subversão da memória, mas também em virtude do ar com que modela as narrativas; A. C... afeiçoa a si os episódios que relata, valendo a sua fisionomia à maneira do molde a que se estilizam os fatos em descrição. O narrador regula o processo do reaparecer, estabelece a forma da conjuntura enquanto comunicada, de sorte a estendê-la às coisas que se deram de si, independentemente desse futuro módulo; uma enquadração de mesuras e de vocábulos com efeito se opera, unindo-se, em equivalências de exposição, os sucessos efetuados no mesmo continente, isto é, no vulto de A. C..., o ancião que mostra os entrechos aí conciliados; as circunstâncias, a princípio neutras, agora se revestem de conformidade com o respectivo divulgador, a cuja posição se acrescenta o requisito de personalizar, em termos fisionômicos, os painéis que surgiram sem destinação premeditada; estes nasceram com a estrutura e aspectos dignos da conservação a que fazia jus o seu irrepetido aparecimento, mas as realidades, como que, têm, por desar, o não permanecerem incólumes, revelando-se uma fatalidade do ser, que lhes pertence, isso de se modificarem consoante o abrigo de quem as testemunhou. Esse dom que em nosso vulto, pela indisposição de oralmente contar, não concorria com o de A.

C..., por isso que éramos o dedicado captador de suas manifestações, nos permitia lhe computar o mérito, o nosso espírito em tendência comparável à do pintor insignificante que, pelo fato de todavia ser pintor, melhor apreende certas soluções em famosas telas; enquanto os demais da convivência, como todos os entes humanos, empregados no mister do difundir alhures, não despendiam o tempo em escutar a A. C..., que os entediava com as recidivas das cenas que presenciou; nós, entretanto, considerávamos em A. C... o tipo de humanidade incomum no geral dos homens que se exibem diuturnamente sob as regras impostas por condicionamentos externos, inclusive os da profissão; as quais são muito rígidas e absorvedoras nas figuras sem poético interesse, e elas representam a grande maioria; quanto a A. C..., cumpria todas as manhãs os afazeres prosaicos, e o resto das horas, ele consumia segundo leis efêmeras e ocasionais, aquelas que se distinguiam de acordo com o semblante em palestra, cada interlocutor formulando ao seu olhar a norma a reger o compreensivo encontro; a inteligência na sociabilidade, junta ao carinho dos sentimentos, bem pouco se compensava perante a dureza dos outros, de quase nada lhe servindo os processos de seu uso, enquanto as pessoas que se conduziam com as asperezas e indiferenças habituais, tinham mais amplo acesso ao gosto dos testemunhantes, de forma que sobejava o amigo por força das reais virtudes, tanto maiores que ele se não dava pelas desatenções de que era vítima a cada instante; constituía agrado para nós, longe da presença de qualquer daqueles rostos, escutar as histórias, os descritivos na voz e gestos de A. C..., nos quais expunha essas mesmas personagens: agora, em plena exposição verbal, em vez de diferentes, eram aproximadas do ser do narrador, como entidades de seu clã, de parentesco filiado a outro sistema do genealógico, difícil de sondar; a similitude entre A. C... e as efígies do elenco transparecia em atributos que, sendo próprios dele, no entanto os víamos incorporados a todos que, em nós, tínhamos por desnudos de tais predicamentos; ao perceber os atores em harmonia com as vozes e gestos propaladores, espantávamo-nos de tão extensiva coerência entre A. C... e o respectivo álbum. Talvez um tanto saturado das visões segundo o estojo de nossos olhos, quisemos variar certa vez o regime das receptividades à custa de A. C..., levando-o conosco a ambiente onde ia desenrolar-se um entrecho que pretendíamos nos revisse, tempos depois, mediante a preciosa testemunha; entretanto, sem nada lhe dizermos do intento, a fim de que este se premiasse da melhor forma; estimávamos que em A. C... o painel escolhido se depositasse e se sedimentasse disponível à nossa auscultação, até que, sentindo a urgência de tê-lo sob as feições da saudade — porquanto o episódio era daqueles cuja afável rememoração podíamos prenunciar e inclusive estabelecer as normas do readvento — nos moveríamos à procura do inimitável portador, e tocando-lhe o veio da bela cena, presenciá-la então consoante o vulto de A. C...; contudo, não alcançamos a satisfação de tal desejo, o propósito diluindo-se na irrealização de tantos que caracteriza a nossa individualidade, a menos que A. C... retorne da distância em que está perdido para o nosso miradouro, à qual se foi silenciosamente e sem deixar a nenhum da companhia o endereço; demonstrando, com essa atitude, seu atendimento ao descaso com que o tinham, mas, em referência a nós, escapa-nos a razão de haver ele consignado o nosso rosto na lista dos de pequena humanidade. Por isso que a releitura dos entrechos que abrangem a velha personagem, sobre nos permitir jubilosos reencontros, encarecimentos de ser, bem raros numa só efígie, nos persuade de que nenhuma culpa nos molesta quanto à modalidade de sua ausência, talvez morto ou a estender, a estranhos a nós, o cabedal das divulgações; nele, um retábulo analogamente posto em seu repertório, a fim de que um dia no-lo devolvesse quando o solicitássemos, outrem de certo aproveitara, recolhendo o que fôra para o nosso amável interesse; restando-nos apenas, à guisa de compensação ao inútil àquela tarde em comparsaria com A. C..., a idéia de, na publicação operada alhures, figurar alguém que, o ouvindo com a unção igual à que lhe consagraríamos, se movesse à ternura pela narrada cena; e ainda, à maneira de mais uma dádiva àquele compensatório, A. C... nos inserisse na saudade do painel que ele promovia em outrem, em alguém a se integrar, portanto, em nossa fisionomia, embora nunca a houvesse contemplado.

2 — Quando vagueia o belvedere íntimo em busca de possibilidades semelhantes à de A. C... nos conduzir ao repertório de outrem, estando a nossa efígie ausente e indistinta, porquanto não nos conhece a pessoa a quem ele entrega a reconstituição de fatos, um mundo de cenas presumidas estende-se em nosso devaneio; as hipóteses em relação àquele painel, assim colocado à revelia de retificações ou ratificações que somente a nós incumbiria pronunciar, firmam-se menos em torno do sucesso em si mesmo do que sobre os dons de divulgador existentes em A. C.... Quantas vezes nos inquietamos ao imaginar que certo acontecimento, de que fomos o obsequiado intérprete, se acha exposto à loquacidade de alguém mal suprido de dotes que o venham a restaurar como se dera, o nosso rosto a perigar ante a inópia daquele que, apesar de contente em nos reproduzir o mérito, fá-lo-á sem dúvida aquém do que estimáramos; quantas vezes, ao contrário nos figuramos, se porventura o propalador é alguém de excessiva liberalidade no tocante a nós, o qual, ao exercer o mister, o pratica de maneira a recriar à sua guisa, e vantajosamente no que tange a nós, o retábulo de apenas mo-

desta significação; quantas vezes, porém, coincidindo no porta-voz distante a face que ele difunde e a que temos por legítima, por isso mesmo que o entrecho se reedita de acordo com os moldes de sua fonte, nos alegramos com a certeza de que haverá folhas idênticas entre o nosso álbum e o do suposto escutante, alguém talvez que nos ignorava de todo. A sociabilidade se robustece em virtude da comunidade de visões, inclusive ela também envolve em sua teia os elos, tênues mas confortáveis, de urdidura que alia o nosso corpo às faces ouvintes, predispondo-nos a inserir, no rol dos pares que se nivelam conosco em conteúdos, as figuras no entanto desconhecidas; em verdade, é grande o acervo dos veiculadores de nossas pessoais situações, todos eles semelhantemente postos em comunhão conosco, desde que os painéis havidos, quer inteiros, quer adulterados por fraqueza da memória, são fatos do conhecimento que nos abrangem o rosto; ainda que umas cenas se desvirtuem na significação e no próprio conjunto, a nossa efígie se dá à posse de tais mensageiros, e mais incisiva esta se ostenta se o nosso nome apelativo vem a acompanhá-la. A fixidez de nosso vulto em lentes que nos viram, não se processa em simultaneidade, sabemos que as preocupações de cada um impossibilitam que à mesma hora se estabeleça o coro das personagens que, dispersas em menores ou maiores afastamentos, prestem ao nosso rosto a mercê litúrgica de se dedicarem a ele; mas, se bem não possamos averiguar o que sucede conosco além, o exercício do descaso em torno de nós, a ponto de às vezes nos sugerir que éramos no perecimento, sem embargo de este nos dispor à conjectura de permanecermos em solícitas lembranças, nos aviva a similitude entre o não havermos nascido e o não estarmos nos distantes belvederes; escapa-nos o testemunho de alusões acerca de nós, quando ainda sobeja um réstia de existência de nossa individualidade alhures, talvez despertada por associação de pensamento, advinda de imponderável pretexto, com a nonada de sermos por um instante em outrem; e até nos sobra a eventualidade de aparecermos, por coincidência, na forma de personagem na ficção que alguém medita, e que no plano do ser se equivale ao semblante realmente havido, pois a diferença entre um e outro se origina apenas da qualidade da nitidez em nós; diferença que o transcurso dos anos atenua com relação às de fato existidas, resultando no final que umas e outras se fundem em o nada do esquecimento. De ordinário, as pessoas se obstinam em estritamente considerar — para efeito da revisualização interna e possessiva, da contemplação amorável de vultos que se deram outrora — as coisas de empírica insinuação, tais como o objeto que pertencera ao ausente ou o vulto análogo que impõe, no espectador, a idéia da efígie que lhe corresponde aos traços; no entanto se dispensam de, olhando para si mesmas, sem nada de extraordinário adir aos gestos do cotidiano, encontrar no comum de si próprias o estojo em que se alberga o indivíduo à distância, o proceder de cada um constituindo-se em algo mais que a conduta restrita a ele: torna-se a obediente modelagem, conforme o estatuído na fôrma continente. Quanto a nós, reservamos o belvedere à liturgia de trazer conosco o semblante que ora nos preocupa, e que longínquo se abstém de comparecer com o respectivo conspecto, sobrevindo entretanto sob a modalidade da semelhança criadora, qual seja a de deferirmos ao ente em causa a situação a que nos submetemos: o sermos a figura cujo valimento existencial reside em caber no molde que, genérico, assentiria em ter-nos mediante a sua irresistível hospedagem. Muito quiséramos que miradouros, que nos gravaram, vivendo agora sem o nosso vulto comparecer a seus pensamentos, em virtude de separação irremediável, levando em conta que eles nada portam que lhes alimente o ensejo de nos ter de algum modo, nem um autógrafo pessoal, nem um objeto que antes fôra nosso, isento portanto de meios em que nos exibamos virtualizado, bem desejáramos que auspiciosos miradouros se inclinassem diante de seus mesmos gestos e deles extraíssem a acepção de serem de nossa personalidade; que outrora e hoje, da ausência em que nos achamos, os movimentos e imobilidades de nosso corpo se processaram e se processam à maneira de edições, em outrem, da figura que nos pertence e que se recobre com o nosso nome. Encerra cada um, na feição do próprio corpo, a matéria que o assegura de não estar sozinho, de haver, à simples lembrança ou imaginação de algum rosto, o predicado de ser este em consonância com a sua efígie, ora em devaneio; tal como alguém que, posto em desolação por não encontrar à noite no hotel quem o conforte com a presença humana, retoma a calma ao ver que o vigilante se situa perto do aposento, transferindo-lhe os liames do afeto que deveram uni-lo a outrem, aos quais se ajunta a silenciosa gratidão, igualmente, a figura em soledade desloca para um trecho de seu vulto o centro de interesse dantes abastecido por corpos em visão direta, agora dispensáveis, porquanto preside o solilóquio a aura da intuição, cuja essência se positiva através da similitude de envolta com a virtualidade. Ninguém cuida de acrescentar ao rosto a acepção de este poder reservar-se como derradeira companhia ao belvedere que lhe pertence; ninguém se apercebe de que o ermo é desse modo resolúvel, e tanto mais o processo foge à consideração de todos, quanto a sua procedência se enclausura na singularidade da intuição; havendo intuição — tal a da virtualidade pela outorga — que se faz estanque naquele que, à puridade, sente dentro de si o plexo unificador, intuição às vezes mal insinuada por circunlóquios que abrangem muitas linhas da escritura.

3 — Certo de que a privacidade de nossa intuição era demasiado exclusiva, com o adicionamento de sermos pobre de manifestações orais, decidimo-nos a compor um entrecho em que o ator, inconsciente da exibição mas disponível a promover o retábulo, nos desse a situação de alguém a se dispensar de comparsarias. A escolha da personagem recaiu em T. R... que, isolado da convivência com os vultos que outrora lhe preenchiam o álbum, nos favorecia o intento, quer por não haver semblantes inoportunos a omitirmos, quer por seu hábito de solidão, conseqüentemente afeito, na realidade, ao desempenho que iríamos recolher; sabendo que ele perseverava no tom adquirido em contato com seres rústicos, externando entusiasmo incomum por muitas cenas que testemunhara, notadamente as de alguns anos na localidade de P..., trouxemo-las à palestra; a nossa atitude se equiparava à de quem, aproveitando no ator a indumentária histórica de que está vestido, transfere para o seu redor os panos de cenário reunidos a um canto, os quais são condizentes com a roupagem que, assim exposta em recinto da mesma época, de súbito vem a afastar o anacrônico do painel anterior; vimos em T. R... gesticulações usuais naquela ambiência, e enquanto ele as expressava, referimos-lhe que, indo há pouco à povoação de P..., verificamos a mudança no estilo de vida, e com ela a impossibilidade de repetição daquelas coisas de seu repertório; exaurira-se a fonte da persistência de T. R... e a importância desta, no aspecto figurativo, a aumentar em virtude de se equivaler a puro e talvez insubstituível remanescente; nenhuma lamentação em face da perda que lhe transmitíamos, a qual, mercê da naturalidade com que os idosos se inclinam a considerar incólumes os seres tais como se lhes repousam na lembrança, era de esperar induzisse à contristadora surpresa o vulto de T. R...; para nosso espanto, parecia não tomar conhecimento dos informes, prosseguindo naquela noite e nas ocasiões subseqüentes em que o visitamos, em pleno papel de autóctone da aldeia de P...; acontecendo irmos a outra sala, no último dia de encontro, pudemos averiguar, através do corredor, que ele, sem desconfiar de nós, e portanto sem qualquer pretexto que o reconduzisse ao pequeno e modificado logradouro, face alguma vindo como representante da velha paisagem, manifestava contudo, ao olhar de si mesmo, a feição que estimara apreender em vultos do convívio; com efeito, observávamos dantes que T. R... se punha em mais vivo desempenho se pessoas de semelhante rusticidade correspondiam, com atitudes consentâneas, aos gestos com que ele dominava a cena; agora, que a idade lhe diminuía a ênfase, como que lhe sobrevinha, em compensação, para maior proveito de sua naturalidade ainda no recinto de P..., a desnecessidade de presenças reconstituidoras, o módulo enfim liberto de implicações partidas de outrem; tal se o interregno entre a sua despedida de P... e a derradeira visitação de nosso miradouro,

importasse numa série de treinos à procura da perfeição de ser facialmente, salientou-se o figurativo solilóquio à maneira do painel que paciente rebuscador anseia já descrito de alcançá-lo, afinal surgindo o entrecho mais conveniente ao programa que nos movia à casa de T. R...; um tanto a modo do pesquisador cuja exigência experimental o leva a aliciar a si próprio por objeto de colheita, regressamos ao domicílio com a vontade de surpreender um semblante que nos assistisse sem sabermos que éramos assistido; então nos víamos sob a necessidade de sermos ator perante quem quer que nos observasse, e não apenas ante nós que, neste caso, estaríamos no duplo mister de espectador e de protagonista à vez, mas face alguma vislumbramos que nos percebesse à semelhança de como percebêramos T. R..., que captamos no minuto em que mais correspondia ao significado em agenda; nenhum belvedere, de quantos desejávamos atentos, nem daqueles porventura estranhos à cordialidade, se permitiu expor-se aos nossos olhos, para o flagrante da almejada espreita; jamais a notícia de que nos demos, à revelia nossa, em espetáculo à maneira da atuação de T. R..., adveio ao nosso conhecimento: a lacuna indicando que sempre nos contemplaram segundo o corriqueiro teor, através do qual prevalecem unicamente os ditames do inflexível e atual contato, se bem quiséramos de algum visualizador o uso de nossa fisionomia como a escultura móvel e em carne a incidir na motivação que lhe preocupasse o espírito; portanto, indo o nosso vulto a merecer, de tão preciosa e singular platéia, a prerrogativa de ser, sob nova modalidade, em outrem; e mais vinculadamente aderida ao álbum desse espectador, que inúmeras das personagens e cenas obtidas no comum da sociabilidade. Quando nada, no exercício das rememorações, disporíamos, no tocante ao alento de nosso rosto em sua lembrança, de mais um pretexto para voltarmos à sua imaginária interna, bastando-lhe irromper o nome que desempenháramos, para que ressurgíssemos no oportuno papel; no caso contrário, viríamos a ele trazido tão-só pelos reclamos da habitual convivência, banindo-se a entrega da face, a visão do corpo desnuda de adquiridos comprometimentos, e apenas aliada ao motivo a que se convertera em certa época.

4 — Sabendo de assunto caro a M. O..., uma vez pretendemos reproduzi-lo sem que o suspeitasse, tudo para o fim de ele nos expor a medida de sua sensibilidade, referentemente à associação da memória com algo transmitido de súbito; como se tratava de pessoa de linear e curta receptividade, partimos do processo mais condizente com a sua estreiteza, qual fosse o

da insinuação por analogia; trouxemos-lhe portanto uma pequena história que se assemelhava à outra que o ferira de danoso ressentimento; mas se fez em vão o esforço, pois M. O... era por demais carecente de delicadezas, não se aliando, em solidariedade que até o confortaria por não se ver o único sob o mesmo transe, à personagem equivalente que lhe expedíamos a título de auscultação de sua estada dentro do nome em apreço; o simples comparar-se fatalmente o animaria a adesões, mas M. O... se mostrava irredutível, e na mesma noite, em atitude que ia à descaridade, incluiu na agenda da conversação um tema em excesso desfavorável a nós; e tanto mais constrangedor quanto ele conhecia o texto que nos coubera penosamente interpretar, descuidoso por completo de atender ao fato de que a efígie, ao se recobrir de determinado nome, pode presumir-se para sempre esculturada nele; tem a face inscrições cuja releitura o portador estimara inacessível até a ele mesmo, e entretanto sujeitas, no curso da convivência, e sem que as impeça de todo a mais constante vigília, às indiscrições, quer voluntárias, quer sobretudo análogas à de M. O...; este não havia retraído de seu álbum, na folha alusiva àquela nominação, o protagonista que fôramos nós, que assim permanecíamos sob a mesma nominalidade. Se possuímos no repertório um amplo acervo de figuras que se impregnaram até hoje dos papéis de que se desincumbiram, em certos instantes, à vista de nosso olhar, acreditamos que muitos belvederes, que nos assistiram em desempenho, registraram os que lhes corresponderam à fixação, malgrado nos iludirmos com freqüência, pois é habitual o pensamento de que estamos em outrem segundo o imaginamos. Preocupa-nos, com efeito, verificar, através de lupas do relacionamento, o papel dominante que lhes incutiu o nosso rosto; quando o descobrimos por meios diretos ou por interpostos recursos, se acaso nos favorece o nome que nos envolve, habilitamo-nos a nos conduzir, nos contatos futuros com a lente assim desvelada, em consonância com os termos nela estatuídos, sem faltarmos com aprimoramentos para o melhor da face no interior da nominação; ao inverso, se porventura nos diminuímos com a participação que assiduamente se deixa anotar, à guisa do ator que anseia por nova oportunidade em virtude de a outra haver desgostado os comparecentes, nos dispomos à satisfatória interpretação em presença do vigilante olhar, a despeito de, no fundo, não se esmaecer a nossa convicção de que determinados painéis, entre os quais avultam os do desfavor, são incisões que se conservam o que perdura a vida desse alguém que nos aplicamos em retificar. A dúvida nos resta ainda quanto ao valor de nosso comportamento em via da procurada comutação, mesmo porque a conduta, que se premedita, pode revelar, a olhos perscrutadores, e por mais exímio que seja o figurante em busca de maior crédito, o ponto de partida que sombreia a espontaneidade. Tal aconteceu conosco em relação a C. M... que exigia demais de quantos auferiam de seu conhecimento, apresentando a loquacidade de, na ausência da personagem em tela, difundir a todos os do simpósio as impressões a ela concernentes; de sorte que, havendo no espaço de ano sempre um faltoso à sessão do concílio, no fim cada qual se inteirara do que ele dissera a respeito de todos, e não sendo a discrição o apanágio dos consócios, cada um sabia acerca de si mesmo a opinião de C. M..., por mais restritiva que fosse; de nosso lado, munimo-nos, conforme supúnhamos, dos gestos e vozes mais adequados ao intento de persuadi-lo de que não passara de honesto engano o proceder de nosso rosto à véspera imediata; na hora, aludindo com expressões rigorosas a alguém da intimidade de L..., este, presente à assembléia e a ouvir as palavras, sem objeção, de certo por saber que desconhecíamos as estreitas relações entre ambos, cientificamo-nos do descontentamento que à puridade nos confessou o próprio anfitrião, o vulto de C. M... de todo convencido de nossa impiedade em promover a amargura na pessoa de L...; impossibilitado de qualquer emenda ali, na ocasião, delineamos fazê-lo no dia ulterior e tanto mais em desenvoltura quanto, por não haver ajuntamento programado, no painel a dois corrigiríamos a infundada crença de C. M...; ou por exagero no ensaio entre um e outro episódio, que em tanto consistiu a prática de nosso pensamento à maneira de idéia fixa, ou porque a omissão de testemunhas nos desalentou o ânimo em desempenho que as requestava, ou em virtude de implícita decepção em ter C.M... considerado a nossa efígie apta a produzir um dano de tal espécie, o retábulo da reabilitação nos pareceu inútil em face do silêncio, por ele mantido, que era desigual de todos os silêncios; sempre que nos avistamos, predomina, em nós, o cuidado em não surgir alguma coisa que lhe recorde o entrecho molesto ao registro de nossa individualidade no repertório dele, C. M..., preocupação que por si só vulnera, na amizade, o ritmo do mútuo entendimento; e que em si mesma pouco nos assiste quanto à defesa de amável e contínua impressão, desde que, à margem de acidentes sugestivos devem concorrer na alma daquele interlocutor motivações ponderáveis que não devassamos e vêm a agravar mais ainda, tornando claro em sua memória o papel que a rigor inexistiu no plano da realidade; papel válido unicamente na ordem fisionômica, no terreno que, afigurando-se próprio de nosso engenho, pode entretanto oferecer-se a outrem sem sair de nós; mas os papéis engendrados pelo pensamento são oriundos da positividade da quimera, são imagens que se inspiram no rosto em sua disponibilidade através das nominações, estas por sua vez encampadas por nosso belvedere.

5 — No capítulo em que se situa o engano, há vários painéis que se teceram apesar de nós, dentre os quais se salienta o de nosso vulto a consentir na progressão do engodo, no entanto permitido a continuar por não nos desmerecer de nenhum modo; talvez porque nos favorecia, aproveitamos dele a naturalidade com que tinham acesso ao tema, assim em desenvoltura, os semblantes ali mesmo convocados. Na cidade do R..., apareceu escrito em jornal, sob pseudônimo, uma nota alusiva à personalidade de M. M... que, na mesma data, reunindo na residência alguns companheiros e também a nossa efígie de logo indigitada como a autora do ditirambo, se excedeu em amabilidades dirigidas a nós, em ênfase tal que seria desnorteadora a retificação, sem dúvida conveniente à nossa vaidade por haver, no artigo, dissonâncias impróprias ao zelo com que avizinhamos as palavras, embora pudéssemos subscrever os justos e explícitos louvores; transcorrido o momento bastante para revelar-se o verdadeiro autor, caso estivesse presente, pois não deixaria passar a ocasião de receber de M. M... a preciosa dívida de ser grato, o nosso vulto, à guisa de corifeu proeminente, a ponto de não regressar ao coro da assembléia, era atingido pelo desvanecimento do anfitrião em conceder, até porque nunca se manifestava absorvedor no ato da palestra, que os circunstantes endereçassem ao nosso corpo o mesmo desvanecimento; houve ainda quem afirmasse ter sido inútil o incógnito em que nos escondêramos, inconfundível que era a adjetivação parcimoniosa posto que intensa; e pelo aparteante identificada de acordo com os recortes de outros escritos que tivera o sestro de guardar e de reler assiduamente, o que nos propiciou a reflexão, de resto lisonjeira, quanto à possibilidade de transmitirmos a outrem, pelo efeito da só escritura, a unicidade existente por acaso em nós; à feição de alguém que, depois de ultimado o colóquio, diz ao comparte e sem outro a ouvi-lo, e ainda suavemente para este se não melindrar, que não fôra ele a testemunha de mencionado painel, transformando-se em afabilidade a tardia palinódia, assim, após o despedimento dos visitantes, confessamos a M. M... haver sido outro o responsável pelos elogios que a cidade lera: corrigenda incompleta quanto à forma, visto que não a presenciaram os restantes comparecentes que prosseguiram pela rua afora, cada um a manter em seu álbum o errôneo, a recapitular a cena com a nossa efígie em falso relevo, porquanto os fatos desse gênero se divulgam com facilidade, e nos advinha o agravante de inteirar-se do aquiescido esbulho o autor real e sem dúvida conhecido de todos nós; imperfeita se dera a retratação a M. M..., mas se a estendêssemos, como era devido, às demais figuras, imporíamos ao final painel um cunho de inabilidade difícil de ater-se com os episódios anteriores, parecendo-nos inadequado, por não pedir a lógica interna, o desfecho que terminaria o curso das seqüências. Em episódios dessa natureza, quando a testemunha adqui-

re importância que transcende a mera conjuntura de haver incorporado ao seu repertório o entrecho recém-visto, ergue-se a necessidade de o semblante, cujo espírito se perturba ante a urgência de emendar a motivação do enredo, ir ao encontro dos que a observaram, já agora dispersos; se insistidos para sucessivamente atenderem ao indispensável conserto, talvez que se contente, mas de maneira diversa da que se verificaria caso o impulso da retificação se tivesse operado quando ainda quentes as ressonâncias do simpósio. Sobejando alguma fisionomia, a continuar na acepção tal como lhe ocorrera, o impossível da unanimidade converte a cena do inadvertido ou intencional engano em base de remorsos a que se une a embaraçadora obrigação de o vulto imputado, após as tentativas de tudo recompor, dizer, a quem prejudicara, que o dolo se mantém todavia, que a testemunha sobrante encerra um poder de publicidade que com o tempo fará as vezes de todas juntas a proclamar o inverídico. Acreditando achar-se em dívida em relação a S... sobre quem tecera injustos comentários, V. I... nos bateu à porta uma noite com o impelimento de iniciar, com o nosso vulto, a série de reparações que urgia em virtude de só depois de um mês verificar o desacerto das referências àquele semblante, que na questão se conduzira ao inverso das palavras comprometedoras e ditas a grupo que lhe não inspirava confiança, sobretudo porque mal conhecia os componentes, sentindo-se portanto em extrema leviandade; os longos dias que se intervalaram entre a maledicência e o ímpeto de desfazê-la, tornaram dificultosa a consecução do desejo de apagar a mancha, embora lhe suscitassem a idéia de, procurando-nos, impor à inesperada visitação um aspecto que não nos induzisse a pensar que ele sustinha, quanto a nós, a desconfiança de que iríamos, se não já houvéssemos ido, a divulgar as impressões desfiguradoras a respeito de S...: tal aconteceu logo ao revelar o motivo de sua presença, com o exórdio de alegar que sabia de nossa reserva, estando ali apenas para indagar do paradeiro de um dos que lhe ouviram a incontinência; deixando-nos certificado de que no próprio exercício da virtude, a modo de presença contrariante, de seu recesso aflora a desvirtude, desta vez sob a feição de curta insinceridade, e inelutavelmente disposta a prevalecer no mesmo painel: o de nós ambos, no qual a limpidez da contrição se compunha para corresponder ao enternecimento que sem dúvida sentiríamos por sermos a obsequiosa testemunha; mas, a pureza das intenções e das ações passava a anuir no advento da tristeza que entrementes nascia com espontânea desenvoltura; éramos, aos olhos de V. I..., o timoneiro a lhe guiar os passos em busca de preciosos semblantes, a fim de ser corrigida a versão a propósito de S..., tal qual lhes adjudicara o engano de V. I...; compreendemos, à maneira de corolário à suspicaz idéia que nos surgira há instante, que o impulso de V. I... se limitava aos indivíduos que lhe escutaram a voz; tanto assim que ele não se externava decidido a promover além, solicitando, de cada um, quais os terceiros já senhores da inverdade, o inciso da urgente purificação de S...; e talvez ainda, o sôfrego anelo de V. I..., surgindo em nossa casa a desoras, consistisse na vaidade de nos aparecer em nobilitante desempenho.

6 — Quando nos excluímos da reunião marcada no domicílio de T. R..., foi porque indomável antipatia punha entre nós e B. F... obstáculos de custosa remoção; B. F... se condicionava totalmente às conjunturas, e com cinismo apregoava o método como o verdadeiro e aconselhável a todos, citando inclusive a sua opulência aos que se interessavam por conhecer os resultados de tal processo; costumava surpreender-nos, e fazendo-o, nos olhos notávamos o lampejo que traduzia a convicção de ser inteligente demais, apesar de, no fundo, não passarem de espertezas as mutações de idéias e de comportamento; gratuita a princípio, a intolerância veio a agravar-se quando nos disseram que alguém de nossa admiração lhe caíra entre as malhas; em vez de impedir as descabidas maldades àquele alguém, ele deixou que se desenvolvessem até o fim os comentários adversos a quem tanto nos rendíamos; desde então, decidimos evitá-lo, e não seria na assembléia em casa de T. R... que iríamos comungar com ele as vozes e os gestos dos outros comparecentes, estabelecer portanto a identidade de conteúdo para os nossos álbuns, bastando as folhas em comum e em grande quantidade que não podemos extinguir e que nos unem irremediavelmente; sem caridade para elidirmos a aversão, o nosso retraimento importava em indeferir ao semblante de B. F... aquela estada em nós, em outras palavras, era um trecho de sua própria existência, que assim condenado a não aparecer em nosso miradouro, se aproximava da morte fisionômica; em conseqüência, a denegação oriunda de nosso belvedere e premeditada, se vertia em prejuízo existencial nosso, malgrado a coonestação, porventura alegável, de nos ser absurdo proporcionar existência a quantos, afastados, vivem as suas vidas que a nossa imaginação, quando muito, apenas se esvai a subentendê-las; quão vantajoso redundaria se B. F... nos ocasionasse a maior de todas as surpresas, instalando em si a unidade que ele sonegou a si mesmo; e quem sabe se, minorando um pouco em nós a repulsa, não nos reconciliássemos em parte, ao trazê-lo novamente ao nosso repositório, inclusive sob a modalidade de protagonista de pura ficção, ator de painéis saídos da mera e artificial fatura; mas com a advertência, a prováveis leitores, de que esses retábulos compreendem quimeras ou fingimentos,

ressalva esta que adicionaríamos em nosso proveito, para que vissem em tais representações o empenho de nos mostrarmos, embora no decorrer da mentira, no plano da simples idealidade, cuidadoso da reabilitação de B. F...; no entanto, é forçoso que confessemos a peculiaridade da posição de sua efígie quanto à nossa lupa e, vice-versa, o seu miradouro no que tange a nós: de um lado, nos recusamos a recebê-lo, preferindo que se conserve em branco o resto da página que lhe competia, de outro, contrariando o desiderato de, reciprocamente, fazer com que ele de todo se prive de nosso conspecto; este, no entanto, no curso de umas férias recentes, se tem vislumbrado na convicção de que continua a realimentar o repertório de B. F...: a exemplo do ensejo em que, transitando nós pela cidade de N..., o hospedeiro nos informou que na véspera alguém lhe comunicara a nossa ida, acrescentando ao noticiário as minúcias relativas ao nosso semblante; e esse alguém era B. F... que antecipava a outrem a nossa presença, premunindo-lhe o belvedere a um acolhimento mais afável e que tornou prescindível o cartão com que amigo comum nos recomendava; com o privilégio de sermos, com anterioridade, admitido no teor de alguém, o sucesso nos induziu à gratidão, tanto mais que na fisionomia do recipiente desvelamos generosas alusões à nossa efígie, e por momentos nos adveio o remorso de ter posto em exclusão a figura de B. F...; concluímos que a estada em outrem nos contenta na medida que corresponde à idéia que assentamos sobre nós mesmo, impondo-se a necessidade de desempenhos que nos facultem, perante olhos alheios, uma impressão equivalente à mantida pelo nosso próprio olhar. A persistência em nos exibirmos diante de costumeiras figuras, talvez se explique pela facilidade com que nos entregamos a suas lentes, exímio que somos nas adequadas ofertas tendo em vista a natureza de cada uma; no curso das práticas, nos apreendemos em múltiplo e todavia preso à nossa unicidade, constituindo a representação uma forma de parecer que difere da desenvoltura do ator profissional; este se separa, na rampa, dos atributos que lhe são íntimos, enquanto nós nos deixamos identificar em qualquer dos desempenhos ou fora deles. A constância do aspecto se evidencia sobremodo quando a qualidade do interlocutor, sem terceiro a registrar o painel, nos concita a imitá-lo; assim procedendo, ele se defronta conosco em dócil e aferida entrosagem, o nosso vulto a ser a repetição de sua efígie. Manifesta-se tão perfeita a imitação que os vocábulos que dizemos, versando sobre fatos e motivos inéditos ainda em seu repertório, fluem com a gesticulação, a mobilidade e a imobilidade que ele utilizaria se os houvera, com efeito, experimentado; a simpatia que rege o entrecho, assume a feição de caroável entendimento, o mesmo que fomenta acordos que não alcançariam êxito caso os expuséssemos sob outra modalidade. Uma ocasião, veio a necessidade de persuadir a M. D... sobre determinada questão; mas acontecia que lhe ignorávamos a face, as prévias informações, que de ordinário obtemos nessas conjunturas, de nada nos serviam ao acerto do contato; por força da inconveniência em ir a ele desarmada a nossa fisionomia, inventávamos outro pretexto para melhor lhe sentir o gênero, e, imediatamente ao vê-lo, a intuição nos indicou que as atitudes de M. D... se prestariam ao desejado, o nosso rosto a consentir em reeditá-las sem que ele viesse a perceber o espontâneo artifício; notamos quão diminuto fôra o treinamento da véspera em comparação com a desenvoltura por nós estendida em todas as dimensões proporcionadas pelo interlocutor; desde a nonada do surgir à porta, o cerne do problema em pauta, o discorrer de assuntos outros e imprevistos, até o final do adeus, tudo se monologara; tanto que, se um indiscreto nos visse em particular, pouco se lhe dera, tal a exclusão de calor, de excepcionalidade, no decorrer da audiência, por assim obrigar o estojo móvel que possuíamos defronte.

Capítulo 16

1 — Ser e não ser em outrem. 2 — A comunidade visual — A Capela de B.... 3 — A liturgia na capela. 4 — As devoluções — A ausência experimentada.

1 — O fato de sermos em confronto com os componentes do álbum, atesta a versatilidade de nosso vulto perante nós mesmo; ela se cumpre quando nos munimos do conhecimento a fim de captar as figuras prestes a residirem nele; o conhecimento nos habilita a pesar a significação de nossa existência enquanto claridade que lhes concede o existir fisionômico, o existir em nós, quer dos rostos contemporâneos, quer dos rostos passados. Dos recursos que adotamos para fixar em nós e conosco as efígies alheias, um escolhemos com nítido agrado: o que nos possibilita a ser como outrem, sobretudo vindo o nosso semblante de seu lugar para substituir alguém que se afastara; o intuito importa, nesse particular, em alguma coisa além do simples conviver, parecendo antes um delongamento de nosso vulto, indo ao seio de cada qual. As nominalidades que flutuam sobre nós e nos ditam a interpretação, tal o amor que em subnomes se ramifica, a exemplo da piedade, da admiração, do rancor em via de desfazer-se, que todos se aglutinam ao nome do amor, animam o contra-regra, que há em nós, a ver nas figuras, onde repousam, abrigo de fácil acesso à nossa individualidade. Quando se dissolveu o concílio que homenageou a L..., fomos o último a abandonar o recinto, e nele, ciente de que o porteiro do térreo fechava as portas, e assegurado nós de que entre os saídos à rua ninguém se daria pela falta de nosso rosto, compensando-se a indiferença no tocante a nós, pela unção de estarmos onde estivera L..., pusemo-nos em sua cadei-

ra, como se não bastasse a identificação que há pouco nos unira ao penetrarmos no ambiente, segundo decretara desconhecido arquiteto; sem embargo de imperfeito o episódio, porquanto eram vazios os demais assentos, contudo vimos que as lâmpadas nos ofertavam a mesma luz e elas, por haverem sido olhadas por L..., constituiriam, em nossa contemplação àquela vez, a matéria comum a nós ambos; tanto mais promissora quanto, vedada aos olhos a demorada mira, pudemos, de nossa parte, levando o belvedere ao posto onde se localizara L..., propiciar ao curto cometimento a reconstituição de uns trechos do painel tal como os devera ter observado a figura de L..., excluindo-se entretanto do retábulo o nosso corpo: situado na derradeira fila e encoberto por uma seqüência de ombros, sem dúvida nenhuma ficáramos inatingido pelos olhos de L...; não usufruímos a oportunidade de ser inteiramente à afeição de L..., mas alguns resíduos do que houvera em sua ótica, nos converteram um tanto à sua pessoa, sem que todavia ele o soubesse nunca; desde esse instante, à rememória do evento se alia, dentro de nós, a sensação delicada parecida àquela que nos toca nas ocasiões em que, revolvendo antigas estampas, uma nos convida a particular detença: o grupo fotografado há muitos anos, no meio do qual nos inserimos sem aparecer, pequeno que éramos entre os adultos; ninguém dos ali perpetuados se recorda de nosso vulto e sim apenas dos outros figurantes, dado que o tempo decorrido lhes retirou o nome de quem não conservava o rosto para nutrimento da lembrança; tudo conforme averiguamos de um deles que mantinha em moldura o coletivo retrato, sem que lhe disséssemos de nossa presença incógnita, e isso em preservação do entrecho assim repleto de significado e condizente com o estilo de nossa ordem fisionômica; ao revermos a fotografia, que ilustra um aspecto do sermos diante de nós, infunde-se-nos confortada melancolia, por efeito de a mágoa, embora persistente, haver cedido em sua danosa força, em virtude de encontrarmos nessa tristeza uma significação de todo ajustável ao sentido de nossa existência, transformando-se em simbólica uma passagem de si mesma irrelevante e exposta ao olvido. Nas horas de se anunciarem situações equivalentes à de L..., e se não há em nós a intenção de sermos no álbum do ator em saliência, o decidirmos faltar à assembléia patenteia uma atitude de índice aproximado àquele que afere o nosso ocultamento à visão de L...; no fundo ressalta o signo que alcançamos pela ausência de nosso rosto, apesar de, assim procedendo, reger a impossibilidade de nos constituirmos a testemunha de nosso próprio semblante em pleno papel de ser como outrem; isento do privilégio de empiricamente ver a nossa efígie alheia ao seu nome, adquirindo o de alguém sem que no entanto se suspeite ou saiba, o nosso interno miradouro nos faculta um painel quase idêntico ao que nos transmite, após o sucesso, a pessoa a quem pedimos recapitule as circunstâncias a que nos escusamos; na posse desse painel, quando a imaginativa é solta e a liberdade atende a fios de lógica e a valores organicamente consentâneos, marcos esses que se nos dariam se lá estivéssemos no ocorrer da cena, tão impregnado se revela o nosso espírito das constantes que independem de nosso vulto, o devaneio nos prodigaliza obras de tanto mérito facial que nos compensa do nada sermos no belvedere que alhures se encontra. Talvez escarmentado pela indiferença, talvez por que R. I... se negou a si mesmo ao revogar, sob mil coonestações e alegremente, a passagem que fôra a melhor de sua juventude, desistimos de figurar entre os pressurosos de se verem na lente desse recém-chegado; tal resolução se perfazia de modalidade até agora inédita, pois nas congêneres o nosso semblante, aí comparecendo, misturar-se-ia com os demais, proporcionando a todos o facílimo e natural evento de permanecermos à margem das memorações; no entrecho de R. I..., entretanto, a efetuar-se na sede do grêmio a que pertencíamos, uma cadeira era reservada a nós, e na suposição de que ninguém mais se subtrairia ao raro ensejo de registrar-se em tão ilustre visitante, ficamos no aposento a pressentir que desta vez, ou por mercê da curiosidade que despertaria no móvel deserto um admirador a menos, ou pela anotação aventada em palestra a respeito da inexplicável lacuna, o nosso nome atingiria o recipiendário, e então se anularia o vigor da indiferença; conforme nos disseram depois, além de nossa efígie, outras desatenderam à convocação, e em conseqüência se fez incabível qualquer pronúncia ao nosso nome, diluído que estávamos entre os ausentes; se abandonáramos a ocasião de ser como R. I... — oporunidade pouco atraente, pois guardávamos de cor a platéia a se incluir em seu miradouro, e assim já detínhamos o objeto desse olhar — por outro lado obtivemos, através da interna imaginária, através do devaneio, a comunhão com os outros pares que se excluíram do sinédrio: todos nós sob a aliança do não havermos ido ao álbum da figura em preito. Uma ideação, que ora nos despontou, veio a indicar o intenso de tal vínculo: a de que se positiva, entre a face nossa, as dos contemporâneos e as do pretérito, uma unidade cuja plenitude, em nós, atinge sem exceção as pessoas que se inscreveram ou não em nosso repertório, todas elas adstritas a essa unicidade de existirem em virtude de nosso miradouro.

2 — Pela vereda no subúrbio de I..., para onde nos encaminhamos no propósito de termos o belvedere idêntico ao de N. de A..., cumprimos a rigor a liturgia de sermos N. de A...; agora, em lugar de ungi-la com significações improvisadas, ou

de trazer ao caderno os flagrantes de sua imagem em desenvoltura, íamos a promover a alienação de nossa individualidade: destituirmo-nos de nós mesmo, a fim de granjearmos, através da posse de objetos comuns a ambos, a investidura em N. de A..., se bem que nunca lhe disséssemos do afetuoso intento; diariamente os seus passos, obedecendo à sinuosa trilha das sebes, precederam à repetição dos nossos, e a lente que nos pertencia, conhecedora dos habituais movimentos com que a de N. de A... se punha a ver, facilitava-nos o rito da acomodação àquele molde; éramos como se fôramos N. de A... na volta à residência, quando ainda não se partira para muito longe; contudo, não completamente excluída agora da paisagem em que o nosso corpo retomava a si o encargo de acolhê-la como procedia N. de A...; resultava ser a figura ausente, e sub-rogada em nós a que a revia então, porque não cessara no panorama a contingência de este ser contemplado tal o contemplava a costumeira transeunte. Há, com efeito, uma consideração a se sobressair, e que compreende a conjuntura de o objeto perseverar de modo contínuo em sua existência fisionômica, inteiriço na durabilidade em razão de, perante ele, se exporem, abertos à captação, os miradouros que passam; enquanto praticam o mister de vê-lo e de revê-lo, eles se identificam nesse ponto, substabelecendo um a outro, no desfile da temporalidade, o predicamento de manter-se em prosseguida luz o cenário ou a simples coisa. Representando um elo a mais na corrente a que se unia N. de A..., trouxemos ao cortejo das visões em identidade o vulto anônimo que à nossa frente, de certo sem preocupar-se com semelhante devaneio, todavia depunha sobre a paisagem a lente de seus olhos; assim, éramos os dois pelo caminho afora algo mais que desconhecidos, e quanto à nossa parte, bem pudéramos incutir no congênere em deambulação alguns pareceres referentes ao lugar; contudo, a liturgia então em pauta, verificar-se-ia imperfeita se ao perambulante tratássemos do logradouro, não tendo aquele, em relação a N. de A..., a mesma índole de acolhimento. Muitas vezes, na integração do culto, a alma nos impele a dividir com outrem a significação da ritualidade; porém as observâncias já havidas nos admoestam quanto ao inútil em procurar além de nós o ente semelhante a firmar conosco a mais completa identidade, a estender a comunhão, até a de estarmos ambos, conscientemente, em pura unicidade; de regresso, as pegadas na areia traduziam os nossos passos assim como os de inúmeros que por ali se ativeram, inclusive os quase desfeitos, com estes sem dúvida os de N. de A..., todos à feição de resquícios que nos acordavam a seqüência dos episódios de cada um a promover, nesse instante e conosco, regida por N. de A..., a perspectiva indissoluvelmente franca à sucessão dos contempladores: todos eles, por meio de resíduos, se expunham agora em simultaneidade. Na acepção de local infunde-se inerente a mostra de passados entrechos; nela, incorporando-se a presença do rosto que deambula, acontece haver, portanto, um enlace a mais, à condição de que deixe algum vestígio de seu conspecto, um sinal que na maioria dos ensejos não indigita o corpo que a lembrança nos ocupa, e sim o equivalente anônimo; na falta deste, na hipótese de ser a ambiência virgem, sem miradouro algum a tê-la consignado até então, só prevalece o olhar que a desvenda e dessarte a imerge no plano de existir. Os ambientes que devassamos, todos eles nos exibiram enunciações de figuras que nos antecederam, e como tal, nos permitiram, diante de suas presenças, a liturgia de averiguarmos que entre nós e os anteriores circunstantes um predicamento nos articula a todos, o de sermos em comum cenário; a intuição dessa conjuntura mais se excita quando, quer pelo flagrante de algo revelador, quer pela notícia oral ou escrita legenda, assimilamos conosco a estada de certo vulto ali no mesmo espaço. Com que prazer nos dirigimos à capela de B... em terra do município de N..., diante da informação de que fôra restaurada, sem a menor ofensa ao primitivo aspecto; e depois de muitos anos de ruína que só testemunhamos por intermédio de estampas, com que alegria fomos ao templo de antepassados nossos, à ermida que abrigou na concha vários seres de nosso devotamento, com a forma igual à que nos ia a acolher, como em verdade acolheu, conferindo-nos, ao transpormos a porta, uma consangüinidade ainda mais comovedora. Um escorço daquela contemporaneidade com que se tornarão contíguos os semblantes do Julgamento Último, nos sobreveio à idéia que a intuição alimentava; como quem procura automaticamente, em redor, a comprovação a ilustrar o pensamento súbito, a vaga suspeita de qualquer coisa que o recinto confirmará, os nossos olhos se moveram a túmulos, no caso os resíduos de predecessores, desta vez com singular feição; uma laje única nos propiciou a inscrição que retivemos, e sobre ela indagamos a fim de trazer ao repertório a desconhecida figura, outorgando-lhe o privilégio de representar a quantos, ignorados irremediavelmente de nós, estiveram conosco no venerando e belo santuário. Não costumam intimamente aderir ao ritual os entes que nos acompanham, mesmo se possuem, quanto ao objeto em liturgia, estreitos encarecimentos ou privativas consonâncias; por ser impraticável a aspiração em converter a outrem ao significado que empreendíamos, os visitantes, que nos ladeavam, posto que tivessem com a igreja conexões similares às nossas, enxergavam-na diversamente, cada um de seu ângulo particular; de volta à cidade do R..., alguém aludiu, para nosso espanto, à existência de um cemitério atrás do monumento, que não descobrimos por se achar oculto no matagal; mercê da revelação, coube-nos sentir que perdêramos valiosa oportunidade de acomodar, ao rito de antes, um elemento novo que inspiraria feituras mais condizentes com o nosso ânimo, cumprindo-nos, diante da impossibilidade de regresso ao engenho B..., alienar ao devaneio a complementação do ato; por isso que interpretamos o isolamento do sepulcro na capela, cujo nome em vida nada promovera que explicasse a ênfase de ser sozinho no repouso, como a circunstância proporcionada aos recém-vindos para que, oferecendo à visível campa a ternura do afeto ao morto, o fizessem no mesmo grau, e sem dizê-lo, aos que, no cemitério, anonimamente se integravam na extinção. Ativou-se em nós a necessidade de um dia volvermos ao recinto a fim de que a liturgia do mero pensamento se transformasse em liturgia de desempenhado painel; acrescentando-se a este a prerrogativa de virem a estar conosco umas faces que, nutrindo propósitos de amor, senão os mesmos de nossa devoção, pelo menos conciliáveis, se disporiam mais profundas e harmoniosas, na qualidade de figurantes de toda a cena; assim havendo a garantia de que, sob a atmosfera de desembaraçados e convergentes intuitos, melhor assimilaríamos o arranjo das coisas e com elas o sentido que se prolongava além do que nos concedera a inicial visitação à ermida de B....

3 — Era do programa o retorno ao lado de A... a quem se devia a restauração do templo, e de F... que ali não regressara há meio século, tendo lá nascido e alcançado as primeiras impressões, ambos assim predispostos a tudo rever com afetuoso encantamento; portanto propícios a empreender conosco o retábulo que se sobressairia em virtude de sua preexistência em nós, sob a modalidade do devaneio para o qual muito nos servira a primeira estada em B..., delimitando e esclarecendo a área em que se operaria a nova litúrgica; isentas de indecisas localizações, as coisas a constituírem o painel anteriormente imaginado, submeteram-se, quando nos ensaios da mente, às posições de sua objetividade; a tal ponto que, em face do profundo conhecimento quanto às atitudes que manifestariam os dois acompanhantes, daríamos como realizada a cena mesmo se não fôssemos ao oratório de B..., à similitude do que nos tem ocorrido em páginas do repertório, inclusive porque, no plano das disponibilidades ao perecimento, tanto valem os entrechos da ficção e os da acontecida veracidade; bem fizéramos em conceder à imaginativa o atributo de visualizar a seqüência de episódios que firmaria a ritualidade em torno do cemitério em abandono e da tumba que, exposta na igreja, representava em si a virtualização das demais escondidas sob relvas e arbustos, as quais lhe estendiam, em outorga, o predicamento de ser em nossa efígie; bem fizéramos em nutrir o sonho porque motivos supervenientes impossibilitaram os vultos de A... e F... de cumprir a tarefa de acólitos no desejado reencontro; ia sem companheiro o nosso corpo, entretanto certo de estabelecer o

culto, computando a si o encargo de exercer, com o fito de aproveitar os ditames estatuídos no conhecimento, os misteres que atribuímos a ambos os atores; à vista de ninguém, configuramos, no interior da ermida, tendo em conta as mobilidades que os dois semblantes experimentariam se lá estivessem como pretendêramos, o papel que nos traçáramos e além deste os de ambos, de sorte a efetivar-se o intento de receber a nave numa só manhã a tríplice oblata; certamente mais favorecida no doce empenho com que regulávamos todas as contemplações, deferindo a cada um dos rostos a que lhe cabia, tanto que, ultimando a vez de F... ao debruçarmo-nos para ver o côncavo da pia, houve em nós a convicção de que a unidade obtida nos três desempenhos, por efeito de um único intérprete, intensificara sobretudo o emocional desígnio quanto ao túmulo em virtualidade; comparável ao ator que no palco se adestra com o pensamento de que minutos depois revigorar-se-á o papel ora em formação ainda, ampliávamos o seio da invocação aos mortos sob a unção de que dentro em pouco dedicar-nos-íamos, com o nome de F..., à invocação de tempos idos, diante de trechos e recantos olhados por miradouros de há muito ausentes, retomando assim aos outros em nós mesmo, e entrementes identificando a nossa lupa à lupa de F...; à maneira do ator que em cena adquire mais desenvoltura em secundário instante por motivo de o haver estimulado o precedente e dificultoso entrecho, a nossa lupa se integrava em franco atendimento junto àquelas partes que não eram a rigor as mesmas de quando outrora F... as possuíra; e já sob o nome de A... nos enterneciamos ao perceber que o novo se gastava depressa, que sobrevinha uma sombra, a tranqüilizar cores e esmaecer recintos, que resultava para nós, em nexo com falecimentos anônimos, a pátina que unifica todas as coisas numa velha e imprecisa idade; em seguida à realização de nosso investimento nas pessoas de F... e de A..., e sob a conjectura de que outra visitação ao templo se fazia incerta, demoramo-nos sozinho no mudo interior; contíguo à ombreira da portada o nosso corpo repetia a atitude de quem, depois de retirados os participantes da assembléia, que transmitiram agradável anúncio, se compele a estender os olhos consecutivamente a cada um dos lugares onde estiveram os vultos da reunião, a deleitar-se do ensejo de ninguém, surgindo, lhe vulnerar o encanto; de resto, a suposição de que podíamos não voltar, propinando-nos a detença ali por longos minutos, nos favorecera com a oportunidade de, liberto de perturbações, inflectir o miradouro aos pontos em que ora praticáramos o desempenho de F..., ora o desempenho de A...; o nosso rosto a exercer os dois papéis e a assimilar os respectivos recantos que passariam agora a ser como oferendas a posterior contato, em cujo transcorrer veríamos, em restituição, as cenas de todos esses rituais, pois que, no domínio fisionômico, as promessas que os locais determinam, vêm a efetuar-se de algum modo, quando o belvedere se inclina em lembranças; por conseguinte, acrescenta-se, aos antigos atributos da capela de B..., a visão, que registrávamos, de nós mesmo sob os nomes de F... e de A..., que até ignoram que lá apresentaram, em nós, pensamentos e gestos enternecidos; até cogitamos acerca do dispensável de seus conspectos, pois se externaria redundante a estada desses entes ali onde comparecera o nosso vulto que assim, desdobrando-se em platéia e ator simultaneamente, imprimiu em seu álbum uma estampa em que o nós se elaborou na condição de único existente, vale dizer, significava o escorço de sua derradeira e universal instância. Em verdade, enquanto repositório de toda a existência, a nossa pessoa a tudo recolhe e a tudo impregna, a exemplo da igreja que expõe as formas de estar nela, por parte de quantos aí entrem, desde o dia em que a porta se pôs aberta a recebê-los. O nosso vulto encontra, na cava da ermida, o molde a que se afeiçoam os que lá penetram: fato análogo ao que representamos nós que constituímos o continente de todas as faces e de todos os entrechos, de tudo enfim que, sob diversos graus, exibe as suas variações, segundo o módulo implícito em nosso miradouro. Nada transcende ao nosso poder de captação, como nenhum objeto se livra de mostrar-se de acordo com o aspecto que impõe a luz que nele incide, de maneira que os retábulos que se deram e se dão direta ou indiretamente aos nossos olhos, exprimem o atendimento das faces aos nomes que as intitulam, tudo de conformidade com a agenda de nossa vigília.

4 — Acompanhamos a vida de S. S..., senão toda, a dos últimos vinte anos, na cidade onde residimos juntos, a ponto de termos sabido ou testemunhado as sérias situações havidas com ele, aumentando o nosso fichário com os semblantes mais freqüentes a seu redor; na data em que fomos à missa uma semana depois do perecimento desse intérprete de tantas motivações, ao vermos, no fim da solenidade, o numeroso elenco de outras horas, tocou-nos a impressão de atores que, em seguida ao término do espetáculo, se congregam na rampa ainda sob as vestes do desempenho, na convencional gratidão aos aplausos que na platéia estruguem; uns comparecentes ao concílio fúnebre, sem se conhecerem mutuamente em virtude das separações de tempo e de recinto, eram receptados por nosso belvedere como figuras que enviamos para incumbências alusivas ao agora morto, e que traziam a nós, no interior da recoletiva nave, a certeza de que bem cumpriram os seus misteres; perfazia a prestação de contas o impulso com que cada qual nos reproduzia, em voz consentânea com o ambiente, tal e tal episódios que os uniram a S. S...; na prestação de contas, cada um despertava em

CAPÍTULO 16

nossa memória a cena que lhe dizia respeito, valorizando a nós — dentre os que ali se apresentavam na posição de partícipes do repertório de S. S... — na qualidade de ser em quem preferentemente recaíam de modo adequado todas as reconstituições; se porventura um olhar se desse à intenção de conhecer o mais próximo dos familiares em luto, concluiria que o nosso rosto, a despeito de se não embuçar em tarja, era o merecedor dos pêsames, por ter sido o mais vulnerado, tanto que nos ofereciam um adendo à cerimônia: o de reeditarem, cada um com o seu contingente, os entrechos da vida de S. S...; enquanto pequenos grupos se detinham em torno de nós, reservando a segundo nível aqueles que, por consangüinidade, e de acordo com o protocolo, deviam escutar as atas trazidas à colação, o nosso vulto alçava-se ao crédito de autor da personagem extinta, tanto mais quanto as figuras uniformizadas de preto colaboravam com os outros circunstantes, ao virem nos restituir os seus painéis, sem que as convocássemos. Quando à noite recordávamos os eventos da manhã, a memória, no cortejo pelas seqüências da nave, pousou em semblante que o tumulto da hora não nos consentiu maior exame, o qual mantivera apenas a atitude de ouvir o que narravam os outros, sem se associar às confissões explícitas; entretanto, posto em solidária posição e propiciando, a quem por acaso ali aparecesse após o início dos depoimentos, a convicção de que já dissera a sua parte; soubemos no dia ulterior que a pessoa em causa fora antigamente o assíduo companheiro de S. S..., aliás substituído por nós, portanto testemunha em fase a que não ia o nosso miradouro; tratando-se, por conseguinte, de um ser cujo repertório em relação a S. S... escapava ao domínio de nosso olhar, não se obrigava a nos transmitir os fatos de sua agenda; o nosso caderno se abria tão-só às devoluções, e os desse comparecente eram sem dúvida de todo inéditos; com efeito, buscamos o conhecimento do vulto, e ele foi solícito em nos ministrar informes que completaram o capítulo com o nome de S. S...; no colóquio a dois, em local muito diferente da igreja na véspera, sentimo-nos como se se prolongara a cerimônia do templo, desde que a lupa se graduava diante dele com o mesmo índice que acolhera as figuras predecessoras, a afetiva curiosidade redundando idêntica; certo igualmente ficamos de que em novo encontro elevaríamos o último depoente ao plano dos demais, quando ele nos viesse a repetir o que já se integrava em nosso repositório. Apesar de trinta dias depois da morte uma cena semelhante nos prometer o conspecto de vários dos protagonistas, contentamo-nos com a primeira em virtude de a segunda não nos conceder a restituição, a nós, de quanto nos inteiráramos acerca de S. S..., por já se haver exposto na do sétimo dia, e no futuro conclave teríamos apenas o desfile de seres silenciosos quanto aos anteriores desempenhos; contudo, à maneira de muitas situações que, decorridas em tempos diversos, se aliaram numa só tessitura, a dos figurantes à missa e a do homem vindo depois a se incorporar ao mesmo tema, conjugaram-se em folha como se tivessem acontecido com unidade de aparição e de ambiente; a circunstância de o derradeiro intérprete haver anuído em exibição à parte, equiparava-se a um proceder de outrem ainda não literalmente assinalado em nós, mas prestes, à feição de todas as efígies que se amontoam em sua própria temporalidade, a obter, ante a incidência de nosso miradouro, uma temporalidade nova e adstrita ao calendário que lhe determinamos; a conjuntura de o intérprete aparecer retardado, não nos proíbe de o justapor àqueles semblantes que de logo nos ofereceram os devidos procedimentos; acresce que a supressão da demora em ele nos dar o que lhe cabia, conservava inteira a acepção de seu mister, havendo na acomodação, segundo as nossas leis, a corrigenda a propósito de algo sobrevindo em posição defeituosa. Investimo-nos certa vez na pessoa de H. I... que se recusara a comparecer ao sinédrio reunido para efeito de lhe aplicar sanções, e noutra vez, passado um lustro, incorporamo-nos também na figura de O... que se eximira de participar da assembléia porque o assunto em programação versava sobre ele próprio: o enaltecimento por uma atitude de excepcional valia. No primeiro retábulo se converteu em absolvição a pena preconcebida, fixando-se ele em nosso caderno bem junto à cena do louvor a O..., pois esta correspondia ao desfecho da precedente; nós, que fomos um e outro, tivemos a impressão de ser o ator especializado num único papel, a quem se recorre em libretos dessemelhantes, mas cuja desigualdade não envolve a representação do protagonista, e o fato de se ter desincumbido em várias peças, faz dessa fisionomia um elo de comunidade que vincula a todas. Assim, além da unidade imposta aos dois entrechos, não obstante o intervalo de tempo, há que considerar a obtida em razão de nosso vulto a desempenhar um só papel designado por dois nomes, o de H. I... e o de O...; e abrangendo ambas as conjunturas, o nosso ser, sem o qual não teriam elas existido em nós. Quando, por equívoco, recebemos as palavras que R... supunha endereçar a D. L..., a necessidade de retificação partiria dele apenas, enquanto nós, vestido da pessoa de D. L..., considerávamos natural o que o outro havia por engano; era auspicioso sucesso estarmos a receber o que pertencia a um semblante de nosso repertório, do qual ainda não testemunháramos esse aspecto de como alguém o tratava longe e à revelia de nossa lupa. A ausência se despia do encanto, a derrogar inclusive a norma conforme a qual a presença de um corpo se legitima com a sua inscrição em nós; ao passo que ali desempenhávamos a alienação de nosso conspecto, a fim de que D. L..., à mesma hora distante a muitas milhas, preenchesse o olhar de R..., e ambos se mostrassem em episódio independente de nossa personalidade; no entanto tratava-se de episódio visível por nossa ótica e nela inserto como prerrogativa para a existência dele; estivemos sob o nome de D. L..., ungimo-nos dessa acepção com tal espontaneidade que nos esquecemos de nós mesmo, regulado que éramos pelo figurante todavia alhures; em alguns momentos com desimpedida arbitrariedade, desde que R... jamais vira aquele com quem praticava agora ao se dirigir a nosso vulto; este, de resto, pouco loquaz perante o interlocutor que, lisonjeado por discorrer enfim com o semblante de velho e silencioso preito, se compensava da contida veneração com o deixar em desenvolta e contínua ênfase os gestos, os mesmos que emitiria se em realidade em vez de nós ali se deparasse com o autêntico D. L...; para tanto, para melhor compor a situação deste em nós sub-rogado, com todo esmero nos imbuímos das atitudes que ele, o ausente, sem dúvida expandiria se porventura fosse o participante; as próprias liberdades que assumíamos, posto condissessem com a natureza de nossa individualidade, sem dúvida correspondiam ao gênero de D. L..., o seu gosto não consideraria espúrio o que efetuávamos à guisa de improvisação; ainda que impossível a mútua comprovação do acerto, pois R... desconhecia o rosto de D. L..., contudo verificávamos que a nossa efígie em plena dialogação ou em solilóquio, se amoldava à idéia que o primeiro concebia em relação ao segundo, cumprindo-nos — uma vez sabedor, desde os iniciais prometimentos do encontro, das linhas genéricas em que ele situava em seu repertório o semblante de D. L... — não transgredir as regras insinuadas; com tal perfeição nos saímos que o interlocutor, no ato do despedimento, fez estampar, em cortesia última, a confissão de que fôramos além do que imaginara, isto é, procedêramos reeditando, com vantagem e a extremos permissíveis, o conceito que ele firmara sobre a figura admitida em nós; posteriormente, ao conferirmos a nossa interpretação, no papel de D. L... com o real e o habitual deste próprio vulto, com as iniciativas no indagar e a prontidão no responder consoante o sistema de social desenvoltura a dois, inerente ao mesmo D. L..., concluímos que a rigor nada perdera a face de R..., que fisionomicamente o diálogo se constituíra por meio deles; o convencional e o cerimonioso do entrecho entre nós e R..., sem consentirem que se denunciasse, mediante sincero pronunciamento, o disfarce de sermos em lugar de outrem; se, depois de aplicar em algum rosto determinado papel, nos tem sobrevindo o remorso, no caso de R..., e de forma duradoura, o arrependimento nos atingiu sob a tristeza de havermos infligido o engodo em quem de boa-fé se alegrava com o ensejo de possuir, afora o nome, a figura de D. L...; a idéia de que o forte regozijo manifestado por R... no começo do retábulo, não nos permitiria a mudança de conduta, mesmo com uma palavra de retificação cuidadosa, para assim o proteger de constrangedora emenda, dado o prazer de sentir-se junto a D. L..., a idéia de tal delicadeza de nada nos servia;

às vezes é desamável o preço por experimentarmos a conjuntura da ausência, durante a qual prevalece em nós a efígie do ser distantemente oculto; então, o que se evidencia em plena rampa, consiste em amostra do ecumênico olhar, da ótica nunca destituída de sua natural peanha, no caso nós que somos a luz solta a iluminar, para a existência em nosso repositório, os painéis acontecidos com outrem, longe. Bem almejáramos que, livre dos estorvos que nos margeiam, pudéssemos abolir os meios indiretos, através dos quais se albergam, em nós, ocorridas e ocorrentes situações, a fim de que testemunhássemos, de vivo belvedere, todo o ubíquo da única, da nossa intransferível claridade.

Do mesmo autor:

　　　na Editora Universitária, Recife:

O Espaço da Arquitetura. 1970.
A Imagem Autônoma (ensaio de teoria do cinema). 1972.

　　　na Editora Perspectiva, São Paulo:

O Lugar de todos os Lugares. 1976.
O Espaço da Arquitetura. 1977, 2.ª edição.

A Ordem Fisionômica:

　　A Visão Existenciadora. 1978.
　　O Convívio Alegórico. 1979.
　　Ser e Estar em Nós. 1980.
　　A Subordinação ao nosso Existir. 1981.

COLEÇÃO ESTUDOS

1. *Introdução à Cibernética*, W. Ross Ashby.
2. *Mimesis*, Erich Auerbach.
3. *A Criação Científica*, Abraham Moles.
4. *Homo ludens*, Johan Huizinga.
5. *A Lingüística Estrutural*, Giulio Lepschy.
6. *A Estrutura Ausente*, Umberto Eco.
7. *Comportamento*, Donald Broadbent.
8. *Nordeste 1817*, Carlos Guilherme Mota.
9. *Cristãos-Novos na Bahia*, Anita Novinsky.
10. *A Inteligência Humana*, H. J. Butcher.
11. *João Caetano*, Décio de Almeida Prado.
12. *As Grandes Correntes da Mística Judaica*, Gershom G. Scholem.
13. *Via e Valores do Povo Judeu*, Cecil Roth e outros.
14. *A Lógica da Criação Literária*, Käte Hamburger.
15. *Sociodinâmica da Cultura*, Abraham Moles.
16. *Gramatologia*, Jacques Derrida.
17. *Estampagem e Aprendizagem Inicial*, W. Sluckin.
18. *Estudos Afro-Brasileiros*, Roger Bastide.
19. *Morfologia do Macunaíma*, Haroldo de Campos.
20. *A Economia das Trocas Simbólicas*, Pierre Bourdieu.
21. *A Realidade Figurativa*, Pierre Francastel.
22. *Humberto Mauro, Cataguases, Cinearte*, Paulo Emílio S. Gomes.
23. *História e Historiografia*, Salo W. Baron.
24. *Fernando Pessoa ou o Poetodrama*, José Augusto Seabra.
25. *As Formas do Conteúdo*, Umberto Eco.
26. *Filosofia da Nova Música*, Theodor W. Adorno.
27. *Por uma Arquitetura*, Le Corbusier.
28. *Percepção e Experiência*, M. D. Vernon.
29. *Filosofia do Estilo*, G. G. Granger.
30. *A Tradição do Novo*, Harold Rosenberg.
31. *Introdução à Gramática Gerativa*, Nicolas Ruwet.
32. *Sociologia da Cultura*, Karl Mannheim.
33. *Tarsila — Sua Obra e seu Tempo* (2 v.), Aracy Amaral.
34. *O Mito Ariano*, Léon Poliakov.
35. *Lógica do Sentido*, Gilles Deleuze.
36. *Mestres do Teatro I*, John Gassner.
37. *O Regionalismo Gaúcho*, Joseph L. Love.
38. *Sociedade, Mudança e Política*, Hélio Jaguaribe.
39. *Desenvolvimento Político*, Hélio Jaguaribe.
40. *Crises e Alternativas da América Latina*, Hélio Jaguaribe.

41. *De Geração a Geração*, S. N. Eisenstadt.
42. *Política Econômica e Desenvolvimento do Brasil*, N. H. Leff.
43. *Prolegômenos a uma Teoria da Linguagem*, Louis Hjelmslev.
44. *Sentimento e Forma*, Susanne K. Langer.
45. *A Política e o Conhecimento Sociológico*, F. G. Castles.
46. *Semiótica*, Charles S. Peirce.
47. *Ensaios de Sociologia*, Marcel Mauss.
48. *Mestres do Teatro II*, John Gassner.
49. *Uma Poética para Antonio Machado*, Ricardo Gullón.
50. *Burocracia e Sociedade no Brasil Colonial*, Stuart B. Schwartz.
51. *A Visão Existenciadora*, Evaldo Coutinho.
52. *A América Latina em sua Literatura*, UNESCO.
53. *Os Nuer*, E. E. Evans-Pritchard.
54. *Introdução à Textologia*, Roger Laufer.
55. *O Lugar de todos os Lugares*, Evaldo Coutinho.
56. *Sociedade Israelense*, S. N. Eisenstadt.
57. *Das Arcadas ao Bacharelismo*, Alberto Venancio Filho.
58. *Artaud e o Teatro*, Alain Virmaux.
59. *O Espaço da Arquitetura*, Evaldo Coutinho.
60. *Antropologia Aplicada*, Rober Bastide.
61. *História da Loucura*, Michel Foucault.
62. *Improvisação para o Teatro*, Viola Spolin.
63. *De Cristo aos Judeus da Corte*, Léon Poliakov.
64. *De Maomé aos Marranos*, Léon Poliakov.
65. *De Voltaire a Wagner*, Léon Poliakov.
66. *A Europa Suicida*, Léon Poliakov.
67. *O Urbanismo*, Françoise Choay.
68. *Pedagogia Institucional*, A. Vasquez e F. Oury.
69. *Pessoa e Personagem*, Michel Zeraffa.
70. *O Convívio Alegórico*, Evaldo Coutinho.
71. *O Convênio do Café*, Celso Lafer.
72. *A Linguagem*, E. Sapir.
73. *Tratado Geral de Semiótica*, Umberto Eco.
74. *Ser e Estar em Nós*, Evaldo Coutinho.
75. *A Estrutura da Teoria Psicanalítica*, David Rappaport.
76. *Jogo, Teatro & Pensamento*, Richard Courtney.
77. *Teoria Crítica*, Max Horkheimer.
78. *A Subordinação ao Nosso Existir*, Evaldo Coutinho.
79. *A Estratégia dos Signos*, Lucrécia D'Aléssio Ferrara.
80. *Teatro: Leste & Oeste*, Leonard C. Pronko.
81. *Freud: A Trama dos Conceitos*, Renato Mezan.
82. *Vanguarda e Cosmopolitismo: Oswald de Andrade e O. Girondo*, Jorge Schwartz.
83. *Escritos Psicanalíticos sobre Literatura*, Georg Groddeck.
84. *A Testemunha Participante*, Evaldo Coutinho.
85. *Como se Faz uma Tese*, Umberto Eco.

Impresso na

Prol editora gráfica ltda.

Rua Espírito Santo, 268 — Armazém 9
Fones: (011) 270-4853 e 279-1859
Aclimação — São Paulo — SP
com filmes fornecidos pelo Editor.